KB097701

어느 대학 출신이세요?

지방대를 둘러싼 거대한 불공정

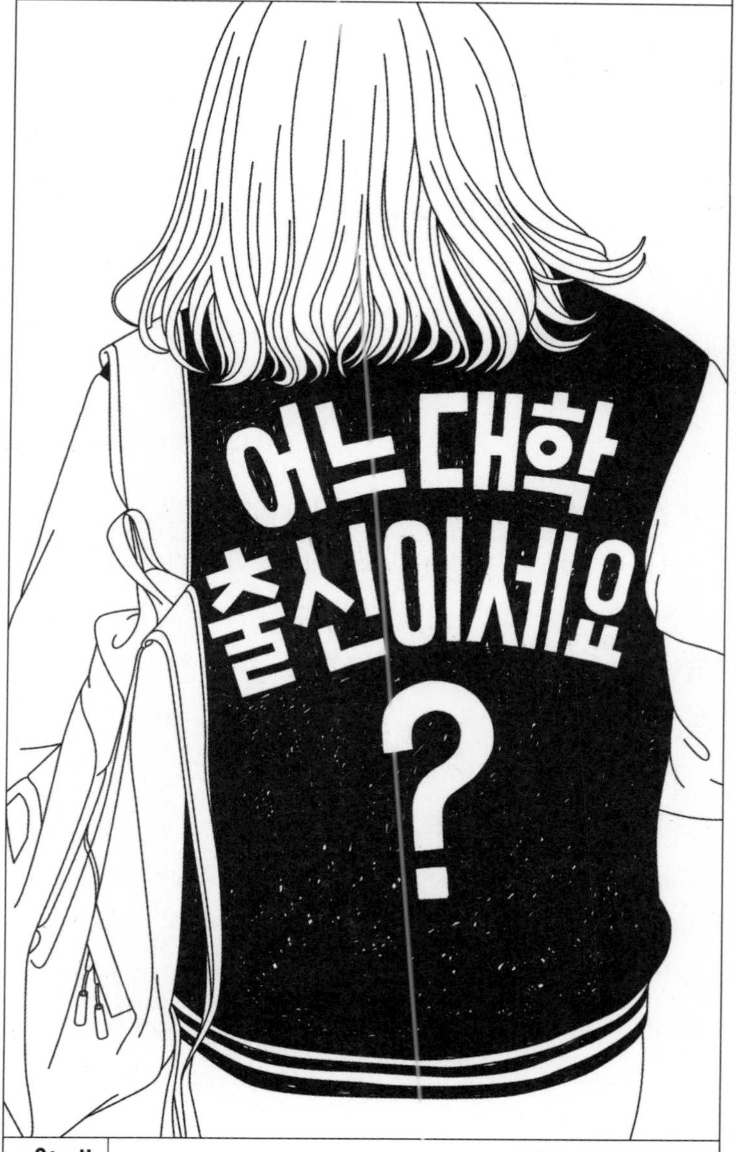

오월의봄

제정임 · 곽영신 엮음

함께 가자 우리 이 길을

강준만

전북대 신문방송학과 명예교수

"국민의힘 대표 이준석은 '약육강식의 정글'과 같은 세상을 불러올 사람이다." 일부 진보적 지식인들이 그런 논지로 맹공을 퍼붓는 걸 보고선 속으로 웃었다. '이미 약육강식의 정글인데, 더 나빠질 게 뭐가 있단 말인가' 하는 생각으로 말이다. 세계 최저의 출산율 이상 확실한 증거가 또 있을까?

한국사회는 '약육강식의 정글'보다 못한 점도 있다. '약육강식의 정글'엔 의도적으로 강자를 돕는 개입자가 없다는 점에서 말이다. 반면 "대大를 위해 소小를 희생할 수 있다"는 원리에 따른 국가 발전 전략을 추진해온 한국은 그렇지 않다. 가난한 나라에서 경제개발을 위해선 '선택과 집중'이 필요하다는 이유로 정부가 지방을 중앙의 '내부 식민지'로 만드는 개입을 주도적으로 실천해왔다. 이 내부 식민지 체제는 지방에서 중앙으로의 이동이 가능한 '개천에서 용 나는 모델' 덕분에 유지돼왔다. 역대 대통령들을 비롯해 출세한 용들의 대부분이 지방 출신이라는 게 그걸 잘 말해준다.

고성장 시대엔 제법 그럴듯한 전략이요 모델이었다. 한국의 눈부신 압축 성장을 누가 부인할 수 있겠는가. 문제는 고성장 시대가 끝나고 민주화가 이루어진 세상에서도 내부 식민지 체제가 계속 강화돼왔다는 데에 있다. 민주화 이후의 정권들이 기존의 '경로 의존'을 변경할 비용을 부담하지 않겠다는 '5년짜리 정권 안보' 차원에서 이기적인 국정운영을 해왔기 때문이다.

지금 한국은 '지방 소멸'의 위기에 직면해 있지만, 그 어떤 항의 시위나 집회도 일어나지 않는다. 검찰개혁 찬반 집회엔 수백만 명이 몰려도, 지방민들은 "나 죽을 때까지야 별일 있겠나. 자식은 서울로 보내면 되고"라는 식으로 천하태평이다. 하긴 그들은 성공한 '생존자'다. 고향에선 도저히 먹고 살 길이 없어 수도권으로 탈출해 하층민으로 살아가는 사람들이 최대 피해자다. 그들은 기본적인 호구지책에 시달리느라 억울하다는 절규마저 할 시간조차 없다.

돈줄을 쥔 중앙정부의 '지방대 죽이기'를 비판하는 글에 달린 댓글들엔 '지잡대'의 한심한 실태를 거론하면서 "지잡대는 죽어도 싸다"는 비난과 욕설이 많다. 이들은 지방대가 자격도 없는 떼쓰기를 하고 있다고 보는 모양이다. 무지와 무식이 힘인가? 이른바 '구조맹'에 '역사맹'이 되기로 작정한 걸까? '거대한 불공정'의 문제를 그렇게 오도해도 되는 걸까? 이들은 자신이 직접 더럽고 잔인한 불공정의 피해자가 되어봐야 제정신을 차릴 수 있을까?

'거대한 불공정'이 피해자의 문제로만 끝난다면 어차피 '약육강식의 정글'인데 그게 무슨 문제냐고 생각할 수도 있겠다. 그러나 지방의 문제는 지방만의 문제가 아니다. 이미 임박한 '지방 소멸'이라는 재앙이 닥칠 경우 한국이라는 나라 자체가 무사할 수 없는데, 서울의 존속이 어찌 가능하겠는가. 바보가 아니라면, 아니 바보라도 조금만 더 생각해보면, 쉽게 이해할 수 있는 일이 아닌가.

지금까지 이 글을 읽은 분들은 내가 혈압이 많이 오른 상태라는 걸 직감하실 게다. 그렇다. 지난 30년간 지방의 내부 식민지화를 끊임없이 비판해온 나로선 날이 갈수록 악화되는 현실에 '이게 나라인가?'라는 생각을 많이 해온 사람이다. 하지만 이러다간 내 건강이 상할까 염려돼 '평온'을 껴안기로 한 지 오래다. 다음의 핵심 메시지를 위해 잠시 과거로 돌아간 것일 뿐이니, 걱정하지 않으셔도 된다.

체념의 지혜를 발휘하면서 평온하게 지내던 상황에서 〈단비뉴스〉의 '지방대 위기와 혁신' 시리즈를 보면서 위로를 받는 동시에 세대교체의 필요성을 절감했다. 젊은 언론인들이 차분하면서도 치열한 탐사 취재 방식으로 독자들에게 말 걸기를 하는 게 인상적이고 감동적이었다. 김남주 시인의 말마따나 "함께 가자 우리 이 길을"이라고 생각하는 사람들 사이에선 "네가 넘어지면 내가 일으켜주고 내가 넘어지면 네가 와서 일으켜주고" 하는 게 가능하지 않은가. 이 책의 출간에 축하와 더불어 감사의 뜻을 전하고 싶다. 그 어디에 살고 어느 학교를 나왔건 이 책을 통해 지방과 지방대 문제에 대한 인식을 새롭게 하는 독자들이 많기를 바란다.

차례

1부 | 지방 청년은 꿈조차 꿀 수 없나?

대학 이름이 계급장인 사회

지금은 대학원을 마치고 직장생활을 하는 딸이 이른바 '중2병'으로 집안을 발칵 뒤집은 시절이 있었다. 한동안 "학교 다니기 싫다"고 투정을 하더니, 중간고사 기간 며칠을 주르륵 결석해버린 것이다. 나중에 들어보니 아이는 '이래야 좋은 대학 간다' '이러면 대학 못 간다'며 교사들이 중학생들을 들볶고, 성적 때문에 체벌까지 하는 걸 도저히 납득할 수 없었다고 한다. 특파원 가족으로 초등학교 때 3년간 '미국 물'을 먹었던 아이는 중학교 수업 중에도 자주 손을 들었는데, "진도 나가야 하니 질문하지 마" 하는 면박에 말문을 닫았다고 했다. 학교를 그만두고 혼자 음악을 하겠다는 아이를 어찌어찌 달래긴 했는데, 언제 다시 폭발할지 몰라 '제발 중졸이라도……' 하며 마음을 졸였던 기억이 난다.

'대학입시에 목숨 건 교실'은 이 나라 중학교는 물론 초등학교에서도 아이들의 영혼에 상처를 낸다. 하지만 역시 압권은 고등학교다. 학교에서 '대학 갈 가망이 없는 애들'로 방치되거나 구박받던 기억, '명문대반' 아이들만 들어갈 수 있는 자습실 앞에서 박탈감을 느꼈던 기억을 꽤 많은 청년들이 갖고 있다. 상위권 학생들에게는 교사의 관심과 좋은 학습 환경, 경시대회 수상 등 기회를 몰아주고, 하위권은 사실상 '버리는' 교육이 지금도 곳곳에서 기승을 부린다. 학교는 제각기 다른 재능을 가진 아이들 모두를 성장시키는 곳이어야 하는데, 공부 좀 하는 아이들은 '서로를 밟고 일어서는' 경쟁에, 나머지 아이들은 멸시와 차별에 시달리는 것이 많은 한국 학교의 현실이다.

서울이 아닌 지역의 대학, 즉 지방대는 학생들의 이런 상처가 '현재 진행형'으로 깊어지는 곳이다. 명문대 입학을 성공으로 보는 입시지상주의는 전국의 대학을 1등부터 꼴찌까지 피라미드로 만들어 세웠고, 피라미드의 중하위에 있는 지방대에는 차별과 혐오가 쏟아지게 했다. 지방에 있는 대학이라면 교육의 품질과 상관없이 '지잡대'로 싸잡아 멸시하고, '백수 저장소' '시궁창' 등으로 비하하는 표현들이 인터넷에 넘실댄다. '동기부여'를 한다는 대입학원 강사는 수십만 온라인 수강생 앞에서 지방대생들을 '학원 땡땡이 치고 노래방 가고 논 애들'로 손가락질을 한다. 대학과 학과 이름이 새겨진 윗옷(과잠)을 자랑스럽게 입고 다니는 학생과 '과잠 신청을 안 하는' 학생이 두 세계로 나뉘어 살아간다. 어느 나라나 이른바 명문대와 비명문대가 있지만, 우리나라처럼 지방대학을 싸잡아 비하하는 곳은 찾아보기 어렵다. 영국의 옥스퍼드, 케임브리지와 미국의 하버드 등 선진국 명문대학은 대부분 수도가 아닌 작은 지방 도시에 있다. 지역의 희생 위에 수도 서울로 돈과 권력과 인재가 다 몰리게 만든 수십 년의 불균형발전을 빼놓고는 '인서울'과 '지잡대'를 가르는 통념의 칼날을 이해할 수 없을 것이다.

세명대 저널리즘스쿨대학원의 비영리독립언론 〈단비뉴스〉와 세명대 저널리즘연구소는 지방대 차별이 우리 사회의 구조적 모순을 투영한다고 보고 2019년 2월 '지방대 위기와 혁신' 기획보도를 시작했다. 지방대를 향한 편견과 지방대 소외의 실상을 드러내고, 무엇이 이런 현실을 낳았는지 분석했다. 나아가 지방대 차별과 소외를 해소하고 교육의 공정성을 회복하기 위한 대안을 모색했다. 이 책은 〈단비뉴스〉에 약 2년간 연재된 시리즈 기사를 묶은 것이다. 1장에서는 온라인 커뮤니티 등에서 사이버 폭력 수준으로 일어나는 지방대 비하와 이로 인한 지방대생들의 상처, '과도한 능력주의'가 낳은 차별의 피라미드 등 '지방대 혐오사회'를 조명했다. 2장에서는 채용과 배치, 임금 등 노동시장에서 지방대생들이 받는 불이익, 즉 '불공정한 취업전쟁'을 다뤘다. 3장은 정치·경제·문화 등 모든 영역에서 '2등 시민'으로 취급당하는 지방대생들의 처지를, 4장은 대학입시 때문에 왜곡된 고등학교 교육 현장을, 5장은 서울대 한 곳에 하위권 132개 대학 몫의 지원금이 집중되고 있는 '승자독식' 교육재정 문제를 조명했다. 이어 6장에서는 대학서열 타파와 교육 수준 상향 평준화를 위한 '대학통합네트워크' '공영형 사립대' 등의 대안을, 7장에서는 일자리 격차 완화와 지역균형발전 등의 개혁 과제를 다뤘다. 그리고 8, 9장에서는 '경쟁' 대신 '연대와 공존'을 가르치는 교육 등 새로운 지향점을 제시했다.

이 책은 지방대 소외가 비정규직 등 일자리 격차로 심화한 '경제적 불평등'과 서울 중심의 불균형발전으로 인한 '지역적 불평등'이 중첩돼 나타난 현상이라고 주장한다. 경제적 불평등의 피라미드에서 한 칸이라도 나은 위치를 차지해야 한다는 강박이 노동시장에서 좀 더 나은 출발을 가능케 하는 학력·학벌에 관한 집착을 낳고, 이 경쟁에서 실패한 이들을 차별하게 했다는 것이다. 또 1960년대 이후 서울 등 수도권에 모든 자원을 몰아준 불균형발전 전략이 지방 소멸과 지방대 소외를 가속화하고 있다는 것이다. 따라서 이 문제를 해결하려면 교육 자체의 개혁뿐 아니라 일자리 격차 해소, 증세·복지 확충 등의 경제적 불평등 완화 정책과 국토균형발전 전략 등 지역적 불평등 완화 정책이 동시에 필요하다는 게 이 책의 결론이다.

최근 우리 사회에서 고조된 능력주의와 공정성 논쟁도 다수 지방대생의 관점에서 다시 조명해볼 필요가 있다. 미국 하버드대를 나온 30대의 제1야당 대표가 '시험이 가장 공정하다'며 '점수로 드러나는 능력'을 강조할 때, 그 말은 얼마나 타당한 것일까. 명문대 출신 금융인인 아버지와 교사 출신 어머니 덕에 남다른 교육환경과 외국 생활의 기회를 누렸고, '아빠 친구'인 국회의원의 인턴을 할 수 있었던 그는 과연 또래들과 공정한 경쟁을 한 것일까. 진학을 도와줄 능력도 시간도 부족한 일용노동자의 자녀로 태어났다면, 학비는 대출받고 알바를 뛰느라 학점 관리를 못했다면, 일가친척을 다 뒤져도 인턴 자리 하나 연결해줄 어른이 없었다면…… 이 청년이 꿈을 이루지 못한 게 '능력과 노력의 부족'이라고만 탓할 수 있을까. 미국 경제학자 로버트 프랭크는 저서 《실력과 노력으로 성공했다는 당신에게》(2018)에서 "우리가 실력과 노력의 결과라고 착각한 것 중에 '행운'의 요소가 많다는 것을 인정할 필요가 있다"고 지적했다. 경제력이 있고 교육열이 높은 부모를 두었다면, 빈국이 아닌 선진국에서 태어났다면, 이끌어줄 주변 사람이 많은 환경에서 자랐다면, 남들이 쉽게 갖기 힘든 '행운'이 작용했음을 알아야 한다는 것이다. 프랭크는 이런 '행운 격차'가 낳는 불평등을 완화하는 것이 국가의 일이며, 그 방법은 증세와 공공투자 등으로 불운한 이들의 여건을 개선해주는 것이라고 주장했다.

'지방대 위기와 혁신' 보도에 따르면 서울지역 대학과 지방대의 교육 격차는 무엇보다 교육재정 지원의 격차에서 증폭된다. 예를 들면 220개 대학 중 0.01%, 전체 학생 194만 명 중 5%에 불과한 서울대·연세대·고려대가 지난 12년간 전체 교육재정 지원금의 약 18%를 가져갔다. 전국 대학의 1인당 평균 교육비가 1124만 원일 때, 서울대의 1인당 교육비는 3858만 원으로 3.43배였다. 부모의 경제력·교육열이 뒷받침되는 중산층 이상 자녀들이 명문대에 몰리고, 이들은 비명문대의 몇 배나 돈이 드는 교육을 받아 더 큰 '능력'을 키우는 이 구조가 과연 공정한 것인가. 이런 구조를 그대로 두고 '입시의 공정성'만 따지는 것이 과연 정의로운 일인가. 우리 사회는 이런 질문에 답해야 한다. 이 책은 교육재정의 확충과 대학통합네트워크, 공영형 사립대, 메가시티 구상 등 각계에서 논의되는 대안을 소개했다. 이런 방안이 다 정답이라고 단언하긴 어렵지만, 지금부터 치열한 토론을 거쳐 가장 현실적이고 합리적인 대안을 마련할 수 있길 바라는 마음 간절하다. 그래서 더 이상 대학 이름이 계급장이 되지 않는 사회, 학력과 학벌이 차별의 도구가 되지 않는 사회를 만들어갈 수 있길 바란다.

이 책이 나오기까지 기획취재팀장을 맡은 곽영신 세명대 저널리즘연구소 연구원의 역할이 컸다. 그는 저널리즘연구소의 사업으로 지방대를 주제로 한 기획취재를 하자고 제안했고, 후배들과 팀을 꾸려 기획안을 발전시키고 폭넓은 문헌조사와 인터뷰, 대표 집필 등에 공을 들였다. 또 임형준 연구원과 장은미, 임지윤, 박두호, 이나경, 강찬구, 권영지, 신수용, 박선영 등 〈단비뉴스〉 기자들은 전국 곳곳을 누비며 생생한 현장 취재를 했고, 데이터 수집·분석, 전문가 인터뷰 등을 통해 생생하고도 깊이 있는 기사를 써냈다. 지도교수인 필자가 정확성, 심층성, 현장성 강화를 주문하며 취재와 기사 보강을 거듭 지시했는데도 이들은 불평 없이 더 나은 수정본을 내밀었다. 이 책은 2년여에 걸친 협업의 결실이지만, 오류가 있다면 데스크 작업을 통해 최종 원고를 출고한 필자의 책임이다. 이메일jaesay@gmail.com로 오류나 미비점 등을 지적해주시면 개정판과 다음 취재에 적극 반영할 것을 약속드린다. 시작할 때는 1년 내에 취재 보도와 출판 작업까지 마치겠다는 욕심을 가졌으나, 대학원생인 팀원들의 취업과 졸업 등으로 구성원이 계속 바뀌면서 전체 기간이 길어졌다. 참여한 팀원들 모두 이 기획취재를 통해 훌쩍 성장한 것을 또 하나의 보람으로 생각한다.

지방대 시리즈가 기성 언론에 보도되고 출판물에 인용되는 등 큰 반향을 일으키며 마무리될 수 있었던 것은 무엇보다 인터뷰 등에 협력해준 지방대생과 교직원, 학부모, 전문가 등 많은 취재원들 덕이다. 그들의 진솔하고 생생한 경험담과 진지한 의견, 날카로운 통찰이 보도 내용을 깊고 풍성하게 해주었고, 기사마다 수많은 댓글이 달릴 만큼 독자들의 마음을 움직였다. 한편 대학원과 〈단비뉴스〉가 이렇게 긴 호흡의 기획기사를 끌고 갈 수 있었던 것은 권동현 총장

권한대행 등 세명대 본부와 학교법인 대원재단의 적극적인 지원이 있었기 때문이다. 또 대학원 교수진의 열정과 헌신, 지원도 든든한 버팀목이 되어주었다. 이 자리를 빌려 각별한 감사를 전한다. 늘 우리 사회 구석구석의 귀한 목소리를 이끌어내고 단단한 책으로 만드는 박재영 대표와 오월의봄 편집진에게도 경의를 표한다.

2021년 8월
엮은이를 대표하여
제정임 세명대 저널리즘스쿨대학원장

1부

지방 청년은 꿈조차 꿀 수 없나?

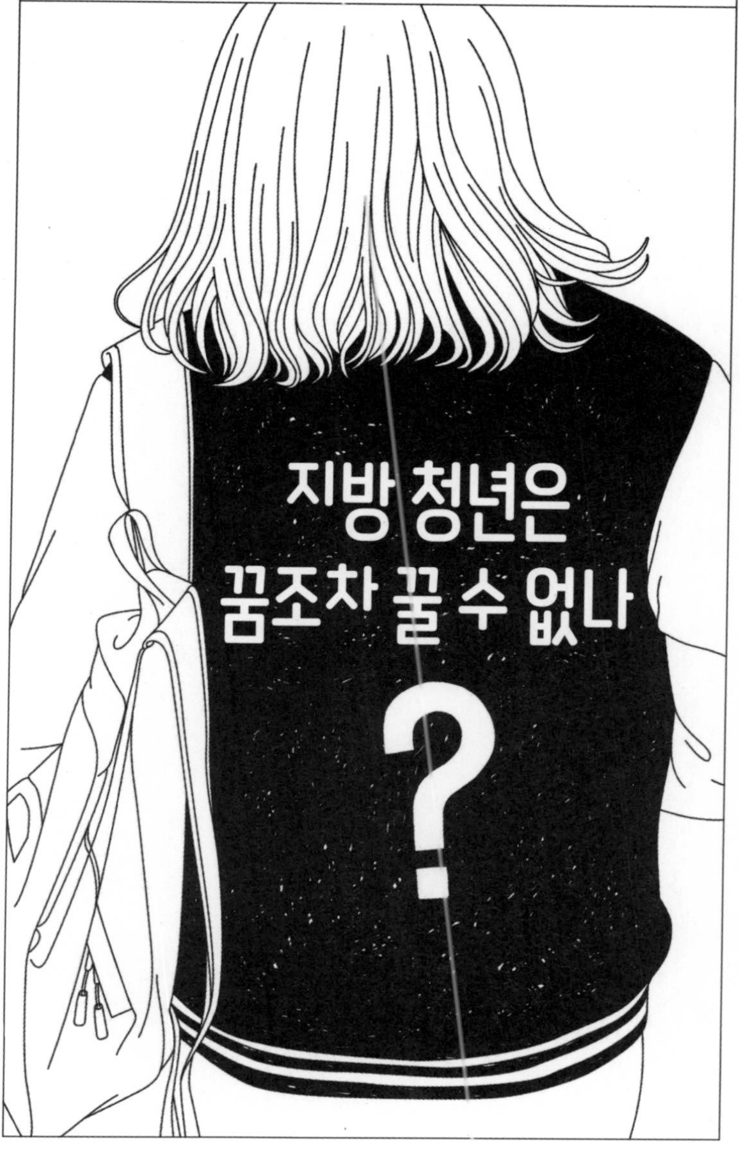

1장. '지잡대' 혐오사회

대학 이름 밝히자 '핵인싸'가 '갑분싸'로

경북 경산의 한 대학에서 중국어를 전공하는 박정린(가명)씨는 고등학교 3학년 때 받은 충격 때문에 모교를 찾아가지 않는다.

"졸업한 선배들이 후배들을 응원하러 왔는데, 그중에 학창 시절 '핵인싸'였던 언니가 있었어요. 그런데 그 언니가 계속 자기가 다니는 대학교 이름을 안 밝히려고 하는 거예요. 한참 머뭇거리다 (지방에 있는) 대학 이름을 말했는데 말 그대로 교실이 '갑분싸'가 됐어요. 그 선배는 결국 울음까지 터뜨리고 말았어요. 나도 모교에 가면 그런 상황을 겪을까봐 못 찾아가겠어요."

"부산에 부산대 말고 다른 학교가 있었냐?" 부산에 있는 한 사립대를 졸업한 이원기(가명)씨는 대학 시절 서울의 한 지상파 방송사에서 주최한 대학생 홍보서포터즈 워크숍에 참석했다가 마음에 큰 상처를 입었다. 서울의 한 명문대에 다니는 참가자가 "학교가 어디냐"고 물어 알려줬더니, 웃음을 터뜨리며 이렇게 말했기 때문이다. 당시 워크숍에 온 30여 명 중 대부분이 서울·경기도권 대학생이었고 나머지 지역에서 온 사람은 5명뿐이었다. 이씨는 "군대 전역한 지 얼마 안 돼서 가뜩이나 사회에 적응하지 못할 때였는데 그 말이 굉장히 수치스러운 기억으로 남아 있다"며 "지금 같았으면 한 방 먹여주는 건데……"라고 말끝을 흐렸다.

한국어와 한국문화가 좋아 충북의 한 사립대 대학원에 유학 온 인도네시아 유학생 아르요노 디다도 지방대생이란 이유로 불쾌한 경험을 했다. 수업 과제로 모국을 소개하는 기사를 써서 온라인신문에 올렸는데 '듣보 지잡대 돌대가리' '○○대 따위' '○○대가 어디 있는지 전혀 모르겠다' 등 학교 비하 댓글이 잔뜩 달린 것이다. 아르요노는 "인도네시아에도 대학 간 우열은 있지만 지방대 출신이라는 이유만으로 멸시와 조롱을 받는 일은 없다"며 "우리 학교가 어떤 곳인지 정확하게 모르면서 마구 악성 댓글을 단 사람들에게 큰 상처를 입었다"고 말했다.

"어우, 지잡대 냄새."

지난 2016년 10월 서울대 대나무숲 페이스북에는 '지방대생인 친구와 쇼핑몰에서 놀다가 충격적인 일을 당했다'는 서울대생의 글이 올라왔다. 글쓴이가 한 지방대의 문양이 들어간 후드티셔츠를 입은 친구와 떠들고 있었더니 서울 소재 한 대학교 과잠바를 입은 행인이 얼굴을 찌푸리며 '지잡대 냄새'라고 말했다는 사연이었다. SNS에 수천 건이나 공유된 이 이야기는 당시 언론에도 보도돼 공분을 일으켰다.

지방대가 편견과 차별을 넘어 혐오의 대상이 되고 있다. 홍성수 숙명여대 법학과 교수는 책《말이 칼이 될 때》(2018)에서 혐오를 "감정적으로 싫은 것을 넘어서 어떤 집단에 속하는 사람들의 고유한 정체성을 부정하거나 차별하고 배제하려는 태도"로 정의했다. 또 혐오표현을 "어떤 개인·집단에 대해 그들이 소수자로서의 속성을 가졌다는 이유로 멸시·모욕·위협하거나 그들에 대한 차별, 적의, 폭력을 선동하는 표현"이라고 설명했다. 이 기준에 따르면 지방대에 대한 편견과 차별을 강화하는 태도와 표현 역시 혐오와 혐오표현으로 볼 수 있다.

지방대 출신이 전체 대학 졸업자 중 다수(서울 포함 수도권 37%, 지방권 63%)를 차지하는데도 소수자에 대한 혐오표현이 성립할 수 있을까? 홍성수 교수는 "그렇다"고 말한다. 그는 "소수자성은 단순히 숫자가 많고 적음을 따지는 게 아니라 한 사회에서 지속적으로 차별받고 소외돼온 맥락을 고려하는 것"이라며 "지방대생 역시 수적으로는 다수지만 한국 사회에서 심각하게 소외받는 소수자로서의 성격을 지니고 있다"고 설명했다. 따라서 "지방대생에 대한 부정적 시선을 통해 차별을 조장하는 표현은 충분히 혐오표현으로 볼 수 있다"는 것이다.

'지잡대' 표현은 '은폐된 형태의 심각한 폭력'

지방대를 혐오하는 표현으로 대표적인 것은 '지잡대'라는 단어다. 이는 '지방에 있는 잡스러운 대학'의 줄임말로 2000년대 중반 이후 인터넷을 통해 널리 퍼졌다. 원래 지방 소재 대학 중 제대로 된 교육과 재정지원이 이뤄지지 않는 일부 부실 대학을 가리켰지만 점차 수도권을 제외한 지방 소재 대학 전체, 나아가 서울 소재 학교를 제외한 전체 대학을 뜻하는 말로 범위가 넓어졌다.

인터넷 사용자들이 자발적으로 참여해 만드는 온라인 백과사전 중 공익재단이 관리하는 위키백과(한국판 위키피디아)에 비해 표현이 거칠고 공신력이 떨어지는 몇몇 사전은 '지잡대'를 다음과 같이 설명한다.

"지방에 있는 대학교면 의약학 계열, 지역거점국립대, 특수목적대, 과학기술원과 포항공대, 교육대를 제외하고 죄다 지잡대라고 도매로 묶어서 비하하는 경향이 있다."(나무위키)

"어떤 사람은 수도권까지를 마지노선으로 잡는 한편 인in

서울 바깥은 지잡이라고 단정짓는 사람도 있다."(디시위키)

"넓은 의미의 지잡대에는 (서울을 제외한) 수도권도 포함된다."(구스위키)

공식 석상에서 수도권 대학이 지잡대로 거론된 사례도 있다. 국내 중증외상센터 확충에 기여해온 이국종 아주대 교수는 2017년 12월 국회 세미나에서 "('아덴만의 영웅' 석해균 원장 치료 당시) 아주대 같은 지잡대 병원에서 별것도 아닌 환자를 데려다 쇼를 한다고 의료계에서 뒷이야기가 심했다"고 토로했다. 아주대는 경기도 수원에 있다. 학력 차별이 심한 일본에도 최하위권 대학을 뜻하는 '에프F 랭크 대학'이라는 용어가 있지만 한국의 지잡대처럼 지방대를 싸잡아 비하하는 말은 없다.

박재연 아주대 국어국문학과 교수는 지잡대와 같은 줄임말 신어에 대해 분석한 논문 〈한국어 줄임말 비어의 어휘론과 화용론〉(2017)에서 "이런 유의 신어들은 오직 모욕을 위해 매우 구체적인 대상을 새롭게 범주화하며 그 대상을 부당하게 멸시하고, 존재 자체로 심각한 폭력을 행사한다"고 지적했다. 그는 "그러면서도 이들은 줄임말 형식을 띰으로써 수수께끼 풀이의 재미를 주어 그 폭력성을 은폐한다"고 설명했다. 무신경하게 쓰는 지잡대라는 말이 누군가에게는 심각한 폭력이 될 수 있다는 얘기다.

역설적이게도 지방대 혐오의 싹이 자라는 곳은 학생들이 공부하는 곳, 학교와 학원이다. 명문대 진학에 초점을 맞추는 입시 중심 교육 속에서 지방대는 '실패' 혹은 '낙오'의 뜻으로 각인되고 있다.

경북 경산의 한 사립대 대학원생인 서지혜(가명)씨는 "고등학교 때 화학 선생님은 자신이 '개천에서 난 용'이라며 자기처럼 좋은 대학을 나와야 번듯한 직업을 가질 수 있다고 입버릇처럼 말했다"고 회고했다. 그는 "선생님이 특정 대학 이름을 대며 그곳이 인간답게 살 수 있는 '마지노선'이고 나머지는 실패한 인생이라고 끊임없이 세뇌시켰다"고 덧붙였다. 서씨는 또 "다른 선생님들도 '지방대 가면 불효자' '등골 브레이커(부모님의 등골을 부러뜨리는 사람)' '내 자식이 그런 대학 간다면 머리채 잡았다' 등 모욕적 표현을 썼다"며 "공부하라는 뜻인 건 알겠는데 그렇게까지 해야 했나 싶다"고 말했다.

입시 강사들도 마찬가지다. '공부 자극'을 핑계로 지방대를 노골적으로 비하하고 명문대를 과도하게 우상화하는 경우가 많다. '서울대생 3000여 명을 인터뷰해 최고의 공부법을 찾아냈다'며 사교육 기업 스터디코드를 운영하는 조남호 대표는 2012년 '왜 공부해야 하는가' 영상에서 "공부하는 이유는 오직 스카이(서울대·고려대·연세대) 대학 간판을 따기 위한 것"이라며 지방대를 비하했다.

"지방대 간 애들은 어때, 뻔하지 않아? 학교 다닐 때도 학원 땡땡이 치고 노래방 가고 논 애들이 회사 와서도 똑같은 거 아냐? 대한민국에서 너네가 무슨 꿈을 갖든 간에 서울·연·고대를 나오지 않으면 나중에 억울한 일을 당해. 어떤 억울한 일? 너네 원서가 발에 차여서 오른쪽으로 쓰레기통으로 들어가는 거야. …… 지방대생들은 놀 수 있게 없게? 지방대생들 어때? 고등학교 때 진짜 잘 놀았던 애들이잖아. 대학 가면 왜 못 노는 줄 알아? 1학년 때부터 취업 공부해. 나 서울대 나왔잖아. 아까 말했지. 나 1학년 때 미팅만 하고 놀았어."

이 유튜브 영상은 수험생들 사이에서 '공부 자극 영상'으로 알려지며 76만이 넘는 조회 수를 기록했으나 논란이 일자 삭제됐다.

학창 시절 교사와 강사 등에게서 '혐오의 말폭탄'을 맞고 지방대에 진학한 학생들은 자기 비하와 자격지심에 빠지기도 한다. 김진영(가명)씨는 경북 경산의 한 사립대를 다니다 자퇴한 후 공무원 시험을 준비하고 있다. 김씨는 "재수학원 다닐 때 모의고사 끝나고 재수생들끼리 '지잡대, 그것도 학교냐? 등록금 아깝다' '거기 갈 바엔 공무원 공부한다'는 비하 발언을 진지하게 나누는 걸 들었다"고 말했다. 그는 "실제로 '인서울' 못하고 지방대에 가게 되면 학교에 안 다니고 바로 공무원 공부를 시작하는 경우도 많다"고 전했다.

경북 경산의 한 사립대에서 사학을 전공하는 이은재(가명)씨도 교내에서 친구들이 스스로 '지잡대'라고 비하하는 모습을 자주 봤다.

"지방대에서 비리가 터지거나 학생들이 물의를 일으켜 뉴스에 나오면 수식어처럼 '지잡대 클라스' 이런 말을 써요. 또 학교 커뮤니티에 '우리 학교가 지잡대냐, 아니냐'라는 글이 하나 올라오면 한마디로 난리가 나요. '지잡대다' '아니다' 치열하게 따지고 드는 거죠. 자기들 나름의 기준을 말하면서요. 그런데 웃긴 게 뭔 줄 아세요? 다른 학교 사람이 '너희 학교 지잡대야' 하면 대놓고 불편한 심기를 드러내요. '우리 학교는 까도 내가 깐다'는 생각이 있는 거죠."

우리 학교가 '시궁창' '백수 저장소'라고?

'익명의 바다'인 인터넷에는 특히 자극적이고 수위 높은 지방대 혐오표현이 넘실댄다. 뉴스 사이트와 SNS, 입시 커뮤니티와 유튜브에 이르기까지 지방대를 싸잡아 비하하고 심지어 저주하는 댓글과 게시물이 홍수를 이루고 있다.

대학생들의 익명 고발 페이지인 페이스북의 '캠퍼스 대나무숲 텐덤'에 2019년 1월 12일 세종시에 있는 한 대학 연기과 교수의 '갑질'을 고발하는 글이 올라왔다. 교수는 학생 집합 명령, 경멸과 무시 발언, 과도한 사생활 간섭 등이 문제가 되자 사과문을 발표하고 사직서를 냈다. 그런데 이 게시글에 대한 반응이 놀라웠다. 교수를 비난하는 게 아니라 지방대를 비하하는 댓글이 쏟아진 것이다.

"잡대(지잡대) 올스타전 찍노."

"너네가 지잡대지 군대냐?"

"이것이야말로 진정한 지잡? 진짜 극혐쓰."

2018년 12월 제주대병원에서 교수가 물리치료사, 전공의 등을 상습 폭행하고 폭언했다고 고발당한 사건이 보도됐다. 교수 개인의 일탈임에도 불구하고 이 기사에 달린 댓글은 "쓰레기 대학 문 닫아라" "이 학교가 지잡인 이유" 등 대학을 비하하는 내용이 수두룩했다.

2019년 1월 사법연수원 역사상 처음으로 서울지역 대학이 아닌 부산대와 영남대 출신 수료생이 수석과 차석을 차지했다. 그런데 이를 보도한 〈사법연수생 1·2등 사상 첫 지방대 출신〉 기사에는 "지방대라는 말 쓰지 마라, 지잡대라고 쓰든지" 등의 악성 댓글이 달렸다. "(수석·차석 출신 대학) 둘 다 지잡입니다" "부산대 공대는 지방대라고 할 수 없다" 등 '지방대'의 정의를 둘러싼 공방도 오갔다.

부산의 한 사립대를 졸업한 김준호(가명)씨는 "몇 해 전 우리 학교 신입생 엠티에서 사고가 나 사망자 등 큰 인명피해가 발생했는데 그 기사에도 지방대를 비하하는 댓글이 달린 것을 보고 충격을 받았다"고 털어놓았다. 당시 기사에는 "미래의 인재들이 다친 줄 알고 깜짝 놀라 들어와봤더니 지잡대구나…… 불행 중 다행이다" "이런 식으로 지잡대들이 무너지길"과 같은 반인륜적 댓글까지 달렸다.

고등학생과 재수생 등이 모이는 '수만휘(수능날만점시험지를휘날리자)'와 '오르비스 옵티무스', '디시인사이드 수능갤러리' 등 온라인 입시 커뮤니티에서도 지방대를 차별하고 혐오하는 게시글이 적극적으로 생산, 소비된다. 회원 수가 266만 명에 달하는 수만휘 카페에는 〈지잡대를 오지 말아야 하는 이유〉라는 게시물이 조회 수 1만 명을 넘긴 '베스트 글'로 올라가 있다. 이 글에는 "학생 중 정상인의 비율이 적다" "수업의 질이 바닥을 기어 다닌다" 등의 노골적인 폄훼가 담겨 있다.

상위권 학생들이 많이 모이는 것으로 알려진 오르비스에도 〈가장 쓰레기 4년제 지잡대가 어디인가요〉〈지잡대는 무시해도 된다 생각함〉 등의 글이 올라와 있다. 이 밖에도 〈지잡대 공대 한 달 있다가 탈출한 후기〉〈작년 지잡대 1학기 다닌 후기〉〈N수 해서 지잡대 OT 가면 벌어지는 일〉 등의 글이 지속적으로 공유되며 지방대에 관한 오해와 편견을 강화하고 있다.

경남지역 국립대 1학년인 김세은(가명)씨는 "한창 대입 원서를 쓰던 시기에 수만휘 카페에서 내가 진학하려는 학교에 대해 '편입각'이라거나 '지잡대'라고 하는 말을 많이 접했다"며 "다른 사람들이 볼 때 나는 '지잡'이구나 싶어 씁쓸했다"고 털어놓았다. 김씨는 "다른 지방대에 대해서도 재학생 후기와 댓글 등에 '그래봤자 지잡대' '예비 백수' 등 욕이 잔뜩 쓰인 것을 보고 지방대 혐오가 진짜 심각하다는 걸 느꼈다"고 덧붙였다.

웹툰이나 유튜브 영상처럼 젊은 층에 인기가 높은 콘텐츠를 통해서도 지방대 혐오는 재생산된다. 웹툰 작가 기안84가 2014년부터 연재한 네이버 웹툰 〈복학왕〉에는 가상의 지방 사립대 '기안대'가 등장하는데, 이 대학은 상상할 수 있는 최악의 지방대 모습을 보여준다.

이 학교에는 "등록금 1위, 자퇴율 1위, 출산율 1위" "그대가 자랑스럽다, 98학번 김준구 위드 1급 합격" "03학번 이소정 1종 보통 원동기 면허 합격"과 같은 현수막이 나부낀다. '위드'는 워드프로세스의 줄임말 '워드'의 고의 오타로, 보잘것없다고 여겨지는 자격증을 의미한다. 캠퍼스에는 졸업한 '대선배님'이 중국집 배달부가 되어 철가방을 들고 나타나고, 정체불명의 원어민 교수가 "He go(goes의 잘못) home"과 같은 엉터리 영문법을 가르치기도 한다.

작가는 만화적 재미를 위해 풍자와 과장을 버무렸다고 할 수 있지만 일부 독자들은 이를 현실로 받아들인다. 위 내용이 나오는 회차에는 "진짜 현실적이네 ㅋㅋㅋㅋ 진짜 똥통대학은 안 가느니만 못함" "공부 잘하면 〈치인트(치즈 인 더 트랩)〉 못하면 〈복학왕〉" "너네 공부 열심히 해서 지잡대 가지 말라고 그림으로 그려서 다 보여주고 있다" 등이 '베스트 댓글'로 달려 있다. 〈치즈 인 더 트랩〉은 명문대를 배경으로 한 웹툰이다.

유튜브에도 〈지잡대 단톡방 사이다 사건〉〈재수해서 지잡대 OT 가면 생기는 일〉〈지잡대를 경험했다는 서울대생 대참사〉〈지잡대 구분법〉과 같은 제목의 영상 콘텐츠가 널려 있다. 대부분 익명의 제작자가 글과 음악을 교차 편집해 만든 조악한 수준의 영상이지만, 수천에서 수십만 건의 조회수를 기록하고 있다. 지난 2016년엔 프로게이머로 활동했던 염보성 게임 BJ가 인터넷 방송 중 "지잡대는 쓰레기, 공부 안 한 애들, 부모님 등골 브레이커"라고 말해 물의를 빚은 일도 있다.

구글에서 '지잡대'를 검색하면 가장 위에 노출되는 '나무위키'의 경우 파생문서를 포함해 무려 11만 자(원고지 560장) 분량의 설명을 담고 있다. 여기엔 "문자 그대로 막장" "형편 없는 지식 수준" "교수의 자질도 시궁창" "답이 없는 인성" "야만적인 똥군기" "쓰레기 선배들" 등 혐오표현이 줄줄이 이어진다.

'디시위키'는 더 심각하다. 10만 6000자(원고지 530장) 분량의 설명에 "잉여인간 집합소이자 예비 백수 저장소" "사람 하나 인생 망치는 헬조선의 대표적인 블랙홀" "등록금만 × 나게 받아가는 쓰레기 혐오 시설" "× 같은 테마파크" "지잡 대와 지잡대생은 사회의 악" 등과 같은 폭언을 담고 있다.

'구스위키'는 2만 1000자(원고지 120장) 분량으로 지잡대를 설명하는데, 다음과 같은 내용도 있다.

"전국 각지에 존재하는 잉여인간 집합소이자 예비 백수 저장소. 심하면 중고딩보다도 ××급인 인간들도 많다. 개한 민국 헬조선에서 군대, 감옥, 집창촌과 동급으로 사람 버려놓는, 사람 하나 인생 망치는 헬조선의 대표적 블랙홀의 하

나. 이 집단군에 속한 이들은 대한민국에서 사라지는 것이 국력에 도움이 되는 소위 가치 없는 존재들이다. 전국의 × 대가리 ××들이 돈 주고 대학생 간판 따러 가려고, 대학생 흉내라도 내보고 싶어서 1년에 최소 천만 원에서 1억 가까운 돈을 지불하고, 2년에서 4년 기한의 정액권을 끊고 입장하는 '대학 테마파크'다."

"그 성격을 요약하자면, 상××의, 상××에 의한, 상××을 위한, 상×× 수용소라고 할 수 있다. 대한민국에서 둘째가라면 서러울 전국 각지의 양아치, 날라리, ××들이 골고루 모여서 ××력으로 자웅을 겨루게 된다. 원래 ××이었던 ××들이 초××으로 진화하여 ×× 생태계 진화의 끝을 보는 곳이다."(××는 장애인을 비하하는 욕설)

충북의 한 사립대 간호학과 2학년에 다니는 김지효(가명)씨는 "인터넷에서 악질적인 혐오표현을 보면 매우 불쾌하고 글쓴이의 수준이 낮다고 느낀다"며 "인성이 나쁘거나 불성실한 사람은 어느 대학에나 있는데 지방대에만 그런 사람이 있는 것처럼 조롱하고 모욕을 주는 것은 불합리하다고 생각한다"고 말했다.

충북지역 국립대에서 사회학을 전공하고 대구에서 직장생활을 하고 있는 이시연(가명)씨는 "10여 년 전 내가 대학을 다닐 때만 해도 지방대에 대한 일방적 혐오나 폄하가 심각하지 않았던 것 같은데, 극심한 경쟁 분위기 속에서 '구별 짓기'가 사람들을 점점 더 피폐하게 만드는 것 같다"며 "주류가 아니면 다 패배자냐"고 안타까워했다.

이런 지방대 혐오표현이 온라인에 퍼지는 이유는 뭘까? 지방대생의 현실을 분석한 《복학왕의 사회학》(2018)을 쓴 최종렬 계명대 사회학과 교수는 "지방대에 대한 혐오표현은 약자가 약자를 공격하는 병리적 현상으로 볼 수 있다"며 "지독한 학벌사회에서 대다수 청년들이 느낀 좌절감과 열패감이 또 다른 약자인 지방대에 대한 혐오로 이어지는 것"이라고 진단했다. 극심한 서열 경쟁 속에서 살아남기 위해 자신보다 열등하다고 생각하는 대상을 공격함으로써 우월감과 안정감을 느끼는 심리라는 것이다. 최종렬 교수는 또 "인터넷 매체의 특성상 좋은 얘기, 흔히 말해 '선플'은 사람들의 관심을 끌기 어렵기 때문에 남의 시선을 모으기 위해 더 과격하고 생경하고 자극적인 '혐오의 언어'를 사용한다"고 분석했다.

과잉 능력주의가 낳은 '차별 피라미드'

"한국에서는 학생을 전국 1등부터 꼴찌까지 줄 세우고, 수능·고시 등 특정한 방식의 테스트를 통과하면 인정받고 출세하는 길이라고 보는 '왜곡된 능력주의'가 짧게는 해방 이후, 길게는 조선시대 과거제도부터 뿌리 깊게 이어져 내려왔죠. 이런 사고방식이 상대적으로 능력이 부족하거나 경쟁

대구지역 한 고등학교 교문에 서울대 합격 실적을 내세우는 현수막이 붙어 있다. 입시 결과 등으로 서열을 매기는 과잉 능력주의는 한국사회 곳곳에 뿌리를 내리고 있다. ⓒ 장은미

에서 밀려난 사람들을 멸시·혐오하는 것을 정당화하고 있습니다."

《88만원 세대》(2007), 《#혐오_주의》(2016) 등의 저자인 박권일 작가는 한국사회에서 지방대 혐오가 심해지는 이유 중 하나로 '과잉 능력주의'를 꼽았다. 그는 "지방대에 다니는 것이 그 사람의 다양한 능력을 곧장 대변해주는 바로미터가 아닌데도 사회가 공부와 시험 등 몇 가지 한정된 능력만 인정하는 분위기를 조장하고 있다"고 지적했다. 대학입시 성적으로 '학벌 피라미드'의 아래 칸에 위치하는 순간, 차별과 배제가 당연시된다는 얘기다.

실제로 서울대를 졸업한 박지수(가명)씨는 "능력에 따라

보상을 달리하는 사회에서 명문대 출신에게 혜택을 주고 지방대 나온 사람을 차별하는 것은 공정한 일이라고 생각한다"며 "지방대 졸업생의 경우 사회가 요구하는 능력과 경험을 갖추고 있을 가능성이 상대적으로 낮기 때문"이라고 말했다. 한양대 4학년 유영희(가명)씨는 "맹목적 혐오는 잘못이지만 만약 지방대 출신의 업무 성취도가 낮다는 게 사실로 확인돼 부정적 이미지가 굳어진 경우라면 이는 차별과 혐오가 아닌 합리적 판단에 가깝다고 본다"고 주장했다.

사회학자 오찬호씨가 쓴 《우리는 차별에 찬성합니다》(2013)에서 한 서울지역 대학생은 지방대생에 대해 "우리 학교보다 대학서열이 낮아도 한참 낮은 곳인데 같은 급으로 취급을 받는 건 말이 안 된다"고 했다. 다른 학생들도 "수능 점수는 열심히 노력한 결과인데 당연히 보상이 있어야 한다"며 지방대생을 '노력하지 않은 사람' '고등학교 때 연애만 하던 사람' '수준 차이 나는 사람' '연예인 얘기만 하는 사람' 등으로 규정했다.

오찬호씨는 이 책에서 "이들 대학생은 수능 점수의 차이를 '모든 능력'의 차이로 확장하는 식의 사고를 갖고 있다"며 "10대 시절 단 하루 동안의 학습 능력 평가로 평생의 능력이 단정되는 어이없고 불합리한 시스템을 문제시할 눈조차 없다"고 개탄했다.

박권일 작가는 "차별과 혐오를 당하는 피해자조차 능력주의 이데올로기를 내면화하고 스스로 '차별당할 만하다'고 생각하면서 그릇된 인식에 복종하는 경향이 있다"며 일부 지방대생의 사고방식을 우려하기도 했다. 그의 이런 진단은 당사자들의 발언에서도 확인된다.

광주의 한 사립대 재학생 박찬수(가명)씨는 "내가 다니는 대학에 자부심이 떨어지고 자격지심이 들어 스스로를 비하하며 '지잡대' 등의 표현을 사용하는 일이 있다"고 말했다. 경북지역 사립대를 졸업한 김희선(가명)씨는 "다른 지방대를 지잡대로 폄하한 일이 있다"며 "자기 위에 '인서울'이 있는 것처럼 자기 밑에도 누군가가 있어야 되는 게 사람 심리"라고 말했다. 다른 지방대생을 차별하고 혐오하면서 자신이 밑바닥은 아니라고 스스로 위안한다는 것이다.

그러나 이런 이야기에 분노하고 변화를 촉구하는 지방대 출신도 있다. 부산의 한 사립대 졸업생 김정아(가명)씨는 "지잡대라는 말을 쓰는 사람은 자신이 '차별주의자' '혐오주의자'라는 생각을 할 수 있어야 한다"고 꼬집었다. 그는 "나를 학교 이름 하나만으로 평가하지 않았으면 좋겠다"며 "그거 말고도 보여줄 수 있는 게 많기 때문"이라고 말했다.

지방대 혐오에는 '부실 대학, 비리 대학이 많다'는 편견도 한몫한다. 온라인 백과사전 '나무위키'는 지방대를 지잡대라고 부르는 이유 중 하나로 "막장 재단" "부실한 교육시설과 커리큘럼"을 꼽았다. "지방대는 학생 교육과 복지에 투자하지 않고 오히려 등록금 횡령을 비롯한 비리를 저지르는 일이 잦다"고 설명한다.

물론 이런 비난을 받을 만한 지방대도 있다. 1996년 김영
삼 정부가 최소 요건만 갖추면 대학 설립을 허락하는 '대학
설립준칙주의'를 시행한 이후, 4년제 대학 52개가 우후죽순
생겨나면서 운영이 부실한 대학도 나타났다. 신설 대학의
92%가 서울 이외 지역에서 문을 열었는데, 이 가운데는 설
립자와 친인척을 중심으로 일방적 학과 구조조정, 교수 해
고 등의 전횡과 교비·토지 횡령 등의 비리로 물의를 일으킨
학교도 있었다. 이 때문에 2000년 이후 지방 사립대 9곳이
문을 닫았다.

　　그러나 이런 이유로 지방대 전체를 매도하는 것은 옳지 않
다. 교육부의 전국 대학 경영평가 결과인 정부재정지원제한
대학평가(2010~2014), 대학구조개혁평가(2015~2017), 대학
기본역량진단(2018) 결과를 보면, 일시적 '주의' '경고' 등의
평가를 받은 대학이 전체의 10~20%, '부실' 평가를 받은 대
학이 2~6%였고 이 중에는 서울 등 수도권 대학도 섞여 있었
다. 지방대 다수가 부실하다는 것은 편견임을 알 수 있다.

　　충북지역 한 사립대 기획과장인 박용진(가명)씨는 "전국
지방대들은 입학생 감소와 등록금 동결 등으로 재정 여건이
어려운 가운데서도 교육 혁신과 제도 개선에 사활을 걸고
있다"며 "이런 상황에서 일부 학교의 부실과 비리가 전체 지
방대에 대한 편견으로 이어지는 것을 보면 마음이 무겁다"
고 말했다.

　　지방대에 대한 차별과 혐오를 없애려면 어떻게 해야 할

까. 홍성수 교수는 "지방대 혐오표현 자체에 집중해 그것을 막으려고 시도하기보다는 출신 학교로 인한 구조적 차별을 없애는 노력이 더 중요하다"고 말했다. 기업이나 공공기관에서 채용할 때 지방대 차별을 줄이고 지방의 교육여건을 지속해서 개선해나가면 지방대 혐오 문제도 해결의 실마리를 찾을 수 있을 것이라는 의견이다.

국가인권위원회 차별조사과 김찬식 조사관은 "특정 대학 출신이 곧 유능한 능력을 가졌다고 동일시하는 것은 잘못됐다는 게 인권위 의견"이라며 "학교나 기업 등에서 다양한 능력을 가진 사람을 선발하기 위해 노력해야 한다"고 말했다.

《한국의 학벌, 또 하나의 카스트인가》(2001)에서 대학서열과 차별 문제를 지적한 김동훈 국민대 법대 교수는 "공공기관과 기업 채용에서 지역 출신 할당제 비중을 높이고 지역 대학에 정부 지원금을 우선 배분하는 등 비수도권 지역 대학들에 혜택을 부여하는 제도를 한시적으로라도 강화할 필요가 있다"고 말했다. 또 "지방대라는 용어 자체가 서울 등 수도권과 지방이라는 이분법적 구도를 고착화하고 다양한 지역적 특색을 가진 대학들을 획일화하는 언어폭력이 될 수 있다"며 "지방대가 아니라 개별 지역의 이름을 붙여 부르는 운동을 벌이는 것도 의미가 있을 것"이라고 덧붙였다.

20대 국회에서는 지방대 문제와 관련해 학력차별금지법, 출신학교차별금지법 등 5개 법안이 발의됐다. 더불어민주당 오영훈 의원이 대표 발의한 '학력·출신 학교 차별금지 및 권리구제 등에 관한 법률안'은 "합리적인 이유 없이 학력·출신 학교를 이유로 고용, 국가자격 등의 부여, 교육기관의 교육 및 직업훈련 등의 영역에서 특정한 사람이나 집단을 우대·배제·구별하거나 불리하게 대우하는 행위를 차별로 규정한다"고 못 박았다.

박권일 작가는 한국사회의 양극화한 자원 분배 시스템 자체를 바꾸는 것이 가장 중요하다고 주장했다. 그는 "한국은 피라미드 꼭대기에 올라서면 엄청난 특권과 면책 등 과잉 보상이 주어지고 바닥에 있는 사람들에겐 엄청난 벌칙과 과도한 고통이 주어지는 사회"라며 "자원을 상위 1~5%에 '몰빵'하고 나머지는 그 찌꺼기를 먹고 살아야 하는 승자독식 체제를 바꾸지 않으면 지방대 차별과 혐오 문제도 근본적으로 해결되기 어렵다"고 강조했다.

청년 채용공고 80% 수도권 집중

"제주에서 주변 대학생 중 남학생은 대부분 경찰직 공무원, 여학생은 일반직 공무원을 준비합니다. 이곳에서 딱히 할 수 있는 다른 일이 없거든요."

원예환경학 전공으로 제주도의 한 대학을 졸업한 부지은 씨는 4년째 취업 준비 중이다. 제주에서 농업 전문기업 일자리를 찾았지만 드물었고, 공고가 나는 곳도 주 6일 근무에 잦은 야근, 남자만 뽑는 경우 등 조건이 안 맞아 지원하지 못했다. 전공 살리기를 포기하고 서울로 가 대형마트 판매직 일을 하며 3년간 공무원 시험을 준비했지만 이마저도 잘 되지 않았다.

대전의 한 사립대에서 재학생이 대학일자리센터 건물로 걸어가고 있다. 지역의 취업 준비생들은 "서울 등 수도권에 비해 일자리 자체가 절대적으로 적다"고 호소하고 있다. ⓒ 임형준

다시 제주로 돌아온 그는 "취업을 앞두고 준비가 부족했던 점도 있지만 제주에서 관광업 말고 다른 분야 일자리를 찾기가 너무 어려운 게 사실"이라며 "임금도 전국 최저 수준이고 구시대적 조직문화를 갖고 있는 회사가 많지만 지금은 어디든 들어가고 싶은 심정"이라고 말했다. 부씨는 이번 여름에 농업 관련 자격증을 하나 더 딸 계획이라고 덧붙였다.

경남 창원의 한 사립대 경영학과를 졸업한 성민석씨는 전공인 브랜드 마케팅(기업 및 제품 홍보) 분야에 취업하길 원했지만 실패했다. 인근 지역에서 아무리 찾아봐도 관련 채용 공고를 볼 수 없었다. 서울로 눈을 돌려 지원해보았으나 '인 서울' 대학 출신 졸업생들 틈에서 서류조차 통과하기 어려웠다. 결국 그는 서울의 한 제약회사에서 직접 의료인을 찾아다니며 '발품'을 파는 영업직 일을 시작했다.

"창원·마산 지역엔 제조업 생산직 채용이 대부분이라 마케팅이나 인사, 총무 업무를 하고 싶어도 기회를 얻을 수 없어요. 요즘 서울 명문대 출신도 경쟁이 치열해 취업이 어렵다고 하지만 저 같은 지방대 출신은 주변에 일자리가 없어 경쟁에 참여조차 못하는 게 현실입니다."

충북의 한 대학에서 일자리센터장을 맡고 있는 박모 교수는 실력 있는 학생들이 매번 취업을 위해 수도권으로 썰물처럼 빠져나가는 현실에 안타까움을 털어놓았다. 그는 "지방 중소도시의 경우 가장 큰 문제는 청년들이 갈 수 있는 일자리의 절대적 수가 적다는 것"이라며 "서울에 가면 생활비가 비싸기 때문에 지역에 남는 게 이득이지만 일할 곳이 없으니 무조건 수도권에 갈 생각부터 한다"고 말했다.

한국사회에서 지방대가 소외당하고 교육 불평등이 심해지는 이유 중 하나는 일자리 문제다. 지방에 고용 기회가 양적으로 부족하고, 질 좋은 일자리 찾기는 더더욱 어려워 지방대가 더욱 외면받는 악순환에 빠지는 것이다.

국내 최대 규모 취업포털사이트 중 하나인 잡코리아에 2019년 5월 현재 올라와 있는 지역별 채용공고를 살펴보면 신입 또는 경력 3년 이하 직원을 뽑는 6만여 개 일자리 중 소재지가 서울인 곳이 2만 7164개로 45.4%를 차지했다. 이어 경기 1만 6372개(27.4%), 인천 3635개(6.1%)로 수도권이 전체의 78.9%였다. 반면 부산, 충남, 대전, 경남, 대구, 충북 등은 1000~2000개(1.7%~3.2%) 사이였고 광주, 경북, 전북, 제주, 강원, 전남, 울산, 세종은 수백 개 수준(0.5~1.4%)에 그쳤다. 채용공고가 난 청년 일자리 10개 중 8개를 서울 등 수도권이 차지하고 2개를 나머지 시도가 나눠 갖고 있는 셈이다.

수도권 일자리 쏠림은 일시적 현상이 아니다. 잡코리아가 지난 2015년에도 연간 신규 채용공고 650만 9703건을 분석한 결과 서울이 전체 채용공고의 40.9%를 차지했고 경기 24.7%, 인천 7.7%로 전체의 73.3%가 수도권에 몰려 있었다. 일자리가 가장 적은 곳은 제주(0.4%), 강원(0.5%), 전남(0.8%), 경북(1.2%) 등이었다.

통계청 인구총조사에 따르면 2015년 전국 25~34세 인구 707만여 명 중 서울 거주자가 22.9%, 경기 25.2%, 인천 5.9% 등 수도권 청년 비율은 54%였다. 수도권에 취업 적령기 청년 인구가 절반 정도 있는데, 일자리는 70~80%가 몰려 있다는 얘기다.

노무현 정부 이후 전국 혁신도시에 공공기관을 이전하는 정책이 10개 도시 150여 개 기관 이전 완료 등으로 성과를 내고 있지만, 지방 청년들의 일자리 목마름을 해소하기에는 아직 크게 부족하다. 국토교통부에 따르면 지방 이전 공공기관 중 정부 부처 소속 기관을 제외한 109곳에서 2018년 신규 채용한 인원 1만 4338명 중 지역 출신은 2011명(14%)이다. 2012년의 2.8%보다 늘어났지만 아직은 지방 청년 채용에 숨통이 트였다고 보기는 어렵다. 또 부산, 대구, 경북 등은 20% 넘게 지역 인재를 채용하고 있지만 세종, 울산, 강원 등은 3~10% 수준으로 지역별 편차도 크다.

국토교통부는 혁신도시법에 따라 오는 2022년까지 지역 인재 채용률을 30%까지 올리는 정책을 추진하고 있다. 하지만 연구·경력직, 지역본부 별도채용 등 의무고용 대상에서 제외되는 인원이 절반에 달하는 것은 문제라는 지적도 있다.

전남대 신문방송학과 졸업반 김형규(가명)씨는 "나주 혁신도시에 한국전력 등 공기업이 이전하면서 전기공학과 출신은 취업에 숨통이 트였지만, 신방과를 비롯해 인문사회계열 친구들은 여전히 취업이 어려워 공대생을 부러워하는 분위기가 있다"고 말했다. 그는 또 "전남지역은 청년들이 원하는 일자리 자체가 부족해 자기 관심 분야에 따라 직업을 선택할 수 있는 기회가 없다"며 "필요에 따라 자유롭게 이직할 수도 없을 것 같아 나도 수도권에서 취업할 계획"이라고 덧붙였다.

임금·노동환경도 서울과 큰 격차

서울을 포함한 수도권에 비해 지역의 일자리는 질적 측면에서도 뚜렷한 차이를 보인다. 한국고용정보원이 2019년 3월 발간한 〈지역의 일자리 질과 사회적 경제적 불평등〉 보고서를 보면 전국 252개 시군구 중 '일자리 질 지수'가 상위권으로 분류된 39개 지역 가운데 32곳(82%)이 서울, 경기, 인천 등 수도권이었다. 일자리 질 지수는 고소득(월소득 320만 원 이상)·고학력(전문대졸 이상)·고숙련(전문가·관리자) 비중이 얼마나 높은가를 기준으로 했는데 전남북과 경북, 강원도 지역은 대부분 하위권에 머물렀다.

경북의 한 사립대 영문과를 졸업하고 서울에서 기간제 교사로 일하고 있는 이세라(가명)씨는 "대학 다닐 때 먼저 취업한 선배와 친구들에게서 지방 기업은 임금도 적고 직장문화도 시대에 뒤떨어진다는 얘기를 여러 번 들었다"고 말했다. 그는 "편의점에서 아르바이트를 할 때도 '서울도 아닌데 최저임금 운운하지 말라'는 말을 듣고 웬만하면 서울에서 일하는 게 낫겠다고 생각했다"고 털어놓았다.

청년세대 노동조합인 청년유니온 대구지부 이건희 대표는 "지방 청년들은 주변에 괜찮은 일자리가 없다고 말하고 지역 중소기업은 일할 사람이 없다고 하는데, 이런 '미스매치mismatch'는 일자리의 양으로만 설명할 수 없다"고 말했다. 채용하려는 기업이 지역에 있어도 청년들이 외면하는 것은 임금과 고용안정성, 조직문화 등 노동환경이 좋지 않은 탓이라는 얘기다.

지역 일자리에 대한 지방 청년들의 불만은 숫자로도 확인된다. 전라남도가 2018년 도내 20~30대 청년 1000명을 대상으로 한 '전남 청년 종합실태조사'에 따르면 '내가 관심 있는 분야와 관련된 직업을 찾기 쉽다' 항목에 100점 만점 중

38.8점이라는 낮은 점수가 나왔다. '내가 원하는 임금조건의 일자리가 많다'(36.5점), '일·가정 양립 환경이 잘 조성돼 있다'(40.7점) 항목도 점수가 낮았다.

일자리 등에 불만이 있는 청년들이 지역을 떠나는 추세는 통계에서도 나타난다. 한국고용정보원이 2019년 3월 발표한 〈비수도권 청년 인구의 유출과 수도권 집중〉 보고서에 따르면 1984~1988년에 태어나 2013년 25~29세를 맞은 청년 인구가 5년 전에 비해 전남 12.3%포인트, 전북 11.6%포인트, 강원은 11.6%포인트나 감소했다. 광역시인 대구와 부산도 각각 9.4%포인트, 7.8%포인트 줄었다. 이들이 2018년 30~34세가 되었을 때도 인구 유출은 계속돼 부산에서 8.3%포인트, 대구 5.8%포인트, 광주 5.8%포인트가 살던 곳을 빠져나갔다.

반면 같은 시기 서울, 경기 등 수도권은 12~13%포인트씩 청년 인구가 늘었다. 지방 소재 학교를 졸업한 청년들이 일자리를 구하거나, 취업 후 5년 이내에 노동조건이 더 좋은 곳을 찾아 수도권으로 이동한 것이라고 풀이할 수 있다.

지방의 일자리 부족은 지방대 침체에 영향을 미친다. 《지방도시 살생부》(2017)의 저자인 마강래 중앙대 도시계획부동산학과 교수는 "지방대가 저평가를 받는 것은 교육의 질보다 지역의 일자리 부족과 깊은 관련이 있다"며 "최근 일자리 경쟁이 심해지고 교육이 먹고살기 위한 수단으로 변질되면서 학생들이 취업 기회가 많은 '인서울' 대학에 몰리고 지방대를 꺼리는 것은 당연한 현상"이라고 말했다.

마강래 교수는 이어 "수도권에 모든 인구와 자원이 쏠리는 불균형이 심해짐에 따라 지방의 대학들이 더 어려워지는 악순환이 반복되고 있다"며 "각 지역거점을 중심으로 강한 일자리 정책을 펴서 주변 지역과 연계시키고, 과도기적으로 지방 공공기관에서 지역 출신 인재에게 기회를 할당하는 일이 매우 중요하다"고 강조했다.

김준영 한국고용정보원 고용동향분석 팀장은 "지방에 일자리가 없어 청년 인구가 빠져나가고 활력을 잃게 되면 지역에 뿌리내리고 있는 지방대 역시 침체될 수밖에 없다"고 말했다. 이어 "청년 인구의 유출을 막기 위해서는 타 지역으로부터 제조업 기업을 유치하는 제로섬 게임 방식이 아니라 청년들의 취업선호도가 높은 교육·보건·사회복지·공공행정 등 사회서비스업이나 출판·영상 등 정보서비스, 예술·스포츠 등 여가서비스업과 같은 다양한 일자리를 창출해야 한다"고 주장했다.

이와 관련해 경상북도는 지난 2018년 하반기 '경북형 사회적경제 청년일자리 사업'을 통해 하나의 가능성을 보여주었다. 행정안전부의 지원을 받아 청년 200명이 지역의 사회적기업, 마을기업, 협동조합 등 107곳에 취업하도록 한 것이다. 이들 기업은 취약계층에게 사회서비스와 일자리를 제공하거나 지역 자원·문화를 활용해 생활환경을 개선하고 공동체를 활성화하는 공공적 성격을 띠고 있다.

이 사업에 참여한 청년들은 만족도 조사에서 '경제적 생활 안정'(77.2점), '적당한 근무시간'(80.9점), '지역 발전에 기여'(74.3점) 등의 이유로 전반적으로 높은 만족도(77.1점)를 보였다. 중앙정부와 지자체의 협업으로 지역사회에 도움이 되는 청년 일자리를 만든 사례인 셈이다.

서울 사는 게 '스펙', 지방엔 취업 인프라 부족

지방에서 취업 준비를 하는 청년들은 '부족한 취업 인프라' 때문에도 설움을 겪는다. 서울에 비해 취업박람회도 빈약하고, 시험 대비 학원의 다양성과 수준에도 차이가 있으며, 함께 공부할 스터디 모임을 구하는 것도 여의치 않다는 게 경험자들의 공통된 지적이다. 이런 현실 때문에 취업준비생들은 '서울에 사는 게 스펙'이라고 말하기도 한다.

경남의 한 사립대 영문학과를 졸업한 김가희(가명)씨는 지난 2016년 필리핀 어학연수를 갔을 때 서울에서 온 학생들과 얘기하다 깜짝 놀란 일이 있다. 자신은 들어본 적도 없는 공공기관 인턴 기회나 희망 직군별 스터디 그룹 등의 정보를 그들은 무척 많이 알고 있었기 때문이다. 그중 한 사람은 김씨에게 대놓고 "지방에서는 정보를 구하기 힘들지 않느냐"며 "취업 잘하고 싶으면 서울로 와야 한다"고 말했다. 공기업 입사를 준비하는 김씨는 경제적 부담 때문에 서울에

2019년 5월 28일 열린 공연예술일자리 박람회에서 방지영 국제아동청소년연극협회 이사장이 공연기획 직무특강을 하고 있다. 관련 분야 지망생 등 300명이 참석했다. ⓒ 장은미

가지 못하고 창원에서 부산의 학원을 오가며 공부하고 있는데, "학원에서 집이 멀다 보니 스터디 그룹에 끼워주지 않더라"며 씁쓸해했다.

취업준비생들이 모이는 온라인 카페 '스펙업' 자유게시판에 2019년 3월 26일 〈지방대생이 서울에서 취업 준비하는 것이 어떨까요?〉라는 제목의 글에 달린 20여 개의 댓글은 약속이나 한 듯 '서울로 가라'고 추천했다. '서울 가면 힘들기는 하겠지만 그만큼 선택의 폭이 넓어진다' '서울엔 기회가 더 많으니 아르바이트해서 금전적 부분을 준비해가라' 등의 내용이었다.

채용 정보가 모이는 '취업박람회'를 살펴보면 서울과 지방의 불균형을 확인할 수 있다. 취업박람회 플랫폼사이트 www.job815.com에 따르면 2019년 6월 4일 기준 공지된 박람회

는 서울이 9개, 경기도 9개로 수도권에 18개가 몰렸다. 반면 세종·충청·강원·제주 지역은 통틀어 단 2개였고 광주·전남·전북 통산 1개, 부산이 6개, 대구 2개, 울산 1개였다. 취업박람회에서 제공되는 정보의 내용도 서울은 전문화한 박람회까지 포함해 다양하고 깊이가 있는 반면 지역 박람회는 상대적으로 다양성과 전문성 등이 부족한 편이었다.

2019년 5월 28일 서울 종로구 장교빌딩에서 종로여성인력개발센터가 주최한 공연예술 청년일자리박람회에서는 연극공연기획사 11곳의 채용 부스가 마련됐고, 공연기획 지망생 등 300여 명이 참여해 진지한 진로 상담이 이뤄졌다. 이곳에서 만난 종로여성인력개발센터 김영실 부관장은 "고용노동부와 서울시의 지원을 받아 개최해오고 있는데, 주로 서울에 사는 취업준비생들이 많이 참여하는 편"이라며 "대학로 등 지역 연계 측면에서 공연예술 부문의 일자리와 인프라 제공을 위해 노력한다"고 설명했다. 다만 이 센터에서 운영하는 지역산업맞춤형 일자리 창출사업은 대상이 서울 시민으로 한정된다고 덧붙였다.

이 박람회를 찾은 한 지방대 졸업생은 "인터넷 커뮤니티도 있지만 공공기관 등에서 마련해주는 박람회에서 얻을 수 있는 정보와 기회들이 따로 있다고 생각한다"며 "지방은 박람회 개최 횟수도 절대적으로 적고 특정 분야에 전문화한 박람회가 없는 것 같다"고 말했다.

같은 날 서울 역삼동 한국과학기술회관에서도 과학기술

정보통신부가 주최하고 한국정보보호산업협회가 주관하는 정보보호 취업박람회가 열렸다. 또 서울 삼성동 코엑스에서는 서울시와 KB국민은행이 주최하고 코스닥 상장사 등 250개 회사가 참여한 취업박람회가 열려 서울지역에서만 동시에 3개 박람회가 진행됐다.

정보보호 취업박람회에서 만난 스피치 강사이자 면접 컨설턴트인 김수정씨는 "다양한 취업박람회에서 5년째 강의나 컨설팅을 하고 있는데 지방에서 열리는 박람회는 간 적이 없다"며 "지방에선 수요와 예산 문제로 서울의 전문 강사들과 매칭되기 어려운 상황인 것 같다"고 말했다. 경기도 성남시 판교의 한 정보기술(IT)업체 인사팀 관계자도 "취업준비생들이 궁금해할 만한 사항들을 직접 설명하기 위해 오늘 박람회에 임원들도 참여했는데, 지방에서 진행된 박람회에는 참여한 적이 없는 것으로 안다"고 말했다.

12년째 이 행사를 개최하고 있는 한국정보보호산업협회의 송제윤 경영기획실 책임연구원은 "포괄적인 취업박람회에서는 접하기 힘든 특화된 IT기업들 정보가 있어서 관심 분야 친구들은 일부러 찾아오는 것으로 안다"고 소개했다. 그는 "(지방대인) 호서대와 중부대의 관련 학과 학생들이 단체로 사전 예약을 하고 찾아왔다"며 "수요가 있긴 하지만 협회 여건상 지방에서 행사를 개최하기는 어려운 부분이 있다"고 말했다.

지방에서는 같은 진로를 꿈꾸는 청년들이 함께 교류하며

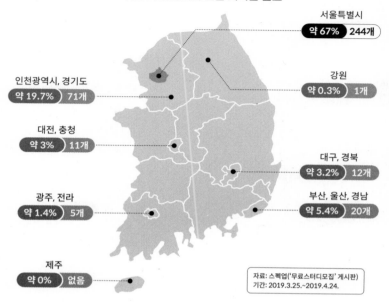

취업 카페 스터디 모집 지역별 분포

서울특별시
약 67% 244개

인천광역시, 경기도
약 19.7% 71개

강원
약 0.3% 1개

대전, 충청
약 3% 11개

대구, 경북
약 3.2% 12개

광주, 전라
약 1.4% 5개

부산, 울산, 경남
약 5.4% 20개

제주
약 0% 없음

자료: 스펙업('무료스터디모집' 게시판)
기간: 2019.3.25.~2019.4.24.

세명대 저널리즘연구소가 취업준비생이 모이는 온라인 카페 '스펙업'에 한 달간 게시된 스터디 모임 모집글을 지역별로 분석한 결과 서울을 포함한 수도권이 약 87%로 압도적 다수를 차지했다.

공부하는 '스터디'를 꾸리기도 힘들다. 세명대 저널리즘연구소가 취업준비생들이 모이는 온라인 카페 '스펙업'에 2019년 3월 25일부터 한 달간 게시된 스터디 모임 모집글을 분석한 결과, 전체 364개 공고 중 서울이 244개(67%)로 가장 많았고, 인천과 경기도가 71개(19.7%)로 수도권 비중이 약 87%였다. 이어 부산·울산·경남 20개(5.4%), 대구·경북 12개(3.2%), 대전·충청 11개(3%), 광주·전라 5개(1.4%), 강원 1개

인턴 채용 지역별 분포

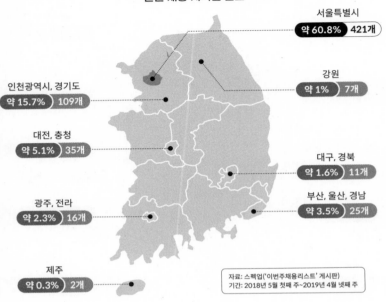

서울특별시
약 60.8% 421개

강원
약 1% 7개

인천광역시, 경기도
약 15.7% 109개

대전, 충청
약 5.1% 35개

대구, 경북
약 1.6% 11개

광주, 전라
약 2.3% 16개

부산, 울산, 경남
약 3.5% 25개

제주
약 0.3% 2개

자료: 스펙업('이번주채용리스트' 게시판)
기간: 2018년 5월 첫째 주~2019년 4월 넷째 주

세명대 저널리즘연구소가 '스펙업'에 2018년 5월부터 2019년 4월까지 1년간 올라온 인턴 모집 지역별 분포를 분석한 결과 서울이 60.8%, 인천·경기 15.7%로 수도권이 총 76.5%를 차지했다.

(0.3%) 순이었고 제주 지역은 해당 기간 모집글이 없었다.

연구소는 또 '스펙업'에 2018년 5월부터 2019년 4월까지 1년간 올라온 인턴십 공고의 지역 분포를 살펴봤다. 삼성물산, SK그룹, 한국도로공사, 한국조폐공사, 한국가스안전공사 등 민간 대기업과 공기업 등 626개 회사(지역 중복 포함)가 이 기간 중 인턴 모집 공고를 올렸다. 기업 본사 등 일자리가 많은 서울이 이 중 421개로 60.8%를 차지했다. 인천·경기

1부 | 지방 청년은 꿈조차 꿀 수 없나?

는 109개(15.7%)로, 서울을 포함한 수도권이 전체의 76.5%였다. 이어 대전·충청 35개(5.1%), 부산·울산·경남 25개(3.5%), 광주·전라 16개(2.3%), 대구·경북 11개(1.6%), 강원 7개(1%), 제주 2개(0.3%) 순으로 나타났다.

지자체가 제공하는 청년 지원 시설도 서울과 지방의 격차가 크다. 서울시는 지난 2016년 5월부터 청년들이 무료로 스터디룸을 이용하고 취업 상담 및 특강, 멘토링 등의 서비스를 받을 수 있는 '일자리 카페'를 운영하고 있다. 민간·대학·공공기관과 협력해 매년 일자리 카페를 확대한 결과 2019년 5월 31일 기준으로 87곳까지 늘었다. 서울시 일자리 정책과 청년일자리팀 노애경 주무관은 "카페 위치나 규모별로 차이가 있지만 스터디룸 이용객은 3만 5000여 명, 일대일 상담에 1500여 명, 멘토링은 700여 명 등 각 프로그램 누적 이용자가 3만 9000여 명 정도"라고 소개했다. 반면 광주·전라, 대구·경북, 대전·충청은 일자리 카페가 10개 남짓 있었고 강원, 제주 등은 각 1곳밖에 없는 것으로 나타났다.

대구에서 대학을 마치고 한국방송공사(KBS) 지역권 피디(PD)로 2년째 일하고 있는 유성은씨도 "(서울이 아닌) 지역에선 꿈을 키우기도 어려운 것 같다"며 "지역 중에서도 광역시와 중소도시의 격차 역시 크다"고 말했다. 언론사 입사를 준비할 때 대구에서 공부하다 고향인 경남 창원으로 갔는데, 스터디 모임을 만들려고 인터넷 카페에 공고를 올린 뒤 몇 달을 그냥 기다려야 했다는 것이다. 그렇게 해도 피디 직군

지원자들로만 스터디 모임을 만들기가 어려워 언론사 지망생이면 모두 모여서 공부했을 정도였다고 한다.

"서울에 몰려 있는 언론사 입사 시험을 보기 위해 첫차를 타고 올라가거나 전날 미리 올라가 숙소를 잡는 등 고충도 많았죠. 제 주변에도 서울로 가서 공부하는 친구들이 적지 않았지만 저는 생활비 문제로 아예 갈 생각을 못했고요."

전남대를 졸업한 후 금융권 취업을 준비 중인 김경화씨도 대학 시절 서울에서 열린 증권사 모의투자대회에 참가했는데 모든 일정이 서울에서 진행돼 지방대생들의 어려움이 컸다고 회고했다. 그는 "서울에서 살았다면 이런 활동을 더 많이 할 기회가 있었을 텐데 하는 아쉬움이 들었다"고 말했다. 김씨 역시 서울로 시험을 치르러 갈 때의 고충을 털어놓았다.

"주로 주말 오전 서울에서 채용 필기시험이 있는데, 새벽 4시 30분 고속버스를 타야 하죠. 한두 석이 남거나 매진될 정도로 서울로 시험을 치르러 올라가는 사람들이 많아요. KTX가 편하긴 해도 왕복 10만 원으로 비싸서 피곤하더라도 버스를 타고 갑니다."

지역 공무원 되려고 서울로 '학원 유학'

부족한 취업 기회 때문에 지역 청년들은 공무원 시험 준

서울 노량진 '컵밥거리'에서 점심 끼니를 해결하고 있는 취업준비생들. 대부분 컵밥집 앞에 서서 서둘러 밥을 먹고 자리를 뜬다. ⓒ 임형준

비에 눈을 돌리지만, 그마저도 서울 학원가에서 이뤄진다. 2019년 4월 24일 점심, 고시학원들이 몰려 있는 서울 노량진 '컵밥거리'에서 만난 윤성훈(가명)씨는 "강원도의 한 국립대를 졸업하고 노량진에서 2년 6개월째 공무원 시험을 공부하고 있다"며 "지방에서 (온라인 수강을 위해) 컴퓨터 모니터만 보고 있자니 미칠 것 같아서, 직접 자극도 받고 공부 효율도 높이기 위해 여기에 왔다"고 말했다.

노량진에서 8년째 컵밥집을 운영하고 있는 한정희씨는 "여기 오는 사람들은 대부분 지방에서 올라온 학생들"이라며 "수도권 학생들은 통학을 하니까 도시락 싸서 다니는 경우가 많다"고 설명했다. 그는 "서너 번 오면 자연스럽게 '어디서 왔냐'고 물어보는데, 대구나 부산에서 올라온 학생들이 많은 것 같다"고 덧붙였다.

대구에서 서울로 와 3년째 중등교사 임용시험을 준비하고 있는 박예현(가명)씨는 "공무원이 되면 대구나 충북 지역을 지원할 계획이지만, 합격을 위해서는 서울에서 공부할 수밖에 없다"고 말했다. 그는 대구의 한 학원에서 서울 학원 강의를 실시간 온라인 영상으로 중계해주는 '실강'을 듣다가 갑갑해서 일주일에 한두 번 서울을 오가며 '직강(직접 강의)'에 참여했다. 그러나 몸은 몸대로 힘들고 교통비도 만만치 않아 아예 서울로 주거지를 옮겼다. 노량진 부근에서 보증금 1000만 원, 월세 53만 원짜리 방을 구했고 3월부터 11월까지 학원비로 총 200만 원을 냈으며, 매달 독서실비로 18만 원을 쓰고 있다. 식비를 포함한 생활비는 월 30~40만 원 선에서 빠듯하게 지출하고 있다고 말했다.

"한 번에 수백만 원씩 되는 학원비를 결제하고 매달 수십만 원씩 드는 생활비를 부모님이 지원해주시니까 그저 열심히 해야겠다는 생각만 합니다. 조금이라도 돈을 아끼려다 보니 끼니는 자꾸 부실해지고요."

전북 전주에서 서울에 와 법원직 공무원을 준비하는 김지훈(가명)씨는 "(이곳 학원들의 주장에 따르면 공무원 공기업 시험 합격자는) 노량진 학원에서 80~90%가 나온다"며 "고향에서 공부하면 시험 기간이 더 늘어나 결과적으로 시간과 돈을 더 쓸 것 같아 올라왔다"고 말했다. 주말에 동전노래방에서 시간제 청소 일을 하고 월 20~30만 원을 받아 생활비에 보탠다는 그는 "타지 생활에서 가장 힘든 것은 부모님께 경제적 부담을 드리는 것"이라고 말했다.

마강래 중앙대 교수는 지방대생들의 열악한 취업 인프라와 관련해 "서울이 독식하는 상황이 참 씁쓸하다"고 말했다. 그는 "모여서 정보도 교류하고, 주변에서 얼마나 열심히 공부하는지 보면서 자극도 받는 곳이 노량진과 같은 공간이다 보니 자연스럽게 우수 강사들이 모이는 등 교육시장이 형성된다"며 "지역에도 이런 수요가 있다면 부산, 대구, 광주와 같은 광역시권을 중심으로 교육시장 형성의 가능성이 있다고 본다"고 말했다.

마강래 교수는 지방이 이런 인프라를 만들기 위해서는 일자리와 긴밀히 연결할 필요가 있다고 지적했다. 그는 "공공기관 이전에 따라 지역인재할당을 활성화해야 한다"며 "역차별 지적도 있지만 지역균형발전을 위한 과도기로 이해할 필요가 있다"고 강조했다. 그는 이 같은 조처를 통해 지방대가 서울지역 대학과 경쟁할 수 있을 것이며 지역도 함께 발전할 수 있을 것이라고 덧붙였다.

한남대 취업전략개발팀 박철수 팀장은 "취업 준비를 위한 정보력에서 지방과 서울 사이에 경쟁력 격차가 있는 것은 분명한 현실"이라며 "KT&G처럼 지역에 본사를 둔 기업이 지역 단위로 대외활동을 추진하는 등 지방대생를 위한 취업 인프라 구축에 나서야 한다"고 말했다.

공기업·은행도 은밀히 '학교 줄 세우기'

지방대생이 지방 일자리와 취업 인프라 부족이라는 역경을 딛고 채용시장에 나서면 어떤 일이 벌어질까? 바로 '채용 과정에서의 차별'이다.

부산지역 사립대에서 국제무역경제학을 전공한 진혜정 (가명)씨는 한국은행, 산업은행 등 금융권 공기업에 취업하길 희망한다. 입사 경쟁이 심하지만 민간 대기업에 비해 지방대 차별이 조금은 덜하지 않을까 하는 기대가 있어서다. 진씨의 동기들도 마찬가지라고 한다.

"교수님들도 '기분 나빠할 일이 아니라 이게 현실'이라며 '민간 대기업은 너희 같은 애들 염두에 두지 않는다'고 이야기를 하셨어요. 대기업은 서류에서 면접 단계까지 학교별로 레벨을 나눠서 점수를 준다는 말도 주변에서 들었어요. 공기업은 블라인드 채용을 많이 한다고 하니 사기업보다는 제 능력을 공정하게 평가해줄 것이라는 기대를 하게 됩니다."

하지만 공기업 채용의 실상을 보면 진씨는 좌절감을 느낄지도 모른다. 지난 2017년 '범정부 공공기관 채용 비리 특별 대책 본부'가 275개 공공기관의 과거 5년 채용 전반을 살핀 결과, 공직 유관 단체를 포함해 총 1190개 조직에서 4788건의 비리가 적발됐다. 이 중 중소기업진흥공단, 국립중앙의료원, 서울대병원, 한국수출입은행 등은 지방대생을 명백히 차별한 것으로 나타났다.

기업별 채용 시 지방대 차별

중소기업진흥공단	• 전국 4년제 대학 187개 교를 본/분교, 주/야간 257곳으로 세분해 15~5점 점수 매김.
국립중앙의료원	• 2016년 7월 간호직 신규 채용 시 출신 대학을 4개 그룹으로 나눠 학교에 따라 성적 차등 적용.
서울대병원	• 2013~2017년 11차례에 걸쳐 직원 채용 시 출신 대학별로 등급 나누고 가중치 부여. • 사무직 서류 전형, 국내외 대학 A-B-C-D 등급 분류.
수출입은행	• 2011~2013년 신규 채용 때 출신 대학에 따라 0.8~1까지 가중치 두고 학교 차별함.
KEB하나은행	• 2013년 채용 과정서 출신 학교 등급제(13개 등급) 운영.
신한은행	• 2013~2016년 서울 최상위 대학(3.0)-서울 소재 대학(3.3)-지방 소재 대학(3.5)으로 구분하고 학점 기준에 못 미치면 탈락 처리함.
대우조선해양	• 1군~5군으로 나눠 서류 통과 비율 매김.
홈앤쇼핑	• 2013년 공채 서류전형에서 지원자들의 점수를 출신 대학별로 차등 부여(스카이 대학 25점, 기타 대학 10점).

최근 언론에 보도된 채용 과정의 지방대 차별 주요 사례. 사건이 일어난 시기와 언론 보도 시기엔 차이가 있다.

중소기업진흥공단은 2012~2013년 채용 당시 전국 4년제 대학 187개교를 본교와 분교, 주야간으로 세분화해 최고 15 점부터 최저 5점까지 차등적으로 점수를 부여했다. 예를 들어 중앙대, 경희대 등 서울권 대학이 14점이라면 부산대나 경북대 등 지역국립대에는 12점을 주었다.

국립중앙의료원도 2016년 6급 신입 간호직 채용 때 서울 시내 4년제와 국립대, 경기도 및 광역시 소재 4년제 대학, 지방 4년제 대학으로 분류해 대학 성적을 차등 적용했다. 서울대병원도 2013~2017년 11차례 채용시험에서 출신 학교별 등급을 연도에 따라 4~6등급으로 나눠 성적 가중치를 다르게 적용했다. 지방대생은 하위 등급을 받아 손해를 볼 수밖에 없었다.

한국수출입은행은 2011~2013년 채용 때 출신 대학교의 '등급'에 따라 1에서 0.8의 가중치를, 전문대와 고등학교는 각각 0.75와 0.7의 가중치를 주는 방식으로 학력과 학교를 차별했다. 2013년 하반기 채용을 기준으로 분석했을 때 학교별 가중치를 적용하지 않으면 상위 6개 대학 출신 서류전형 합격자 수가 450명에서 278명으로 38%가량 줄어드는 것으로 나타났다.

그렇다면 취업준비생들이 '공기업보다 훨씬 심하다'고 인식하고 있는 민간 대기업의 채용 관행은 어떨까. 최근 수년 간 보도를 확인한 결과 KEB하나은행 등 은행권 3곳, 대우조선해양 등 대기업 2곳, 중견기업 홈앤쇼핑 등의 채용 비리가 수면 위로 드러났다.

KEB하나은행의 경우 지난 2013년 채용에서 출신 학교를 13개 등급으로 나눠 차등적인 점수를 적용했다. 이 과정에서 면접 순위를 조작하거나 학교에 따라 탈락자가 합격자로 바뀌는 일도 있었다. 보도에 따르면 이 사건으로 기소된 함영주 당시 행장은 2018년 8월 재판에서 "하나은행은 이윤 추구를 목적으로 하는 상법상의 단체로서 사기업의 자율성을 바탕으로 채용의 재량을 지닌다"며 "제삼자가 보기에 합리적이지 않다고 해서 형법의 잣대를 들이대는 것은 적절하지 않다"고 항변했다.

신한은행도 2013~2016년 신입 행원 채용 때 서울 최상위권, 서울권, 지방 소재 대학으로 나눠 지원자의 학점 조건을 차등화했다. 서류전형에서 자동 탈락하는 기준점을 서울 최상위권 대학은 3.0으로, 지방 소재 대학은 3.5로 설정하는 식이었다.

대우조선해양은 서울 최상위권 대학은 1군, 지방 중위권은 4군 등 총 5개군으로 지원자의 대학을 나눠 각 직군별 서류통과 비율을 할당했다. 삼성그룹은 2014년 신입사원 선발 때 '대학별 총장·학장 추천제'를 도입해 서울과 지방대학의 추천 할당 인원을 차등화하려다 논란이 일자 포기했다.

시민단체인 '교육을바꾸는새힘'의 김형태 대표(서울학교안전공제회 이사장)는 2019년 4월 23일 서울 여의도 국회의원회관에서 이상민, 도종환 의원(더불어민주당)과 함께 주최한 '출신학교차별금지법' 토론회에서 이 같은 현실을 강도 높게 비판했다.

"대학 '간판'으로 인생이 결정되는 부끄럽고 낯 뜨거운, 야만적인 상황이 버젓이 일어나고 있습니다. 학력과 학벌로 사람을 차별하는 것은 인종, 남녀, 종교, 연령과 같은 엄연한 인간 차별 행위이고 심각한 인권침해입니다."

경북지역 4년제 대학을 졸업하고 서울에서 공기업과 언론사 시험을 준비하는 김다인(가명)씨는 한 채용설명회에서 만난 중견 IT기업 인사담당자의 말을 잊을 수 없다고 회고했다. 그가 지방대 출신인 줄 모르고 '학교에 따라서 등급을 나누고 가점을 다르게 부여한다'고 아무렇지도 않게 말했다는 것이다. 김씨는 "채용시장에서 지방대생의 입지가 그렇다는 걸 알고 인서울 대학으로 편입 도전도 했지만 잘 안 됐다"며 "취업 과정에서 이렇게 좌절감을 느끼다 보니 스스로 한계를 규정하게 된다"고 털어놓았다.

실력주의에 기반한 불평등 문제를 교육자의 시각에서 풀어낸 《실력의 배신》(2018)의 저자인 박남기 광주교대 교육학과 교수는 "기업들이 학교를 보고 채용하는 것은 편의적 발상"이라고 꼬집었다.

"(이런 채용 방식은) 공정성이나 사회정의 차원에서 타당하지 않습니다. 마치 핸드폰을 살 때 애플이나 삼성과 같은 상품명을 보고 고르듯, 대학 이름이 일종의 상품명 노릇을 하는 셈이죠. (지금까지) 학벌을 보고 채용을 했는데 나쁘지 않았다는 경험 또는 채용의 편의성이 작용해왔던 것이죠. 그러나 사람은 대량생산된 전자제품이 아닙니다. 대학생들 간에도 차이가 있어요. 채용을 할 때도 개인의 특성을 볼 수 있도록 기업이 노력해야죠."

경북의 한 사립대를 졸업하고 외국계 기업에 다니다 재취업을 준비 중인 김정훈(가명)씨는 지방대 출신을 받아줄 것 같지 않은 회사에는 아예 지원도 하지 않는다고 말했다. 그는 "(온라인) 취업커뮤니티에서 SK, 구글이나 '기름집(정유회사)'은 학벌 좋은 사람만 뽑는다는 등의 얘기가 오간다"고 전했다.

잡코리아가 2018년 2월 취업준비생 887명을 대상으로 한 설문조사에서 '출신 학교 소재지로 인해 취업에서 불리할 것이라고 생각한 적이 있느냐'는 질문에 응답자의 54.7%가 '그렇다'고 답했다. 그중 지방 군소도시 출신의 응답이 66.3%로 가장 높았다.

또 2019년 6월 구인사이트 '사람인'이 구직자 627명을 대상으로 '불공정한 채용 경험 여부'를 조사한 결과 절반이 넘는 51.7%가 '그렇다'고 답했다. 특히 불공정성을 느낀 부분은 복수 응답으로 나이(60.2%)와 학벌(45.4%), 가족 직업(45.4%)이 꼽혔다. 구직자들은 공정한 채용을 위해 평가 기준 공개(24.9%)와 블라인드 채용 도입(21.7%) 등을 대안으로 지적했다.

'출신학교차별금지법' 국민 10명 중 8명 찬성

지방대 채용 차별이 심각해지자 이를 법으로 금지해야 한다는 의견이 힘을 얻고 있다. 시민단체 사교육걱정없는세상이 2017년 여론조사기관 리얼미터에 의뢰해 전국 만 19세 이상 시민 1008명에게 '출신학교차별금지법'에 대한 찬반을 물은 결과 81.5%가 '매우 찬성' 또는 '찬성하는 편'이라고 답했다. '반대'는 13.5%에 그쳤고, '잘 모르겠다'는 응답이 5.0%였다. 사교육걱정없는세상이 요구하는 '출신학교차별금지법'은 서류와 면접 등 채용 과정에서 출신 학교 정보를 요구할 수 없도록 하고, 학교에 따른 차등 점수 부여를 금지하는 것이 핵심이다. 이 법안은 오영훈 더불어민주당 의원이 2016년 대표 발의했으나 20대 국회에서는 제대로 논의조차 되지 못하고 임기 만료로 폐기됐다.

사교육걱정없는세상 김은종 선임연구원은 "우리 사회가 학벌 프레임의 환상을 깨야 한다"고 강조했다. "지금 대학의 서열화는 대학 내 경쟁력이나 학과 특성화 등을 중심으로 이뤄진 것이 아니라 입시 성적에서 나왔어요. 그 사람이 대학에 들어가서 어떤 준비를 하고 직무 능력을 갖추기 위해 어떤 노력을 했는지 드러나지 않아요. 또 학력이 곧 능력이라는 강력한 프레임이 깨져야 해요. 지금의 학벌은 부모의 경제적 배경까지 포함되는 부분이 있습니다. 공정한 경쟁으로 보기 힘든 부분들이 있어요."

공공기관 채용 시 지역인재할당을 강화해야 한다는 주장도 있다. 도종환 의원은 2019년 4월 '지방대학 및 지역 균형 인재 육성에 관한 법률' 일부 개정 법률안을 대표 발의했다. 주요 내용은 공공기관의 신규 채용 인원 중 40%를 지역 인재로 뽑도록 의무화한다는 것이다. 도종환 의원실 박영진 비서관은 "지방대육성법 1조에 명시된 '지방대학의 경쟁력 강화 및 지역 간의 균형 있는 발전'이 더 잘 시행되기 위해서는 권고를 넘어 의무 시행의 필요성이 있다"고 법안 발의 배경을 설명했다. 교육 격차가 소득 격차로, 또 지역 격차로 악순환하는 상황에서 이런 제도를 통해 지역 청년들이 지역에서 공부하고 일할 수 있는 여건을 만들어주기 위해서라는 것이다. 그러나 이 법안 역시 20대 국회에서 임기 만료로 폐기됐다.

물론 지역인재할당제에 대해서는 반대 여론도 있다. 한양대를 졸업하고 로스쿨 진학을 준비하고 있는 정유진(가명) 씨는 "국민의 삶의 질과 관련된 공공서비스를 제공하는 공기업에서 (지역 출신에게 높은 비중으로) 할당을 해버리면 공공서비스의 질이 낮아질 수 있으니 반대한다"고 말했다. 그는 "공기업이 가치 평등을 실현하기 위한 수단이 되기보다는 공적인 업무 제공을 위한 목적을 잘 충족할 수 있어야 한다"며 "지방을 살리자는 취지는 동의하지만 지방대생들에게 인턴십 기회를 제공하는 등 다른 방식으로 접근해야 한다"고 주장했다.

박남기 교수는 지방대생할당제와 블라인드 채용 등에 대해 심층적 고민이 필요하다고 지적했다. 그는 "지방대생할당제가 지방대를 살리는 데 보탬이 되겠지만 같은 지방대생이라도 가정환경이 좋은 이들이 어려운 학생들보다 (취업 준비 여건이 잘 갖춰져) 이 제도의 혜택을 볼 확률이 높다"며 "이런 조건을 고려하지 않으면 사회계층을 영속화하는 데 기여할 수 있다"고 진단했다. 박남기 교수는 "블라인드 채용도 초기에는 다양한 인재를 뽑는 데 도움이 되겠지만 시간이 지나면 명문대생들이 그 방식에 대비하기 때문에 장기적으로는 지방대생 채용이 늘어나는 데 한계가 있을 것"이라고 전망했다.

박 교수는 대안으로 일명 '학벌철폐법'을 제안했다. 공기업, 공무원 등 공공 부문에서 사람을 뽑을 때 한 대학 출신자가 10%를 넘지 못하도록 입법화하자는 것이다. 그는 "만약 서울대생이라면 이 법이 불리하니까 지방대로 갈 수도 있을 것이고 소위 명문대생들이 공무원으로 안주하는 대신 창업과 같은 도전적인 일들을 하라고 격려할 수도 있을 것"이라고 설명했다.

김동훈 국민대 법대 교수는 한시적으로라도 비수도권 지역 대학들에 혜택을 부여하는 제도를 강화해야 한다고 주장했다. 그는 "국가의 균형발전은 헌법적 가치"라며 "지방대 출신 채용 할당제, 정부지원금 지방대 우선 배분 등을 통해 지방에서 공부해도 불이익을 받지 않을 환경을 조성해야 한다"고 말했다.

취업 후에도 계속되는 소외와 배제

지방대생이 채용 과정의 차별을 뚫고 취업에 성공한다면 이제 드디어 차별의 굴레에서 벗어날 수 있을까? 출신에 대한 차별과 소외는 채용 단계에서 끝나는 게 아니라 입사 이후에도 이어진다. 임금, 배치, 승진, 이직은 물론 사내 인간관계 등 직장생활 전반에 걸쳐 '출신 학교'라는 꼬리표가 따라다니며 '차별 피라미드'로 작용하는 것이다.

충북의 한 사립대를 졸업하고 서울에서 미디어 관련 중소기업에 다니는 이영재(가명)씨는 같은 업계 회사에서 이직 제의를 받았지만, 최종 단계에서 지방대 출신이라는 '학벌'에 걸려 성사되지 못했다는 사실을 그 회사에서 일하는 지인에게 들었다. 그는 예전에도 이직을 위한 면접 자리에서 "나는 지방대생을 믿지 않는다"고 말하는 회사 대표를 만난 일이 있다. 그 대표는 면전에서 "경험상 지방대 출신들은 대체로 성실하지 않더라"고 쏘아붙였다.

"그 말을 듣고 할 말이 없었어요. 그 사람이 그렇게 생각한다는데 내가 '그렇지 않다'고 반박하는 것도 무의미하다는 생각이 들었고 그 자리에서 아니라는 걸 증명할 수도 없어서 가만히 있을 수밖에 없었죠. 제 주변에서는 대학원에 가라고 많이 조언합니다. 전문성을 기르란 의미가 아니라 성공하려면 '학벌 세탁'이 필수라는 얘기죠."

서울대 공대에서 석사까지 마치고 국내 굴지의 대기업을 거쳐 또 다른 대기업으로 이직한 조희용(가명)씨는 전·현 회사에서 지방대 출신을 무시하는 상황을 여러 번 목격했다고 털어놓았다. 한 명문대 출신 상사는 업무상 실수를 했던 지방대 출신 사원에게 "이래서 사람은 가방끈이 길어야 해"라고 말했다. 다른 상사는 중요한 프로젝트에서 지방대 출신을 아예 제외하기도 했다. 평소에 '학벌로 뭉치지 마라' '사조직 만들지 말라'고 강조하던 부장은 알고 보니 한 명문대의 사내 총동문회 총무로 활동하고 있었다.

조씨는 "회사에서 스카이 출신, 석·박사 등 학력·학벌이 좋은 사람일수록 가방끈에 굉장히 집착하는 모습을 보였다"며 "기대하는 성과가 나오지 않을 때는 특정 사람의 역량이 떨어지기 때문이라 생각하고, 졸업한 지 몇 년이 지나도 출신 학교로 역량을 판단하는 일이 비일비재했다"고 말했다.

2019년 5월 시민단체 '직장갑질119'가 신원이 확인된 제보자를 통해 수집한 '직장 상사의 막말과 모욕 사례'를 보면 출신 학교에 대한 차별과 비하가 수두룩했다. 한 직장 상사는 "그 직원은 어느 대학을 나왔냐? 업무를 못하는 이유는 대부분 지방대를 졸업했기 때문"이라고 말했다. 어떤 중소기업 간부는 직원이 최저임금보다 적은 급여에 대해 문의하자 "(연봉을 더 주면) 네 경력에 말이 되냐, 학교 어디 나왔지?"라며 모욕을 주었다.

한국사회의 학벌 문제를 종합적으로 분석한 공공기관 첫 보고서인 한국개발연구원(KDI)의 〈노동시장 신호와 선별에 기반한 입시체제의 분석과 평가〉(2012)에 따르면 조사 대상 8700명 중 일자리에서 차별을 경험한 사람이 15.3%였고, 이 중 절반 정도가 취업(43.8%), 임금(47.5%), 승진(49.1%), 사회생활(47.2%) 등에서 학력·학벌 차별을 겪은 것으로 나타났다. 이는 성차별(15~26%)이나 연령 차별(7~30%)보다 높은 수치로, 노동시장에서 출신 학교 차별이 광범위하게 퍼져 있다는 사실을 보여준다.

2019년 1월 KBS와 한국리서치가 전국 만 19세 이상 성인 1000명을 대상으로 실시한 '혐오와 차별' 여론조사에서도 한국사회에서 가장 심각한 차별로 '학력 및 학벌 차별'을 꼽은 사람(33%)이 가장 많았다. 특히 학력 차별에 따른 '임금 격차'에 대해 응답자 4명 중 3명이 '큰 편이다' 혹은 '매우 크다'고 지적했다.

경남지역 국립대 의류학과를 졸업하고 서울에서 디자인 회사 3곳을 다니다 지금은 고향 창원에서 개인 공방을 운영하는 김소진(가명)씨는 지방대를 나와 중소기업에서 일하는 설움을 10여 년간 톡톡히 겪었다고 말했다.

"처음 들어간 의류디자인 회사는 월급을 120만 원밖에 주지 않았어요. 거의 매일 밤늦도록 일해도 야근수당도 없었고, 휴가도 1년에 3일 정도밖에 쓰지 못했어요. 2년 뒤 옮겨간 방송디자인 회사 역시 대기업 계열사인데도 월급은 130여만 원에 불과했고 밤새워 일해도 (수당은커녕) 수고했다는 말 한마디 듣기 어려웠죠. 다음번 마케팅 홍보 회사에선 그나마 2000만 원 중반대의 연봉을 받았지만 상여금, 자기계발 지원, 육아휴직 등의 직원 복지는 전혀 마련돼 있지 않았고요."

김씨는 명문대를 나온 사람들이 대기업에 들어가 초봉

4000만~5000만 원씩 받고 다양한 복지 혜택을 누리는 것을 보면 '그들이 노력한 결과'라고 생각하면서도 상대적 박탈감이 컸다고 털어놓았다. 그는 "더 힘든 점은 시간이 지나면서 격차가 더욱 커져 아무리 애를 써도 좁힐 수가 없다는 것이었다"고 말했다.

지방대와 명문대 출신 사이 '통계적 차별' 존재

김소진씨처럼 지방대 졸업생은 취업 단계에서 상대적으로 '나쁜 일자리'로 밀려나고, 그에 따라 낮은 임금과 처우를 받으며, 이것이 평생 지속될 가능성이 높다는 게 다양한 통계에서 확인된다.

한국고용정보원 안준기 연구위원이 〈대학 과잉 교육에 따른 노동시장 양극화에 관한 연구〉(2015)에서 대학서열에 따른 취업 유형을 분석한 결과, 언론사 평가 1~10위 대학 출신 취업자 중 계약 기간 1년 이상 상용직 취업률은 93%였지만 지방대가 대부분인 30위 이하 대학 출신은 이 비율이 82%로 떨어졌다. 또 1~10위 대학 출신이 직원 300인 이상 기업에 취업한 비율은 75%였지만, 30위 이하 대학 출신은 41%에 그쳤다. 졸업 대학 순위가 떨어질수록 고용안정성이 높고 규모가 큰 기업에 취업할 확률이 낮아지는 것이다.

이런 차이는 임금 격차로 이어진다. 한국직업능력개발

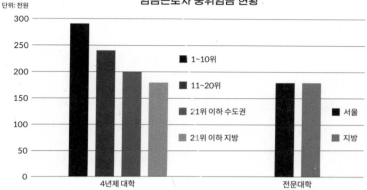

단위: 천원

임금근로자 중위임금 현황

■ 1~10위
■ 11~20위
■ 21위 이하 수도권
■ 21위 이하 지방

■ 서울
■ 지방

4년제 대학   전문대학

자료: 한국고용정보원, '대졸자 직업이동 경로 조사'에서 작성

오호영 한국직업능력개발원 연구위원의 분석에 따르면 대학서열에 따라 졸업자의 임금 수준에 '통계적 차별'이 발생한다.

원 오호영 연구위원이 〈청년층 취업난의 원인과 정책 과제〉 (2015) 보고서에서 임금근로자 전체의 대학서열에 따른 임금 격차를 분석한 결과, 언론사 평가 1~10위 대학 출신 노동자의 월평균 중위임금은 290만 원인 반면 21위 이하 지방대 출신의 월평균 중위임금은 180만 원에 불과했다. '중위임금'은 전체 노동자를 임금 기준으로 1위부터 최하위까지 줄 세웠을 때 가장 중간에 있는 사람이 받는 임금을 말한다.

오호영 위원은 "출신 대학에 따른 임금 격차는 근본적으로 서열화한 대학과 이를 기반으로 직원을 뽑는 대기업의 채용 관행이 맞물려 발생하는 현상"이라고 분석했다. 그는 "한국 노동시장에서는 소수 대기업과 다수 중소기업 사이의 임금, 복리후생, 근로조건 격차가 크고 경력직 이동도 활발하지 않아 처음에 대기업에 입사하느냐 중소기업에 입사하느냐에 따라 사실상 생애 소득이 결정된다"고 설명했다.

자본주의 사회에서 출신 학교에 따른 취업 및 임금 격차는 능력과 노력에 따른 차이이므로 자연스러운 현상으로 봐야 하지 않을까? 〈노동시장 신호와 선별에 기반한 입시체제의 분석과 평가〉 보고서의 공동저자인 김영철 서강대 경제학과 교수는 이에 대해 "한쪽만 바라보는 단순한 시각"이라고 말한다.

김영철 교수는 "학벌과 노동시장 성과에 대한 여러 연구를 보면 실력이 같아도 대학서열이 낮으면 입사·연봉 등에서 불이익을 받는 등 출신 학교에 따른 '통계적 차별'이 엄연히 존재한다는 사실이 확인된다"고 지적했다. 그는 "노동시장에서 나타나는 격차를 단순히 실력 차이로 정당화할 것이 아니라 어느 정도가 실력에 따른 차이이고 차별에 따른 차이인지 더 치밀하게 분석해 격차를 줄이는 노력이 필요하다"고 강조했다.

노동경제학에서 통계적 차별이란 고용주가 개인의 역량을 완벽하게 파악할 수 없을 때 인종·성별·출신 학교 등 제한된 정보를 활용, 특정 집단이 다른 집단보다 우수하다는 기존의 경험과 고정관념을 바탕으로 차별적 평가를 내리는 것을 말한다. 이 이론에 따르면 차별당하는 집단은 실력을 갖췄더라도 충분한 기회와 보상을 얻지 못하고, '해도 안 된다'고 낙담하면서 자기계발에 적극적으로 나서지 않는 악순환을 겪는다.

'출신 학교 서열'은 '실력 차이'라며 차별을 정당화하는 현실을 어떻게 바꿀 수 있을까? 김영철 교수는 "한국사회에서는 대기업과 중소기업, 정규직과 비정규직 등 일자리의 격차가 과도하게 크고 좋은 일자리에 갈 수 있느냐 없느냐가 대학입시 단계에서 이미 결정되어버린다"며 입체적인 대책이 필요하다고 지적했다. 그는 "장기적으로 일자리 격차를 줄여나가는 노력을 지속하면서 대학서열 완화를 통해 인재들이 여러 대학에 골고루 퍼지도록 하고 대학 입학 이후 높은 성취를 보인 인재가 노동시장에서도 좋은 평가를 받는 방향으로 입시 및 채용 시스템을 개선할 필요가 있다"고 말했다.

사교육걱정없는세상 김은종 선임연구원은 "지방대생도 열심히 공부하고 노력하면 성공할 수 있다고 말하는 사람들이 있지만, 절대다수의 지방대 출신이 취업할 때뿐만 아니라 취업 이후에도 업무, 승진, 배치 등에서 지속적인 차별을 겪고 있는 게 현실"이라며 "대학서열에 따른 차별적인 프레임 자체를 걷어내야 한다"고 말했다.

박남기 교수는 "한국사회에서 절대적인 믿음으로 퍼져 있는 '실력주의' 신화를 깨뜨려야 한다"고 주장했다. 그는 "실력주의는 개인의 능력과 노력에 따른 성취라는 이유로 승자에게 주어지는 과도한 보상과 패자에게 주어지는 극심한 차별을 당연하게 여긴다"며 "실력주의가 가져온 불공정과 불평등을 직시하고 그 그림자를 걷어내기 위해 노력해야 한다"고 말했다.

"실력은 순전히 개인의 노력만으로 갖춰지는 게 아니라 타고난 능력과 집념과 같은 '천부적 운', 부모의 경제사회적 지위와 같은 '사회적 운', 그 밖에 뜻밖의 행운과 같은 여러 가지 비실력적 요소가 뒤섞여 있는 것입니다. 그러므로 뛰어난 실력을 가진 엘리트나 큰 이익을 얻은 대기업은 과도한 보상을 당연시할 게 아니라 자신의 성취를 사회 또는 타인과 적극적으로 공유하려는 자세가 필요합니다. 자본주의 사회의 활력을 위해 어느 정도 차등은 있어야겠지만, 지금처럼 승자독식에 따른 극심한 격차는 사회적 합의를 통해 반드시 줄여나가야 합니다."

박남기 교수는 또 "지방대를 나와 중소기업·비정규직에 가거나 중상층 이상이 어떤 계기로 계층 사다리 아래로 떨어지더라도 이익 공유, 복지 확대, 사회안전망 확충 등을 통해 충분히 행복하고 품위 있게 살 수 있는 사회적 여건이 마련돼야 한다"며 "그럴 때에야 한국사회의 지독한 학벌 전쟁이 사라질 수 있을 것"이라고 강조했다.

3장. 지방대 출신은 '2등 시민'

서울 친구의 '일상'이 지방 청년에겐 '꿈'

경북 구미에서 고등학교를 나와 서울에서 대학을 다니는 박혜은씨(성균관대 글로벌경영)는 학교 수업 틈틈이 다양한 취미생활을 즐긴다. '그냥 재밌어 보여서' 무용학원에서 '걸스 힙합 댄스'를 배우고, 카페에서 여는 일일 요리강좌에도 가본다. 고향 친구들이 서울로 놀러 오면 관광 안내원을 자처해 '요즘 뜨고 있는' 맛집과 카페 순례에 앞장선다. 박씨는 "서울에는 다양한 콘텐츠의 소극장 연극이 많고 SNS에서 화제가 되는 맛집이나 카페들을 쉽게 찾아갈 수 있어서 고향 친구들이 부러워한다"고 말했다.

박씨의 친구들처럼 지방의 문화적 인프라에 결핍감을 느

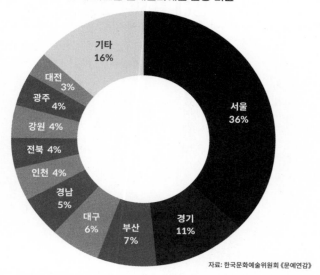

17개 시도별 전체문화예술 활동 비율

- 기타 16%
- 대전 3%
- 광주 4%
- 강원 4%
- 전북 4%
- 인천 4%
- 경남 5%
- 대구 6%
- 부산 7%
- 경기 11%
- 서울 36%

자료: 한국문화예술위원회《문예연감》

한국문화예술위원회《문예연감》에 따르면 국내 문화예술 활동의 상당 부분이 서울과 경기, 인천 등 수도권에 집중된다.

끼고 애써 서울을 찾는 지방대생들이 적지 않다. 경남 창원 경남대에 다니는 배지한씨(미디어커뮤니케이션)는 "여기선 친구들과 술 먹거나 카페 가는 정도가 전부인데 서울엔 다양한 문화 활동이 많아 방학마다 서울에 간다"고 말했다. 그는 마포구 홍대 거리에서 버스킹을 감상하고 옷가게에 들러 최신 유행을 파악하는 것 등을 좋아한다.

같은 학교 홍성혁씨(전기공학)는 독립서점이나 전시회를 찾아 1년에 두세 번 정도 서울에 간다고 밝혔다. 그는 "책을 통해 타인의 상상력과 생각을 엿보는 것에 매력을 느끼기 때문에 서울에 가면 대형서점과 독립서점들을 두루 찾고 서점에서 열리는 부대 행사에도 참여한다"며 자신의 학교 부근과 마산 시내를 통틀어 이렇다 할 서점이 없는 것을 아쉬워했다.

좋아하는 가수의 공연을 보러 종종 서울에 간다는 박성일 씨(경남대 미디어커뮤니케이션)는 "인디가수 위수와 박재범 콘서트 등을 다녀왔는데 뭐라 표현하기 힘든 '힐링 그 자체'였다"고 말했다. 그는 "버스를 타고 왕복 8시간씩 걸려 서울을 오가야 하는 게 힘들지만 부산과 대구 등 광역시에서도 가보고 싶은 공연이 연간 1번 정도밖에 없어 감내한다"고 덧붙였다.

서울 홍대와 신촌 등 대학가에서는 정해진 무대 없이 공연자와 관객이 자유롭게 소통하는 길거리공연이 수시로 열린다. 혜화역을 중심으로 반경 1킬로미터 안에 소극장 150여 개가 몰려 있는 대학로는 공연문화의 집결지다. 이런 환경은 서울에 사는 대학생들이 경제적, 시간적으로 유리한 환경에서 문화의 혜택을 누릴 수 있게 해준다.

서울의 한 대학에서 연극영화를 전공하는 한 학생은 "매주말마다 장르를 가리지 않고 공연을 보러 다닌다"며 "세부 전공을 뭘로 할지 고민 중인데 공연을 보러 다니며 천천히 정할 생각"이라고 말했다. 기획전시 관람을 자주 다닌다는 최동천씨(고려대 생명과학)는 "홍대 가까이 살면 쉽게 최신 유행 패션과 버스킹 음악을 접할 수 있는 것처럼 서울에 살

대구 경북대 부근의 '젊음의 거리'. 이름과 달리 이렇다 할 청년문화 활동이 눈에 띄지 않고 식당, 카페, 술집 등 '먹고 마시는' 가게의 간판들이 두드러져 보였다. ⓒ 장은미

면 전반적으로 문화 접근성이 좋은 것 같다"며 "여러 문화적 영역을 다양하고 폭넓게 접한 경험은 앞으로 일을 할 때도 도움이 될 거라고 생각한다"고 말했다.

반면 지방대생들은 빈약한 문화 인프라 때문에 당장 여가 생활에도 결핍을 느끼고, 향후 취업 등에도 불리하게 작용할 것이란 불안을 느끼고 있다.

2019년 7월 22일 이른 저녁 대구시 북구 경북대 북문 주변. '젊음의 거리'라는 알림판이 무색하게 한산했다. 방학 중이라 오가는 학생 수가 줄기도 했지만 술집, 식당, 카페 등 요식업소 외에 이렇다 할 문화공간이 눈에 띄지 않았다. 인근의 영진전문대에서 경영회계서비스를 전공하는 이성은씨는 "여가시간에 친구들과 카페 다니는 것 외에 딱히 문화생활이 없다"고 말했다. 기계공학을 전공하는 한 경북대생은

부산대 부근 거리 풍경. 식당, 카페, PC방 등으로 빼곡하고 이렇다 할 문화시설이 눈에 잘 띄지 않는다. ⓒ 권영지

"일 때문에 서울에 있다가 졸업을 위해 내려왔는데 서울에 있다 오니 새삼 '우리 학교 앞에 뭐가 없네' 하는 생각이 든다"고 말했다.

음악 공연에 관심이 많다는 민수빈(가명, 경북대 생명공학)씨는 문화생활을 위해 서울 등 수도권까지 가는 것은 경제적으로나 시간적으로 부담스럽다고 말했다. 민씨는 "최근 영국 가수 에드 시런 내한공연을 보러 인천 송도에 가고 싶었는데 교통비와 숙박비가 엄청나 포기했다"며 "가까운 곳에서 다양한 공연을 볼 기회가 있었으면 좋겠다"고 말했다.

창원대 문경록씨(국제관계학)는 "지역에선 할 수 있는 게 밥 먹고 카페 가거나 만화방, 피시방 가는 정도인 것 같다"며 "서울에는 전통과 현대가 결합한 분위기 속에 다양한 문화 활동이 가능한 테마 공간들이 있는데 지방에서는 그런 곳을 찾기 힘들다"고 아쉬워했다.

대학생들이 부담 없이 즐길 수 있는 길거리공연의 지역별 격차를 알아보기 위해 사진과 동영상을 주로 공유하는 인스타그램에서 버스킹 해시태그(#)를 검색했다. '#홍대버스킹'은 8만 2000여 개 이상의 게시물이 나왔으나 '#부산버스킹'과 '#대구버스킹'은 각각 1000개 내외에 그쳤다. 지역의 대표적 버스킹 장소인 부산 광안리와 대구 동성로 등을 해시태그 검색하니 각각 100개로 뚝 떨어졌다.

문화부 산하 한국문화예술위원회에서 발간하는 《문예연감》의 17개 시도별 공연 및 전시 활동 집계를 보면 2017년 총 3만 7227건 중 서울이 1만 3217건으로 3분의 1 이상을 차지했다. 다음으로는 경기지역이 4025건이었다. 《문예연감》은 "서울 및 경기지역 중심으로 문화예술의 상당 부분이 발생하며 이 같은 현상은 모든 장르에서 동일하게 나타난다"고 분석했다.

독립서점은 개인이 운영하는 책가게로, 일반적 출판 과정을 거치지 않은 개성 있는 저작물도 판매하고 독서 모임, 북토크, 낭독회 등을 열면서 복합문화공간으로 부상하고 있다. 독립서점 안내 사이트인 퍼니플랜에 따르면 2018년 12월 기준 전국의 독립서점은 416곳인데 이 중 서울이 185곳으로 약 44%를 차지했다. 국가통계포털(KOSIS)에 따르면 2017년 서울 인구는 976만 명으로 전체 인구의 약 19%지만, 독립서점은 절반 가까이가 서울에 몰려 있는 셈이다. 반면 인구 115만 명인 울산시와 26만 명인 세종시에는 독립서점이 각각 2곳, 1곳밖에 없다.

다양한 예술영화를 상영하기 때문에 '수준 높은 문화공간'으로 꼽히는 독립영화관도 상황이 비슷하다. 영화관입장권통합전산망에서 제공하는 전용상영관 현황(멀티플렉스의 독립영화 상영관 포함)에 따르면 독립영화관은 전국 57곳 중 서울이 25개로 절반에 가깝고, 부산과 경기도가 각 7곳, 인천과 대구가 각 3곳이 있다. 이어 경북, 광주, 대전, 충남은 각 2곳, 강원, 경남, 전북, 충북은 각 1곳에 불과하다. 독립영화관은 단일 상영관이라 하루에 상영할 수 있는 영화의 수가 제한적이다. 25곳에서 상영하는 영화 중 선택해서 볼 수 있는 서울과 1곳밖에 없는 지방의 선택권에는 큰 차이가 있다.

'지역에서 문화 하기'의 어려움

지역에서도 열심히 문화 활동을 하는 사람들이 있지만 상당수가 '살아남기의 어려움'을 호소한다. 서울 등에 비해 '규모의 경제'를 달성하기가 쉽지 않기 때문이다. 전북 전주에서 공연예술 전문단체 '용'을 운영하는 홍성용 대표는 지방에서 배우를 구하고 공연 수익을 내는 것이 힘들다고 호소했다.

"지방에서 연극 전공을 했더라도 서울로 가려는 친구들이 많아서 배우 구하기도 힘들어요. 최근 배우 5명이 나오는 공연을 했는데 작품 제작에 3000만 원이 들었거든요. 그런데 관객이 500명 왔어요. 티켓값이 2만 원이니 공연을 해도 마이너스인 거죠."

대구의 예술전용관 동성아트홀의 이인호 매니저는 "몇 년전 박근혜 정부 블랙리스트에 올라 자금난을 겪다가 부도처리가 돼 일시 폐관됐다가 지금의 대표님이 인수했다"며 "살아남기 위한 고민을 하고 있는데, 정부나 지자체가 지역 문화를 지키겠다는 의지가 필요하다"고 말했다.

어느 나라든 수도와 지방에 어느 정도 문화 격차는 있지만 '국토불균형발전'이 심각한 한국은 그 정도가 특별히 심한 편이라고 할 수 있다. 반면 선진국일수록 지방분권의 진전, 지방자치단체의 강력한 지원 정책 등으로 수도와 지방, 대도시와 소도시의 문화 격차가 크지 않다.

영국 수도 런던에서 자동차로 3시간 40분쯤 걸리는 웨스트요크셔주의 리즈는 인구 77만 명의 중소도시다. 여행지 정보를 제공하는 트립어드바이저tripadvisor에 따르면 리즈대학교 주변에는 극장 9곳, 전문박물관 8곳, 공연장 35곳, 전시장 22곳 등이 있고 주민과 대학생들의 문화 활동이 활발하다. 문화체육관광부에 따르면 영국은 런던 이외 지역에 문화발전기금을 집중 투자해 지역 재생과 박물관, 미술관 건립 등을 지원한다. 지역 간 균형발전을 도모한다는 취지다.

동성아트홀 이인호 매니저는 "문화는 사람들과 공유하는

속성이 있기 때문에 개인화하는 사회에서 공동체성 회복에 도움을 준다"며 "문화강국이 진짜 선진국"이라고 말했다.

빈곤한 문화 인프라는 청년들을 지역에서 떠나게 만들고, 지방대학의 가치를 더 떨어뜨리는 악순환 요인 중 하나다. 경남발전연구원이 2017년 발표한 〈경상남도 청년 실태조사 및 기본계획 수립 연구의 최종보고서〉에 따르면 '5년 이내 경남을 떠나겠다'고 밝힌 사람이 응답자의 33.4%였고, 이유는 일자리(43.5%)가 1위, 문화 수준(28.5%)이 2위로 나타났다. 전문가들은 이런 현실을 개선하기 위해 경제성장 측면에서 국토균형발전 전략과 함께 세심한 문화 정책이 필요하다고 지적했다.

문화평론가인 성북문화재단 권경우 문화사업부장은 "지자체와 대학이 협력해서 청년들이 졸업 후에도 지역에서 계속 살아남을 수 있는 플랫폼을 만드는 데 앞장서야 한다"며 "공장을 짓는 산업도 중요하지만 지역사회에서 큰돈 들이지 않고 할 수 있는 것이 결국 문화"라고 말했다. 그는 "지자체가 지금처럼 '이상한 축제'에 돈을 쏟기보다 오랫동안 가능한 '청년·문화·예술' 키워드를 고민해야 한다"고 지적했다.

"하드웨어보다 훨씬 중요한 게 사람이에요. 지역 대학 전문가나 지역 활동 예술가나 기획자, 사회적경제 협동조합 전문가들 이런 사람들을 잘 찾아서 논의 테이블을 만들고, 역할과 권한을 위임해주는 과정을 만들어야 합니다. 그러면 장기적인 실행과 정착이 가능하겠죠. 가장 중요한 것은 그

지역에서 함께할 수 있는 사람들을 모아서 서로의 짐을 덜면서 같이 가는 것, 그런 네트워크를 만들어나가는 게 해결의 열쇠죠."

권 부장은 또 지역 청년들이 특정한 문화현상에 휩쓸려가기보다 주체적으로 문화를 만들어나가는 입장에 섰으면 좋겠다는 바람도 덧붙였다. 그는 "홍대도 좋지만 내가 사는 곳을 도외시하고 다른 곳만 선망하고 추구하면 문제가 된다"며 "지역에서 본인들이 직접 문화를 생산하는 경험을 해야 결국 문화도 (지방이 서울에 종속되지 않고) 민주화될 수 있고 다양성이 생길 것"이라고 강조했다.

국토연구원이 2014년 발표한 〈지역 간 문화 격차 해소 방안 보고서〉에 참여한 국토환경·자원연구본부 박태선 선임연구위원은 "인접한 A, B, C라는 지역이 있다고 할 때 어떤 시설을 각각 만들기보다는 이용 빈도와 거리, 편의시설 연계 등을 고려해 적절한 곳에 지역 공동의 복합문화시설을 만들고, 각 지역별 특성을 고려한 문화시설 네트워크 구축 등을 설계해야 한다"고 말했다. 그는 "지자체에서 지역 주민들이 원하는 문화 활동과 콘텐츠를 파악하는 동시에 양적인 시설뿐만 아니라 문화의 질적 수준도 유지하고 관리해야 한다"고 덧붙였다.

'실패해서 온 곳' 열등감, '편입 탈출' 행렬

지방대생들은 수업이나 학내 활동에서도 크게 위축된 모습을 보인다. 금현섭(가명)씨는 대구의 한 사립대 중국어학과에서 1학년 1학기를 마치고 군대에 가 지난 2019년 4월 전역했지만, 복학하지 않고 자퇴 후 다시 대학입시를 치를 계획이다. 지역 자율형사립고를 졸업하고 재수를 했던 그는 '평소보다 수능 성적이 안 나와' 서울에 있는 대학에 가지 못한 후회가 남은 데다 동료 학생들의 무기력한 분위기에 크게 실망했다고 말했다.

"학생들이 스스로 자부심을 느끼지 못하고 '학교가 똥통' '머리 빈 애들이 온다'고 말하며 후배들에게 장난식으로 자퇴를 권유하는 모습을 보면서 '이건 진짜 아니다'고 생각했어요. 반면 수도권 대학에 다니는 친구들은 학교 자랑도 많이 하고 자신감 있게 대학 생활을 하는 걸 보고 큰 차이가 있다고 느꼈어요. 과잠도 수도권 대학 친구들은 편하게 잘 입고 다니는데, 내 대학 동기 중엔 아예 신청도 안 하는 경우가 많았어요."

부산지역 국립대 경영학과를 졸업하고 현재 서울의 한 엔터테인먼트 회사에 근무 중인 소현희(가명)씨도 "대학 시절인 서울 명문대와 지방대의 분위기가 다르다고 느낀 적이 있다"고 털어놓았다.

"4학년 때 고려대에서 계절학기 학점교류로 수강 인원 60

여름방학 중인 전남의 한 4년제 대학 학생회관의 한산한 모습. 지방대 중에는 수업 후 야간이나 주말·방학 때 캠퍼스에 학생이 거의 남아 있지 않은 곳도 많다. ⓒ 임지윤

명쯤 되는 경영학 조직행동론 강의를 들었는데, 학생들이 토론수업에 적극적으로 참여하는 게 인상 깊었어요. 강의실 의자도 대화하기 좋도록 원형으로 배치돼 있고, 강사님이 프로젝트를 주며 서로 모의 협상을 해보라고 할 때도 학생들이 잘 따르더라고요. 우리 학교에서 그렇게 수업하면 진행이 잘 안 될 거라는 생각이 들었어요. 학생들 분위기 자체가 소극적이고 그런 과제가 주어진 적도 없거든요."

성적이 좋고 의욕적인 학생일수록 '편입 탈출'에 마음이 쏠려 있는 경우도 많다. 서울지역 대학을 목표로 편입을 준비 중인 대구지역 사립대 3학년 김성우(가명, 공대)씨는 "편입을 위한 성적 관리와 시험 준비 때문에 학과 공부는 열심히 하고 있지만 엠티나 오리엔테이션, 축제와 같은 활동에는 잘 참여하지 않는다"고 말했다. 그는 "지금 다니는 대학

전공수업을 들어보면 교수와 학생 모두 열정을 잃은 것 같고, 강의와 과제의 양과 질에서 큰 아쉬움이 있다"고 말했다.

교육부와 한국대학교육협의회가 운영하는 '대학알리미' 사이트에 따르면 2018년 전국 4년제 대학 일반편입 지원자 수는 14만 6000명이다. 2018년 서울 소재 주요 대학의 일반편입 경쟁률은 고려대 12.6 대 1, 서강대 75.43 대 1, 성균관대 75.79 대 1, 연세대 16.39 대 1, 중앙대 20.49 대 1, 한양대 26.03 대 1 등으로 매우 높다. 여기에는 중복 지원과 서울에서 서울로 편입하는 경우, 전문대생의 4년제 대학 편입 등이 포함돼 있어 지방대생의 서울 편입 지원 규모를 정확하게 파악하기는 어렵다. 한 편입학원 관계자는 전체 지원자의 절반가량이 지방대에서 서울지역 대학으로 편입을 원하는 인원일 것이라고 추정했다.

'사회적 평가가 더 나은 대학'으로 편입하는 학생들의 행렬은 편입학원의 번성을 낳았다. 회원 수가 48만여 명에 이르는 네이버 커뮤니티 '독하게 편입하는 사람들'에서 운영자가 추천하는 편입학원은 20개이고, 규모가 작은 곳까지 포함하면 학원 수는 훨씬 많을 것으로 추정되고 있다. 이 분야 대표적 학원의 하나인 김영편입학원 관계자는 "우리 학원만 해도 전국적으로 수강생이 1만여 명"이라고 밝혔다.

지방대생들이 자기 학교에 만족하지 못한 채 소극적이고 침체된 시간을 보내는 경우가 많다는 사실은 관련 연구에서도 확인된다. 한국교육개발원이 〈지방대학의 교육 실태 및

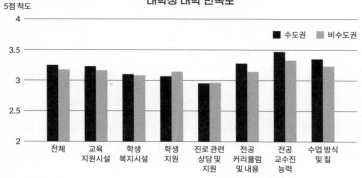

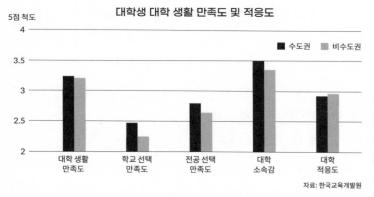

자료: 한국교육개발원

한국교육개발원 보고서에 따르면 지방대생의 대학 및 대학 생활 만족도는 수도권 대학 학생에 비해 거의 모든 면에서 낮게 나타났다.

성과 분석〉(2014) 보고서에서 한국 대학생의 학습 과정 조사 자료를 분석한 결과를 보면, 지방대생의 대학 만족도는 5점 만점에 3.25점으로 수도권 대학의 3.33점에 비해 낮게 나타 났다. 학교 선택 만족도도 지방대 2.29 대 수도권 대학 2.53, 전공 선택 만족도는 2.70 대 2.86, 대학 소속감은 3.44 대

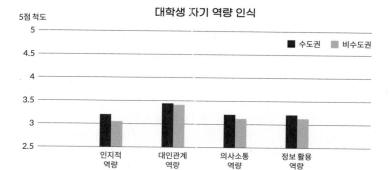

대학생 자기 역량 인식

5점 척도

■ 수도권 ■ 비수도권

인지적 역량 / 대인관계 역량 / 의사소통 역량 / 정보 활용 역량

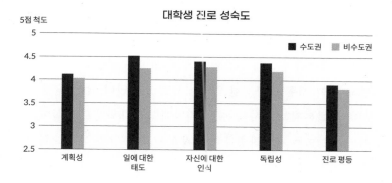

대학생 진로 성숙도

5점 척도

■ 수도권 ■ 비수도권

계획성 / 일에 대한 태도 / 자신에 대한 인식 / 독립성 / 진로 평등

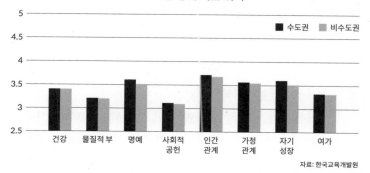

대학생 생애 목표 의식

■ 수도권 ■ 비수도권

건강 / 물질적 부 / 명예 / 사회적 공헌 / 인간 관계 / 가정 관계 / 자기 성장 / 여가

자료: 한국교육개발원

한국교육개발원 보고서에 따르면 지방대생의 자기 역량, 진로 성숙도, 생애 목표 의식 등 자기 인식 조사 점수도 수도권 대학생들에 비해 모두 낮게 평가됐다.

3.60 등으로 모두 차이가 있었다.

지방대 학생은 스스로 역량과 태도를 어떻게 생각하는지 보여주는 '자기 인식' 점수도 낮았다. 자신의 다양한 능력을 평가하는 '자기 역량 인식'(지방대 3.24~3.60점, 수도권대 3.39~3.64점), 진로에 대한 관심과 열정을 평가하는 '진로 성숙도'(지방대 3.97~4.43점, 수도권대 4.07~4.67점), 목표에 대한 태도를 평가하는 '생애 목표 의식'(지방대 3.20~3.78점, 수도권대 3.22~3.83점) 등에서 지방대생들은 수도권 대학생들보다 자신을 낮게 평가했다.

지방대생의 심리적 위축과 소극적 성향은 심층 인터뷰를 통해 대학 생활을 분석한 연구에서도 드러난다. 양민옥 숭실대 사회복지학 강사의 논문 〈지방대학교 대학생으로 살아가기〉(2015)는 지방대생의 대학 생활을 '열등감을 갖고 대학 생활 시작' '열등감과 적응 사이의 갈등' '외적인 지지가 대학 생활에 도움이 됨' 등 3단계로 정리했다. 지방대생은 성적에 맞춰 입학한 뒤 열등감 속에서 대학 생활을 시작하고, 다른 대안이 없어 학교에 다니지만 열등감과 현실 적응 사이에서 갈등하는데, 주위 사람들의 관심과 격려 등 외적 지지가 적응에 도움이 된다는 내용이다.

지방대생들의 심리적 위축에 대해 대구대 김민희(사범대 교직부) 교수는 "초·중·고등학교 시절 학습에 대해 칭찬을 받는다든지 성취를 이룬다든지 하는 긍정적 경험을 하지 못하고 학습된 무기력이 누적된 경우가 많기 때문"이라고 분석했다. 그는 "자신감 부족이 대학에서 회복되는 기회를 갖지 못한 채 계속되다 보니 또 다른 성취나 성장의 기회로 이어지지 못하고 있다"고 설명했다. 그는 또 "한국사회에서 서울 등 수도권대와 지방대를 이분법적으로 나누고 서열과 평판에 따라 지방대를 낮게 인식하는 것도 지방대생의 자존감에 영향을 미친다"고 덧붙였다.

또 다른 실패로 상처받을까 '적당히' 도전

지방대생의 현실을 분석한 《복학왕의 사회학》의 저자 최종렬 교수는 지방대생의 소극적인 모습을 '적당주의'라는 말로 표현했다. 최 교수는 "지방대생은 입시에서 실패했다는 생각 때문에 자기계발이나 생존경쟁에 깊이 뛰어들지 않고 적당한 수준에서 도전하는 모습을 보인다"며 "이들 스스로도 그렇고 부모나 교수, 친구들도 실패에 상처받지 않기 위해 성취에 대해 크게 기대하거나 요구하지 않는 경향이 있다"고 설명했다. 그는 "적당주의를 모든 지방대생에게 일반화할 수는 없지만 주요한 집단적 특성을 보여주는 분석틀로 활용할 수 있다"고 말했다.

지방대생은 동아리나 축제, 대외 활동 등 교내외 활동에서도 '학벌의 벽'을 느낀다고 말한다. 2019년 현재 부산의 한 사립대 신문방송학과를 졸업하고 취업 준비 중인 하범준

(가명)씨는 "학과 영상동아리 활동을 할 때 부산 지역방송국과 협업해 대학생 참여 프로그램을 만들었는데 담당 피디가 '너희 대학 출신은 열심히 해도 우리 회사에 들어오기 힘들 것'이라고 말한 적이 있다"고 말했다. 그는 "충분히 즐거울 수 있는 동아리 활동에서도 학벌의 벽이 느껴져 씁쓸한 마음이 들었다"고 털어놓았다.

전남의 4년제 대학 농식품생명공학부 1학년 오나연(가명)씨는 "우리 학교 축제는 사람들이 잘 참여하지 않고 조용한 편"이라며 "수도권 대학의 축제는 규모가 크고 프로그램도 다양한 데다 가까운 다른 대학에도 놀러 가 즐길 수 있어 많이 부럽다"고 말했다. 대구의 사립대를 졸업하고 지역 이벤트업체에서 일한 경험이 있는 류진근(가명)씨는 "유명 연예인을 부를 때 수도권 대학이 2500만 원 정도를 지급한다면 지방대는 거리가 멀다는 이유로 300만~500만 원을 더 줘야 하고 예약도 인서울 대학부터 채워진다"며 "이런 사소한 부분에서도 소외를 당하니 분위기가 처질 수밖에 없다"고 말했다.

이런 현실을 감안, 대학 생활의 활기를 높이기 위해 다양한 지원 프로그램을 마련하는 지방대도 있다. 2019년 1월 한국대학교육협의회가 선정한 '2018 대학자율역량강화 지원사업 우수 사례' 중 부산대는 체계적인 취업·학업 비교과 활동을 통해 학생들의 역량을 높이는 '퍼스널 브랜딩 프로그램'으로 호평을 받았다. 세명대는 방과 후 동아리 활동을 학교가 지원하는 '1824 커뮤니티', 건양대는 인성·외국어·자격증 관련 활동을 하면 포인트를 주고 장학금을 지급하는 'H4C 제도'로 좋은 평가를 받았다.

그러나 이런 제도를 적극적으로 활용하는 지방대생은 아직 제한적이다. 충북의 한 사립대 디지털콘텐츠학과 3학년 한희선(가명)씨는 "학교에 학생 지원 프로그램이 잘돼 있어 나는 홍보대사, 학생기자단, 학생회, 장학포인트 수집 등 많은 활동에 참여하고 있다"며 "하지만 주변 친구들은 관심도 없고 적성에 안 맞는다는 이유로 시도조차 안 하는 경우가 많다"고 아쉬워했다.

같은 대학의 학생지원팀장은 "서울 등 수도권에서 이동 거리가 2시간 안팎인 대학들은 학생 상당수가 통학을 하느라 수업 외 활동을 하는 데 한계가 있다"며 "어학 특별교육이나 동아리 활동비 지급 등 다양한 지원 프로그램을 시행해도 통학생들은 현실적으로 참여하기 어렵다"고 말했다. 그는 "통학생들이 빠져나간 일과 시간 후나 주말, 방학 등에는 캠퍼스가 텅텅 비어 휑한 느낌이 든다"고 안타까워했다.

지방대생의 자부심을 높이고 능동적 대학 생활을 이끌기 위해 필요한 대안은 무엇일까. 한국교육개발원 〈지방대학의 교육 실태 및 성과 분석〉 보고서는 지방대를 무조건 낮게 평가하는 사회적 인식을 걷어내고 각 대학의 특성과 다양성을 존중하는 평가체제를 구축해야 한다고 지적한다. 보고서는 "교육 지원, 취업 프로그램, 창업 지원 등에 있어 수도권 대학과 차이가 없거나 더 좋은 성과를 내는 지방대들이 있지만 사회가 입학 성적 등을 기준으로 판단하기 때문에 지방대생은 대학에서의 역량 향상을 객관적으로 평가받지 못한다"며 "획일적 성과 기준이 아닌 대학과 학생의 역량 향상에 초점을 둔 평가가 이루어질 필요가 있다"고 주장했다. 수능 점수·학생 충원율·취업률과 같은 정량지표에만 매달리지 말고, 각 대학이 설정한 핵심 역량 향상·특성화·교육과정 혁신 등 교육의 질과 다양성을 높이는 방향으로 평가해야 한다는 것이다.

전문가들은 특별히 '교수의 역할'을 강조했다. 김민희 교수는 "지방대에서 좋은 성과를 보이는 학생들은 교수와 긴밀한 상호작용을 통해 전공·교양수업과 비교과 프로그램 등에서 성장할 수 있는 기회를 지속적으로 가진 경우가 많다"며 "교수가 학생의 학습과 대학 생활에 적극적으로 개입해 좋은 경험의 기회를 많이 제공해야 한다"고 조언했다.

"칭찬과 격려가 부족하고 소외된 느낌을 받았던 학생들에게는 경험과 성장의 기회가 많이 주어져야 합니다. 그 핵심 역할은 교수가 맡아야 하고요. 예를 들어 독서동아리에서 교수와 1년 정도 같이 책을 읽고 토론하면 학생들 역량이 굉장히 높아집니다. 전공수업을 강의실 밖에서 체험 위주로 진행하는 것도 효과적입니다. 이처럼 교수는 학생에게 어떤 좋은 경험을 줄 수 있을지 고민하며 끊임없이 수업을 재구성하고 교육과정을 개선해야 합니다. 또 대학은 고효과 프로그램의 성과를 분석·공유하고 과감한 재정 투자를 통해 지원해주어야 합니다."

중부대 서경화(학생성장교양학부) 교수도 "많은 연구들이 교수와 학생의 상호작용이 많을수록 학생들이 학습에 적극적으로 참여하고 학교에 대한 관심과 애착도 높아진다고 얘기한다"고 말했다. 그는 "지방대 교수들이 학습 동기와 자신감이 부족한 학생을 보고 '나는 수준이 높아서 이런 학생을 못 가르치겠다'고 생각하는 게 아니라 학생들의 가능성을 믿고 자기주도적으로 학습하고 성장하도록 다양한 교수 학습 방법을 고민해야 한다"고 말했다.

정부와 지자체가 지방대의 학생 활동을 지원하는 제도도 '지역균형발전' 차원에서 더 과감하게 확대되어야 할 것으로 지적된다. 충남 청운대는 2019년 행정안전부와 홍성군의 지원을 받아 버려진 창고에 청년 창업, 문화예술 공간을 구축하는 '잇슈창고' 사업을 교수·학생·지역사회 협업으로 펼치고 있다. 전북 군산대 교수와 학생들은 교육부 지원사업으로 지난 2018년부터 '지역 5일장 살리기' 프로젝트를 통해 지역장터 활성화를 위한 소식지 발간, 캐릭터 및 브랜드 개발 등을 추진하고 있다. 충북 세명대는 제천시와 협력해서 '자기설계 해외배낭연수' 프로그램을 개설, 학생 220명이 여름방학 동안 각국 공공기관과 대학을 방문해 지역 및 대학의 발전 방안을 모색하는 활동을 지원했다.

잇슈창고 프로젝트를 기획한 청운대 박두경(디자인학부)

교수는 "지방대생이 학교와 지역을 기반으로 즐겁고 의미 있는 삶을 꾸릴 수 있도록 대학과 지자체, 산업체, 주민들이 긴밀하게 협력해서 지속적으로 재미와 열정을 느낄 수 있는 공간과 프로그램을 마련해야 한다"며 "이를 위해 정부와 지자체가 지역·지방대 활성화를 위한 재정지원을 더 강화할 필요가 있다"고 말했다.

"서울대, 고려대, 의전원이 아니라서"

"서울대는 조국의 학교라서, 고려대는 조국 딸의 학교라서, 부산대는 조국 딸이 입학한 의학전문대학원이라서 재학생들이 촛불시위와 같은 목소리를 낼 수 있었다고 생각합니다."

전남지역 국립대 신문방송학과 졸업반인 김원기(가명)씨는 조국 전 법무부 장관의 딸이 '금수저' 배경을 활용해 명문대에 진학했다고 해서 벌어진 논란이 피부에 와닿지 않는다고 말했다. 지방대생 입장에서는 '스카이' '의전원' 등 엘리트 교육기관 입시를 위해 논문·인턴과 같은 고급 '스펙'을 쌓는 일이 '먼 나라 이야기'로 들린다는 것이다.

그는 "주변을 보면 지난 박근혜 탄핵 촛불시위 때는 짧은 시간이라도 참여하는 학생이 많았지만, 조국 논란에 대해서는 깊이 알지 못하거나 관심 없는 학생이 많다"며 "명문대와 전문직 진입을 대상으로 논의되는 공정과 정의가 우리와 별로 상관없는 일처럼 느껴진다"고 말했다.

서울대 총학생회는 2019년 8월 28일 조국 전 장관 딸의 '인턴 후 논문 제1 저자 등록' '유급 이후 장학금 수령' 등 의혹에 문제를 제기하는 촛불집회를 열면서, 외부 세력의 개입을 방지한다는 명분으로 학생증과 졸업증명서를 통해 신원을 확인했다. 그러자 '서울대 구성원이 아니면 집회에도 참가할 수 없는 거냐'는 비판이 대자보 등을 통해 제기되기도 했다.

충북지역 국립대 언론정보학과 4학년 이형민(가명)씨는 조국 사태와 관련 "개인의 노력만으로 모든 걸 극복하라고 하는 사회도 원망스러웠지만, 노력을 쏟아부어도 '사다리 오르기'가 불가능한 사회의 진짜 모습을 본 것 같아 속상했다"고 말했다. 그는 "이런 사회를 바꾸기 위해 적극적으로 목소리를 내고 싶어도 습관화한 무기력 같은 게 있어 쉽지 않다"며 "우리 같은 지방대생의 목소리에 권위가 실릴 거라는 자신도 없다"고 덧붙였다.

이씨의 말처럼 지방대생 다수는 민주시민으로서 정치·사회적 목소리를 내는 데도 차별과 소외를 느낀다. 사회 공론장에서 주된 논의가 지식과 학벌 자원을 가진 명문대 출신 중심으로 이뤄지고, 지방대 출신의 요구와 의견은 밀리는 경우가 많기 때문이다.

2016년 말 박근혜 국정농단 사태 때 지방대생들의 시국선언이 폄하된 일이 대표적 사례다. 그해 11월 충청권 사립대의 시국선언이 이어지고 있다는 인터넷 기사에는 "지잡대는 좀 조용하자" "잡대는 자기 인생이 시국선언 돼 있는데 무슨……" "시국선언이 뭔지나 아나" 등 악성 댓글 수백 개가 달렸다. 그러자 기사에 거론된 대학의 재학생은 교내 익명 페이스북 페이지에 "(댓글을 읽고) 끝없이 커져가는 자괴감은 무거운 족쇄가 되었다"고 탄식했다.

"지방대는, 아니 지잡대는 시국선언을 하지 맙니다. …… 자격이 없다고 합니다. 관심받으려고 하지 맙니다. 허탈했습니다. 나 자신에게 화가 났고 다른 사람의 시선이 두려워졌습니다. 조용히, 숨어 있던 의심이 커져갔습니다. 그래도 공부를 한 애들이 해야 하지 않을까? 내가 있을 자리가 아닌 건가?"

해당 학교 사회계열 재학생으로 시국선언을 주도한 김수형(가명)씨는 "당시 전국 대학생들의 참여가 (탄핵 정국에) 큰 영향을 끼쳤지만 명문대와 지방대의 목소리가 사회에 다르게 전달된 것은 사실"이라며 "시국선언의 내용보다 지방대가 사회적 목소리를 냈다는 일이 더 사람들의 이목을 끌어 아쉬움을 느꼈다"고 말했다.

실제로 언론의 관심도 명문대 학생들에게 집중됐다. 〈오마이뉴스〉가 2016년 10월과 11월 시국선언을 한 전국 115개 대학을 대상으로 특정 포털사이트 제휴 매체의 언론보도 현황을 분석한 결과, 3653건의 뉴스 중 상위권 10개 대학에 대한 보도가 54%를 차지한 것으로 나타났다. 한국의 4년제 대학은 모두 220개다.

부산 동명대 이정민 신문·방송국장은 "청년이나 대학생 이슈에 대해 지방대 학생들이 말하고자 하는 바가 있어도 언론에서 별로 관심을 두는 것 같지 않다"며 "서울지역 대학생의 목소리가 대부분인 기사들을 볼 때마다 '왜 우리 지방에 있는 학생들에게는 질문을 안 하지?'라는 생각이 든다"고 털어놓았다.

지방대에는 총학생회, 정당 청년조직 등 학내 문제나 사회 문제에 참여할 수 있는 통로도 미비한 경우가 많다. 대구의 한 사립대에 다니며 2015~2016년 더불어민주당 지역대학생위원장으로 활동한 박찬승씨는 "대학생 정당 활동도 주로 서울 중심으로 이뤄지고 중요한 행사나 포럼, 회의 대부분이 서울에서 개최돼 지방대 학생들은 많은 불편을 겪는다"고 말했다. 그는 "정당 내에서도 학벌주의가 작용해 의원이나 당직자들이 지방대 학생보다는 서울지역 대학 출신을 더 신뢰하고 좋게 본다는 느낌을 은연중에 받은 적이 있다"고 덧붙였다.

전남대 신문방송학과 4학년 이수형(가명)씨는 "단과대 학생회는 투표율을 채우지 못해 비상대책위원회 체제로 운영된 지 오래됐고 총학생회도 학생들의 소극적 참여로 대표성을 잃었다"며 "함께 목소리를 낼 조직이 없으니 정치사회, 학내 문제에 적극적으로 참여하는 학생은 매우 드물다"고 말했다. 충북의 한 사립대에서 10년 전 총학생회 임원으로 활동했고 지금도 학생회 후배들과 교류를 이어가고 있다는 이지영(가명)씨는 "역대 총학이 연고에 따라 단일 후보에게 자리를 물려주고 대학 교직원과 동문, 친인척으로 얽혀 있는 경우가 많아 학생들의 다양한 의견을 제대로 수렴할 만큼 체계를 갖추지 못했던 게 사실"이라고 털어놓았다.

학내 언론도 마찬가지다. 최근 서울, 지방 할 것 없이 대학 신문과 교지 등 학내 언론이 취약한 상황인 것을 고려해도 지방대의 사정은 특히 더 어렵다. 학교 당국에서 인력과 자금을 지원해주지 않아 아예 교내 언론을 갖추지 못한 경우도 많다. 교내 지원금 축소나 편집권 침해에 대항한 학생들의 언론운동도 서울 등 수도권에 비해 드물다. 서울대의 '스누라이프', 고려대의 '고파스'처럼 학생들이 온라인에서 자유롭게 이야기 나눌 수 있는 대학 커뮤니티조차 없는 경우가 대부분이다. 그나마 최근에는 익명 페이스북 페이지 '대나무숲'이나 대학 커뮤니티 앱 '에브리타임' 등이 사용되고 있지만 체계적인 공론장 역할을 하기에는 부족하다.

정현진 창원대신문 편집국장은 "교내 언론이 침체돼 있다 보니 학생들도 언론 활동에 별 관심이 없고, 자기 목소리를 내기 위해 교내 언론사를 이용해야겠다는 필요성을 못 느끼는 것 같다"고 말했다. 부산의 한 사립대 신문방송국장 진대식(가명)씨는 "서울의 유명한 학교들은 교내 인터넷 커뮤니티가 활발하게 운영되고 SNS, 에브리타임도 활성화돼 있지만, 우리 학교는 같은 온라인 공간에서도 게시글 수와 댓글 수, '좋아요', 공유 횟수가 많이 저조한 편"이라고 말했다.

부산지역 사립대 신문방송학과 학회장으로 활동했던 취업준비생 왕범준(가명)씨는 "지방대생 스스로도 인터넷 공간에서 마음껏 의견을 펼치기에 말솜씨와 필력이 부족하다는 편견을 갖고 있다"고 털어놓기도 했다.

"명문대에도 글을 잘 쓰는 사람, 못 쓰는 사람이 있고, 지방대에도 그런 사람이 있을 거 아니에요? 그런데 명문대 학생이 잘 쓴 글을 보면 '역시 그 대학 학생은 모두 이렇게 잘 쓸 거야'라는 선입견을 갖게 되고, 지방대생이 서툴게 쓴 글을 보면 '이래서 지방대 소리를 듣는 거야'라는 편견을 갖게 돼요. 글쓰기 능력은 개인의 차이인데……"

학벌이 민주시민의 자격과 역할까지 침해하는 현상이 한국에 유독 심각한 이유는 무엇일까.《시민교육이 희망이다》(2017)의 저자 장은주 영산대 성심교양대학 교수는 우리나라가 '잘못된 능력주의 속에서 시민적 자존감을 잃어버린 사회'라고 진단한다. 그는 "능력지상주의는 능력 있는 승자만 존중하고 가치 있는 사람으로 대접하면서 그렇지 않은 절대다수의 패자는 '2등 시민'으로 격하시킨다"며 "이 때문에 많은 지방대 출신이 자존감을 상실하고 사회정치적 무기력에 빠지게 된다"고 설명했다.

"우리 사회는 명문대를 다니지 않거나 좋은 성적을 보여주지 못한 사람에게 '너는 우리 사회에서 제대로 인정받고 존중받으며 살아갈 위치에 있지 못하다'는 인식을 보냅니다. 이에 따라 지방대생은 크게 자존감을 상실하고 일상적인 삶뿐 아니라 사회정치적인 분야에서도 무기력감을 갖게 됩니다. 이는 많은 지방대생이 사회정의, 공정 관련 문제에 대해 '나의 문제'로 느끼질 못하고, 부조리를 바로잡기 위해 당당한 주체로 나설 수 있다는 자신감을 갖지 못하는 상황으로 이어집니다." 장 교수는 "학생들이 어린 시절부터 민주시민이라는 자각을 갖고 사회에 대한 책임과 참여를 일상화하면서 시민적 자존감을 높일 수 있도록 돕는 체계적 교육 혁신이 필요하다"고 강조했다.

임미리 고려대 한국사연구소 연구교수도 "과거 역사를 보아도 늘 명문 교육기관 출신의 엘리트들이 역사를 기록했고 그 사회 지배적 집단의 사고가 공론장에 영향을 미쳤다"며 "현재 한국사회에서도 소수 명문대 출신이 언론과 학문 영역에 큰 영향력을 끼치고 있기 때문에 공론장에서 명문대 출신의 의견이 주목받고 지방대는 소외될 수밖에 없는 구조"라고 말했다.

임 교수는 또 "지방대생이 사회와 교육 변화를 위해 스스로 용기 있게 목소리를 내고 계속해서 자신을 대변하는 노력을 기울여야 한다"고 주장했다. 그는 "동시에 언론이 사회 전체의 공정과 정의를 얘기할 때 실제 지방대 출신이 이 사안을 보는 관점을 담을 수 있도록 지방대생의 목소리를 실어달라고 적극적으로 요구해야 한다"고 덧붙였다.

스카이 '몰아주고' 하위권 '버리는' 학교

경남지역에서 고등학교를 나온 유경희씨(경남대)는 고교 시절 전교 10등 이내만 특별 관리를 했던 '스카이반'을 떠올리며 씁쓸한 표정을 지었다.

"공립고였는데도 소수 학생만을 위해 스카이 캠퍼스 투어부터 단기 외국 탐방 프로그램, 외부 강사 논술 강의 등 학교 예산을 들여 명문대 진학을 도왔어요. 이런 특혜가 많아서 일일이 나열하기도 힘들 정도예요. 그런데 주변 친구들 사례를 들어보면 이게 오히려 약과던데요? 좋은 학교에 진학할 친구들에게 유무형의 특권을 제공하는 게 대부분의 고등학교에서 일어나요. 제 친구네 학교에선 공부 못하면 친구들한테 인기가 많아도 학급 대표를 하지 말라고 했대요."

경남 창원의 남녀공학을 나와 이화여대에 다니고 있는 이혜진(가명)씨는 전교 1~2등만 쓸 수 있었던 화이트보드를 아직도 기억한다고 말했다. 복도에 있는 이동식 칠판에 학생들이 자율적으로 어려운 문제를 적어놓고, 자유롭게 토론하며 풀이 방식을 찾게 하는 활동이 있었다. 하지만 전교 3등이었던 이씨를 비롯한 나머지 학생들은 쓸 수 없었다. 전교 1~2등 학생이 자기 주도적 학습 활동으로 학생부에 기재할 내용을 학교에서 만들어준 것이기 때문이었다.

경기도의 고등학교에 다니는 딸을 둔 이한숙(가명)씨도 '최상위권 몰아주기' 현실을 체감했다. 과학실험 수업에서 조별로 보고서를 쓰는 수행평가를 과제로 내줬는데, 이씨의 딸만 준비를 해갔다고 한다. 당연히 나머지 학생들이 감점을 당해야 했지만 전교 1등 학생이 과제를 안 해온 것을 보고 과학 교사는 보고서 제출일을 미뤄주었다. 이씨는 "저희 딸에게 가산점을 주겠다고 하셨다지만, 전교 1등 학생이 과제를 해왔다면 제출일이 미뤄지지 않았을 거 같다"고 말했다.

2019년 9월 17일 MBC 뉴스는 〈딱 30등까지만 몰아줍니다〉라는 제목으로 경북 경산의 한 사립고가 운영하는 '서울대 준비반'의 실태를 고발했다. 이들을 위해 교내 동아리를 운영하고 서울권 대학 탐방과 교내 대회, 봉사활동도 몰아줄 뿐 아니라 전교회장·부회장도 성적에 따라 1~2등을 시킨다는 내용이었다. 학생부종합전형 관리를 위해서였다. 반

경북지역 한 고등학교 정문에 스카이 대학 합격자 수를 자랑하는 현수막이 걸려 있다. 명문대 진학 성과가 고등학교의 평판을 좌우하는 현실을 반영하고 있다. ⓒ 장은미

면 내신 4등급 아래 학생들은 동일한 내용의 생활기록부를 받아들 정도로 배제되고 있다고 했다. 이 뉴스를 올린 온라인 게시판에서 추천을 많이 받은 댓글은 다음과 같았다.

"이 학교만 그렇다고 생각하세요? 다른 학교도 별반 다르지 않을 겁니다."

"고등학교마다 저런 반 다 있어요. 저 반 못 들어가면 좋은 대학 못 가는 거 다들 알고요."

고등학교들이 상위권 학생을 특별대우하는 이유는 서울대, 혹은 스카이에 몇 명 보냈느냐가 명문고와 비명문고를 가르는 암묵적 기준이 되고 있기 때문이다. 비명문고는 '똥통 학교' '꼴통 학교'로 조롱당하는데, 지방대에 쏟아지는 혐오와 비슷한 맥락이다. 270만 명이 가입한 네이버 카페 '수만휘'에서 '똥통고'를 검색하면 〈공부 못해도 똥통고 가면 안

되는 이유〉 등 최근 3년간 올린 130여 개의 글이 나온다. 지방대를 '지잡대'로 비하하는 것과 비슷한 차별·혐오발언이 가득하다.

스카이 대학 중 한 곳을 나와 대구 수성구에서 수학학원을 하는 한지혜(가명)씨는 "학원가에서도 작년에 누가 서울대 보냈다고 하면 광고를 안 해도 학부모들이 줄 서서 상담하러 온다"고 말했다. 그는 "우리 학원생 하나도 집에서 1시간 걸리는 고교로 진학했는데 '서울대 갈 애'로 학교에서 특별관리 대상"이라며 "내가 10년 전 입시를 겪었을 때보다 상위권 몰아주기가 더 노골화된 느낌"이라고 덧붙였다. 수성구는 '대구의 강남 8학군'으로 불리는 곳이라 상위권 내신 점수를 얻기 힘들고 특별대우도 기대하기 어렵기 때문에, 한 씨의 학생은 일부러 집에서 먼 학교를 골라 갔다는 얘기였다. 내신 또는 지역균형할당제 등의 입시제도에 맞춰 장거리 통학을 하거나 서울에서 지방으로 '역유학' 하는 것도 공공연한 대입 전략이 되고 있다.

연세대 사회학과 김왕배 교수는 〈한국의 교육열〉(2014)이라는 논문에서 고등학교들이 명문대 보내기에 매달리는 현실을 이렇게 진단했다.

"한국의 경우에는 대학의 평판 서열이 그 어떤 나라들보다 극단적으로 획일화되어 있어 지위 성취와 재생산을 위한 견고한 상아탑이 세워져 있다. 한국사회에서 단순히 학력이 아니라 연고주의적 학벌의 개념이 적절성을 갖는 이유이기도 하다. 각 대학의 특성은 사라지고 중고등 공교육 기관은 서열화된 대학으로 학생들을 진학시키는 것이 제1순위 목표가 되어 있다. 교양과 예술, 인격 수양과 민주시민의 양성이 아니라 오로지 대학, 그것도 서열화된 대학으로 학생을 진출시키는 것이 명문 학교로 평가받는 길이다."

성적에 따른 차별을 내면화하는 다수

학교가 '될 아이들'만 골라 기회를 몰아줄 때, 나머지 학생들은 배제된다. 학생들은 '억울하면 공부 잘하라'는 논리에 입을 다물고, 성적으로 인한 차별을 내면화한다. 고등학생 때 영어를 못해 A~D반 중 D반이었다는 이가영씨는 "선생님께 구박을 많이 받았는데, '공부 못하면 여자로서 매력도 없다' '사회생활도 못할 거다'는 식의 인격 모독적 말을 아무렇지도 않게 했다"고 말했다.

"선생님들이 예체능계열 학생들을 투명인간 취급하면서 '수업시간에 엎드려 자라'는 말도 아무렇지 않게 했어요. 기분이 나쁘긴 했지만 잘못됐다고 생각 못했어요. 좋은 대학 나와야 안정적인 직장에 가고, 그래야 결혼도 잘할 수 있다는 사회적 인식에 동화되어 있었죠. 학교가 학생들을 좋은 대학 보내는 것을 목표 삼으니까, 배제와 차별을 합리화한 것이 아닐까요?"

2018년 인기를 끌었던 JTBC 드라마 〈스카이 캐슬〉에서는 '상위권 몰아주기'를 위해 차별과 반칙을 자행하는 학교에 이의제기를 하는 혜나(김보라 분)가 등장해 시청자들의 응원을 받았다.

"성적, 빽 다 갖춘 애들만 모아서 특별반 만들어놓고 스펙 몰아주는 거 애들이 모르는 줄 아세요? 교내 경시대회 정보도 걔들한테만 미리 알려주고, 상도 몰아주고, 나머지 애들은 들러리인가요? 아무리 학교가 입시 공장이 되었다지만 눈앞에서 대놓고 반칙하는 거 참을 수가 없어서요."

그러나 현실에서는 혜나와 같은 아이들을 찾기 힘들다. 대부분 현실을 받아들이고 수긍한다. 경남 김해시에서 고등학교를 졸업하고 지방대에 진학한 강인혁씨는 "성적 우수자들만 모아서 만든 특별반이 우리 학교에도 있었는데 당시엔 그걸 차별이라고 여기지 않았다"며 "고등학교가 입시 결과로 평가받다 보니 한정된 선생님이 모든 학생을 다 신경 써줄 수는 없으니까 어쩔 수 없다고 생각했다"고 말했다.

경남대생 김병곤씨는 "좋은 대학에 학생들을 많이 보내는 것을 목표로 삼고 학교 홍보에 활용하는 현실이 씁쓸하다"며 "공교육이 소수 학생들만을 위한 교육이 되는 것은 옳지 않다"고 말했다. 부산교대 교육학과 박상완 교수는 "교육자인 선생님들이 성적에 따라 학생들을 줄 세우고 차별하는 것이 잘못임을 누구보다 잘 안다고 생각한다"며 "중하위권에게도 충분한 지원을 해주는 게 올바른 교육"이라고 지적했다.

"하위권을 배제하는 교육은 교실에서 있어서는 안 될 일이죠. 교사가 부족하다, 예산이 모자란다는 건 핑계예요. 그럴 의지만 있으면 충분히 편성해서 하위권을 안을 수 있어요. 학생들 스스로도 교실 내 불공정 행위에 적극 항의하고 말할 수 있어야 해요. 공부를 잘하고 못하고를 떠나 교실 내 모든 아이들의 잠재력과 능력을 찾아줘야 하는 공교육의 책임을 방기해서는 안 됩니다."

시민단체 '교육을바꾸는사람들' 이찬승 대표는 명문대에 갈 학생들을 중심으로 이뤄지는 교육은 "명백한 범죄"라고 강조했다. 그는 "서울대 졸업장의 가치가 예전 같지 않지만 여전히 커서 그런 범죄가 일어난다"며 "학부모와 교사 모두 교육적 사명감과 윤리성을 회복하는 한편, 차별 교육에 대해서는 엄벌이 필요하다"고 주장했다. 그는 "교육적 도움이 필요한 것은 오히려 중하위권"이라며 "관련 연구에 따르면 상위권보다 중하위권에게서 교육의 효과가 더 컸다"고 말했다. 그는 "학습 부진자를 도울 수 있는 프로그램 등을 학교가 적극 편성해야 한다"고 덧붙였다.

이 대표는 "수능이든 내신이든 점수로 촘촘하게 줄을 세워 선발하는 것이 졸업장의 차이를 만든다"며 "줄 세우기식 선발을 중단하고 '유자격자 추첨제'와 같은 특단의 조치를 도입할 필요가 있다"고 말했다. 이 대표가 제안하는 추첨제는 내신과 수능을 5등급의 절대평가로 설계하고, 모집 단위

별로 해당 등급 구간 내에 있는 유자격자 중에 추첨으로 대학 신입생을 선발하는 것이다.

교육 당국도 '몰아주기' 교육의 대안을 고심하고 있다. 교육부는 2019년 11월 7일 '고교서열화 해소 및 일반고 교육역량 강화' 계획을 발표하면서 학습 부적응, 기초학력 부진 학생들을 위한 학습치유센터나 대안교육 확대 등을 약속했다. 또 학생의 학습 수준을 감안하고 개개인의 잠재력을 살리기 위해 진로에 맞춰 과목을 선택해 들을 수 있는 고교학점제를 시행하겠다고 밝혔다.

이에 대해 경기도교육연구원 교육연구부 미래교육연구팀 남미자 부연구위원은 "고교학점제의 취지에는 공감하지만 '학벌주의'가 고등학교 교육의 중심에 있는 한 하위권 배제 교육이 오히려 가속화될 여지가 있다"고 우려했다. 고등학교가 좋은 대학으로 가는 통로로 활용되는 현실이 변하지 않는 한, 교사들은 지금처럼 상위권에게 계속 관심을 쏟을 것이란 얘기다. 반면 중하위권 학생들이 과목을 선택했을 때, 선생님들이 꼼꼼하게 살펴봐줄 수 있을지 의문이고, 결과가 나쁘면 제대로 관리하지 못한 학생 개인에게 책임을 전가할 수도 있다는 게 그의 지적이다.

"요즘 교육 담론은 '공정성'만 가지고 이야길 해요. 정시(수능)가 공정하냐, 수시(내신)가 공정하냐. 제가 덴마크에 있는 자유학교(프리스콜레)에서 여러 나라 사람들과 교육에 대해 이야기할 기회가 있었는데, 한국의 교육 경쟁과 시험

제도를 말하니까 사람들이 의아한 표정으로 '교육은 배우고 성장하는 건데, 왜 꼭 경쟁을 해야 해?'라고 묻더군요. 그 말에 머리가 '띵'했어요. 우리는 교육을 스포츠처럼 여겨요. 순위를 매기고 줄을 세우고…… 그 과정에서 상위권만 안고 가죠. 나머지 다수를 버리고요. 이것은 교육의 공적 책임을 방기하는 겁니다. 다수가 민주시민으로 인간답게 살아갈 수 있는 교육의 근본적 역할을 잊지 말아야 해요."

경기도교육청 '꿈의 대학' 담당자인 김형신 장학사는 "대학 진학 그 자체보다, 자신의 관심사와 적성을 찾는 과정이 중요하다"면서 "학생들 한 명, 한 명이 자신의 진로를 올바로 탐색하고 그에 맞는 공부를 하도록 도와주는 것이 공교육의 역할"이라고 강조했다.

경기도교육청은 2017년 중고등학교의 야간자율학습을 폐지하고, 진로 탐색 프로그램인 '경기 꿈의 대학'을 운영하기 시작했다. 도내 대학과 전문기관 등이 참여해 고등학생들에게 진로체험학습과 직업정보를 제공한다. 웹프로그래밍, 과학실험, 항공 스튜디오 체험, 영상촬영, 미술 심리상담 등 2019년에 2352개 강좌가 개설됐다. 김 장학사는 "이런 프로그램들을 통해 학생들이 진로를 고민하는 시간들이 더 많아졌으면 한다"고 말했다.

정시·수시 조정해봐야 '그들만의 전쟁'

"지금 정시와 수시의 황금 비율을 찾으려고 난리잖아요. 그런데 비율이 어떻게 정해지든지 돈이 있거나 공부 잘하는 학생이 그에 맞게 준비해 좋은 대학에 들어가고, 그렇지 못한 사람은 노력이 부족하든, 환경이 부족하든 결국 실패를 하게 되는 거잖아요. 그러니 저 같은 사람은 대학서열이나 입시제도 자체가 극단적으로 확 바뀌지 않는 이상 크게 신경 쓰지 않을 것 같습니다."

충북의 일반고를 졸업하고 같은 지역 사립대 행정학과에 재학 중인 박형준(가명)씨는 "고등학교 시절 일부 상위권 학생 말고는 입시제도를 제대로 알고 있는 애들이 없었다"며 "지금 다시 고등학생이 되어 입시제도의 변화를 겪어도 그저 '아 그렇게 되는구나' 하고 순응했을 것 같다"고 말했다.

대구의 일반고 2학년인 고은비(가명) 학생도 정부의 수능 정시 확대 방침에 대해 "그냥 그런가 보다 한다"며 시큰둥한 반응을 보였다. 성적이 하위권이라는 그는 "학교에서 정시든 수시든 서울 명문대에 진학할 가능성이 있는 학생들에게만 지원을 몰아주기 때문에 입시제도가 어떻게 변하든 나와 별 상관없는 일로 느낀다"고 말했다.

"학교에서 전교 20등 안에 드는 애들은 따로 모아서 입시 전문가를 초청해 입시 전략을 알려주고 면접 준비를 도와주는 등 티 나게 밀어줘요. 이런 데서 중하위권 애들은 뭔가 불편함과 소외감을 느끼고 학교의 관심과 지원조차 내 것이 아니라고 생각하죠. 입시제도에도 큰 관심을 두지 않고요. 하위권 아이들은 수업시간에 잠을 자도 뭐라고 하지 않는 선생님이 들어오면 무조건 자고요, 아니면 노트북으로 유튜브를 봐요."

최근 대입 정시와 수시를 둘러싼 '입시 공정성' 논란이 한창이지만, 수험생 대다수를 차지하는 중하위권 성적의 고등학생과 지방대생에게는 관심 밖의 일이다. 입시 공정에 대한 논의가 이른바 '스카이'를 비롯한 상위권 대학을 중심으로 이뤄져 '그들만의 전쟁'으로 여겨지기 때문이다.

2019년 11월 28일 교육부가 발표한 '대입제도 공정성 강화 방안'은 서울 소재 16개 대학을 대상으로 2023학년도까지 수능 위주 전형 비율을 40% 이상으로 올리겠다는 내용이다. 대상이 된 곳은 서울대·고려대·연세대를 포함한 서울지역 최상위권 대학들이다. 정시전형 확대를 통해 추가로 입학할 수 있는 학생 수는 5625명으로, 2023학년도 수험생 38만 8000명 중 1.4%에 불과하다.

2018년 8월에 나온 '2022학년도 대학 입학제도 개편 방안'도 정시 수능을 30% 이상으로 올린다는 내용인데, 대상이 된 곳은 역시 상위권 대학 17곳이다. 이에 따라 늘어나는 정시 신입생 수는 3300명 정도로, 2022학년도 수험생 43만 명 중 0.76%밖에 되지 않는다. 대입제도 개편을 두고 교육계와 언론 등이 벌인 논란이 결국 소수 상위권 학생들이 명문대를 가기 위한 규칙의 공정성을 따진 것이라고 할 수 있다.

애초에 입시 공정 논란이 '정시 수능 대 수시 학종'의 대립으로 좁혀진 것도 학종(학생부종합전형)을 중시하는 서울 상위권 대학의 입시 특성 때문이다. 한국대학학회의 〈사회 불평등구조와 대학 정책 방향 자료집〉(2019)을 보면 2020학년도 입시에서 전국 198개 4년제 대학은 전체 모집인원 중 학생부교과 42%, 학생부종합 24%, 수능 20%, 실기 6%, 논술 4%, 기타 4% 등으로 뽑지만, 서울 상위권 15개 대학은 학생부종합 47%, 수능 24%, 논술 13%, 학생부교과 6%, 실기 6%, 기타 4% 등으로 뽑는다. 상위권 대학일수록 학생부종합전형의 비중이 두드러지게 높다.

특히 서울대·고려대·연세대 3개 대학은 학생부종합전형이 59%로 전국 평균의 2.5배에 이를 정도로 비중이 크고, 학생부교과전형은 고려대 3% 외엔 아예 운영하지 않는다. 이들 대학이 학생들의 다양한 역량을 주도적으로 평가할 수 있는 학생부종합전형을 선호하고, 내신 중심이라 특목고·자사고 학생들의 경쟁력이 낮아지는 학생부교과전형은 선호하지 않기 때문이다.

신동진 사교육걱정없는세상 대입전형연구원은 "수능과 학종을 둘러싼 입시 공정 논란 속에서 정부가 발표한 정시전형 확대는 어차피 상위 10% 내의 학생들에게만 영향을 줄 수 있는 방안"이라며 "성적이 중하위권인 학생, 대학서열이 낮은 지방대에 들어갈 학생들은 자신과 상관없는 일이기 때문에 아무 관심도 갖지 않을 수 있다"고 말했다.

박정원 상지대 경제학과 교수는 "입학생을 유치하기 어려운 지방대는 이제껏 수시로 학생들을 선점해 살아남는 방법을 써왔는데, 서울 인기 대학의 정시 인원이 늘어나면 연쇄적으로 지방대에 영향을 미쳐 학생을 확보하는 데 굉장히 불리하게 될 수 있다"고 우려했다.

'과정의 공정'에만 집착하는 한국사회

최근의 입시 공정 논란은 한국사회에서 '공정 개념'의 한계를 드러낸다. 공정은 보상을 위해 선별하는 기준과 절차가 합리적인가를 따지는 '과정의 공정'과 출신·배경에 따른 차이를 고려해서 사후 보정을 해야 한다는 '결과의 정의'로 나눌 수 있는데, 한국사회는 전자에 집착하고 후자를 소홀히 하는 경향을 보이고 있다는 지적이다.

정시 수능 확대 정책이 대표적이다. 수능은 5지선다형 문제를 통해 수험생을 객관적이고 투명하게 변별한다는 점 때문에 대중의 폭넓은 지지를 얻고 있다. 2019년 9월 여론조사기관 리얼미터가 대입제도에 대한 여론을 조사한 결과, 정시가 바람직하다는 응답이 63.2%로 수시(22.5%)를 크게 앞질렀다. 이런 여론을 반영, 문재인 대통령은 2019년 10월 교육개혁 관계장관회의에서 정시 확대를 요청했고, 교육부는 11월에 관련 정책을 발표했다.

그러나 결과의 정의라는 관점에서 보면 수능은 부유층과 수도권 학생에게 유리하고 학종이 경제적·지역적으로 소외된 학생들에게 덜 불리한 전형이라는 사실이 여러 연구와 조사를 통해 드러났다. 2019년 11월 교육부가 13개 주요 대학을 대상으로 '학생부종합전형 실태조사'를 한 결과를 보면 이들 대학에서 지난 4년간 소득 8구간(평균소득 월 468만 원) 이하만 받을 수 있는 국가장학금 Ⅰ유형 수혜자 비율이 학종 입학생은 35.1%였지만 수능 입학생은 25%로 더 적었다.

특히 기초생활보장 수급자, 차상위계층을 포함한 저소득 0~3구간 비율이 학종은 16.2%였지만 수능은 10.7%에 불과했다. 학종에서 저소득층을 배려하는 '기회균형전형'을 제외해도 학종이 수능보다 저소득층 학생 비율이 높게 나타났다. 또 입학생의 지역별 현황을 봐도 서울지역 고교 출신 학생 비중은 수능이 37.8%, 학종은 27.4%인 반면 읍면 소재 고교 출신 학생 비중은 학종이 15%, 수능이 8.6%인 것으로 나타났다. 서울지역 학생은 수능으로, 읍면지역 학생은 학종으로 입학하는 비율이 높은 것이다.

수능이 부유층에게 더 유리한데도 여론이 학종보다 수능을 더 지지하는 이유는 무엇일까. 박정원 상지대 교수는 "학종은 원래 수능이 지닌 암기·주입식 학습의 폐해를 없애고 학생의 다양한 역량을 봄으로써 공교육을 활성화하려는 목적으로 시행됐는데, 이를 일부 대학과 고소득층 학부모들이 악용한 면이 있다"고 설명했다.

그는 "입시를 주도하는 15개 정도의 서울 상위권 대학들이 공교육 정상화의 책임을 회피한 채 일반고나 지역 고교에 더 유리한 학생부교과를 무시하고 특목고·자사고에 유리한 학종으로 인재를 독과점했다"고 지적했다. 이어 "이러한 사정을 자녀 교육을 위해 적극 투자할 능력이 충분한 고소득층이 적극 활용했고 국민들이 이를 '그들만의 리그'로 인식하면서 학종이 더 공정성을 해치는 제도로 비춰졌다"고 분석했다.

이범 교육평론가는 최근 온라인미디어 〈피렌체의 식탁〉 칼럼에서 "국민들이 정시가 더 공정하다고 생각하는 데에는 그럴 만한 이유가 있다"며 "대중은 '결과의 격차'가 큰 만큼 '과정의 공정'을 더 크게 요구하기 때문"이라고 분석했다.

"대중이 수능을 선호하는 이유는 '단순한 제도를 좋아해서'라든가 '특권층의 행태에 분노해서'가 아니라, 수시전형이 모두 수능만큼의 공정함(비례성)을 확보하지 못하고 있기 때문이다. 한국 대입에서 유난히 '변별력'이 중요한 것도 같은 맥락에서 이해할 수 있다. 내가 어느 대학에 가느냐에 따라서 (대학별 1인당 교육비를 기준으로) 1년에 4300만 원어치 서비스를 받을 수도 있고 1500만 원어치 서비스를 받을 수도 있지 않은가? 내가 의대를 가느냐 못 가느냐에 따라 생애 소득과 안정성에 큰 격차가 발생하지 않는가? 따라서 당연히 납득할 수 있는 객관적인 합격·불합격의 기준을 요구하게 된다. '결과의 격차'가 큰 만큼 날카롭고 객관적인 변별력이 요구되는 것이다."

대학교육과 일자리 등에서 '결과의 격차'가 극심하기 때문에 '과정의 공정'에 더욱 집착이 커지는 상황에서 우리는 입시 공정에 관한 논의를 어떻게 진전시켜야 할까? 김종엽 한신대 사회학과 교수는 "한국사회의 공정은 상위 20% 집단을 위한 것으로, 결과의 불평등을 정당화하는 빈약하고 납작한 개념이 되어버렸다"며 "공정이 정의의 원칙으로 넓게 확장되기 위해서는 평등에 더욱 관심을 기울일 필요가 있다"고 말했다. 그는 "교육 불평등을 줄이기 위해 무엇보다 학교 간 서열을 완화하거나 없애야 하고, 그러기 위해 학교 간 차이를 줄여야 한다"고 강조했다.

"한국사회가 오랫동안 '선택과 집중'이라는 말로 잘난 사람을 밀어줘야 한다는 생각을 갖고 특정 대학을 장남 키우듯이 지원해왔지만 지금은 그런 시대가 아닙니다. 조건의 평등 없이는 공정을 얘기하기 어렵기 때문에, 학교의 여러 가지 교육 조건을 형평성 있게 맞춰줘야 합니다. 대학서열이라는 게 사람들 생각하기에 이름값이 좋아서 그런 것 같지만 실제로는 대학별로 교수, 학생을 대상으로 지원하는 교육비 차이가 엄청나게 큽니다. 국가가 재정지원을 상위권 대학에 집중하기 때문이에요. 그러므로 재정지원을 균등하게 하거나 열등한 학교에 더 많은 지원을 해서 대학들의 조건이 평등해지도록 해야 합니다."

이현 우리교육연구소 소장은 "수능이든 학종이든 모든 경쟁을 통한 선발에서는 사회경제적 지위가 높은 부모의 자녀가 더 유리한 위치를 점하게 되고 사회적 약자의 자녀는 불리해질 수밖에 없다"며 "상대적으로 상위계층의 유리함을 완화시키고 약자의 불리함을 덜어줄 수 있는 방법이 무엇인지 고민해야 한다"고 주장했다.

그는 또 "사회적 약자계층에게는 적극적으로 고등교육의 기회를 열어주는 별도의 대책이 필요하다"며 "소위 기회균형전형, 사회배려전형, 사회통합전형 등 소외계층에게 고른 기회를 주는 특별전형을 더욱 확대해야 한다"고 말했다. 기회균형전형은 기초생활수급자, 차상위계층 등을 배려해 뽑는 제도이고 사회배려전형은 국가유공자, 군인 등 특정 직업 종사자 자녀를 배려하는 제도이며 사회통합전형은 비평준화 고교 등에서 저소득층과 다문화가정 등 사회적 약자계층을 배려하는 제도다.

전대원 실천교육교사모임 대변인은 "이미 존재하는 불평등한 상황에서 기계적 공정을 강요하는 것은 불평등한 상황을 영구히 존속시키는 역할을 하게 된다"고 말했다. 그는 "학생들을 점수 1~2점 차이로 변별하는 데 집중하기보다, 열심히 하려 하지만 미처 자신의 잠재력을 발현하지 못한 학생들을 적극적으로 발굴하려는 의지가 필요하다"고 주장했다.

전문가도 못 푸는 '킬러 문항'

교육과정에서 시험을 치르는 목적은 크게 '학습 성취도 확인'과 '선발'로 나뉜다. 그러나 한국 학교에서 시험은 대학 진학을 목적으로 학생을 변별하고 서열을 매기는 데 지나치게 쏠려 있다. 이런 평가제도는 학생들을 일찍이 '승자'와 '패자'로 나누면서 극소수 상위권을 제외한 대다수 학생들의 학업 성취와 자존감에 심각한 악영향을 끼친다. 한국사회에서 지방대에 대한 차별과 혐오가 과도하게 나타나고 지방대생 스스로도 열패감을 갖는 것은 이렇게 승자와 패자, 계급을 나누는 시험제도 탓이 크다고 할 수 있다.

부산의 한 국립대 정치외교학과를 졸업한 허원혜씨는 고등학교 시절 공부에 대해 "시험을 위한 교육이었다"고 잘라 말했다. 그는 "학교 시스템이 전부 수능에 맞춰져 있었고 1년에 2~3번씩 있는 전국 모의고사와 시·도 교육청 모의고사뿐만 아니라 별도로 사설 입시학원 모의고사도 수시로 봤다"고 회고했다. 이어 "시험에 따라 등급이 나뉘고 미래가 결정될 거라 생각하니 스트레스가 극심해 기숙사에서 기절한 적도 있고, 깜깜한 운동장에서 혼자 울며 소리를 질렀던 경험도 있다"고 털어놓았다. 경남지역 농어촌 자율학교를 나온 허씨는 한국 교육이 잘못됐다고 생각한다고 말했다.

"주변에 시험으로 평가할 수 없는 장점을 가진 친구들이 많아요. 공감 능력이 뛰어나고, 인권의식이 높고, 창의적인 아이디어를 가진 친구들이요. 지금 한국 교육의 시험제도는 이들의 잠재력을 전혀 발굴해내지 못합니다. 우리 사회에서 대학입시를 통해 명문대에 진학하지 못한 사람은 자신의 노력을 좋게 평가받은 경험이 거의 없어요. 학생의 다양한 능력을 인정하지 않고 획일적 시험으로만 인재를 가르는 것은 아무리 봐도 득보단 실이 많다고 생각해요."

서울의 한 여대 커뮤니케이션학과 졸업을 앞둔 나한솔(가명)씨는 시험제도에 잘 적응해 비교적 서열 높은 대학에 진학한 사례지만 "지금의 객관식·암기식 시험이 무슨 도움이 되는지 모르겠다"고 말했다. 그는 "현재의 평가가 점수 내기 쉬운 방법이긴 하지만 세상을 살아가는 한 명의 사회인으로서 생각의 깊이를 쌓는 데는 효과적이지 않은 것 같다"며 "학창 시절 10년 동안 시험점수를 올리기 위해 기를 쓰고 공부했는데, 차라리 책을 깊이 읽는다든지 신문을 꾸준히 읽는 게 낫지 않았을까 하는 생각이 든다"고 말했다.

경남 거제시의 일반고 3학년인 윤종혁 학생은 학교가 시험 결과에 따라 학생들을 차별하는 현실을 비판했다. 그는 "집에서 거리가 조금 먼 고등학교에 다니는데 경쟁률이 4 대 1 정도 되는 기숙사 입사를 배치고사 성적순으로 정하기 때문에 어느 시험보다 떨리고 부담이 컸다"고 말했다. 그는 또 "방과 후 강좌, 특별 심층학습, 진학 상담 등의 기회도 시험 성적이 상위권인 학생들에게만 주어진다"고 덧붙였다.

한국교육개발원이 지난 2017년 전국 초·중·고등학교 31

곳의 학생·학부모·교사 2323명을 설문조사해 분석한 〈한국의 시험문화와 학습자에 대한 영향〉 보고서에는 교육 수요자들 상당수가 시험의 목적을 '대학입시'로 인식하고 있는 것으로 나타난다. 보고서에 따르면 '매우 중요한 시험의 목적'을 묻는 질문에 학생의 55.8%가 '상위 교육 단계로 넘어가기 위해'라고 응답했고, 49.8%가 '학생들이 배운 것을 평가하기 위해'라고 답했다(복수 응답).

특히 고2 학생들의 경우 무려 65.8%가 '상위 교육 단계 진학'을 시험의 목적으로 꼽았다. 학부모 역시 62.3%가 진학을 시험의 목적으로 꼽았다. 보고서는 "시험의 본질적 목적은 학습의 점검과 이해도에 관한 평가에 있지만 (교육 수요자들은) 상위 단계로의 진학, 특히 대학입시를 성공적으로 치르는 데 더 현실적인 시험의 목적을 두고 있음을 알 수 있다"고 분석했다.

이 보고서는 또 학생·학부모·교사 64명을 심층 면담한 결과를 바탕으로 "경쟁이 치열하기 때문에 가장 핵심적인 관심사는 '시험의 공정성'이며 교사는 등급을 조정하기 위해 극도로 난해한 문제를 출제하는 데 초점을 맞추게 된다"고 지적했다. 또 "평가가 다양한 방면의 능력보다는 지식적인 측면에만 더 집중하게 되고 학생들은 희망하는 대학 진학이 어렵다고 판단되는 경우 거의 학습을 포기하는 사태까지 일어난다"고 비판했다. 정서적인 측면에서도 "경쟁심, 이기심 등이 심화하고 학교폭력, 왕따, 게임 중독, 상실감, 무기력증

등이 주된 시험의 부작용으로 나타나고 있다"고 설명했다.

시험이 '변별'에 치중하느라 정작 교육적 가치를 훼손하는 대표적 사례가 바로 '킬러 문항'이다. 이는 변별력을 높이기 위해 매우 복잡하고 어렵게 출제한 초고난도 문제를 말한다. 한 예로 지난 2018년 말 치러진 2019학년도 수능 국어 31번은 뉴턴의 만유인력 가설에 대한 정보를 해석하는 문제였는데, 지나치게 긴 지문에 '구껍질(공 모양의 얇은 껍질)', '질점(물체의 크기를 무시하고 질량이 모여 있다고 보는 점)' 등 어려운 개념과 용어가 많아 정답률이 18.3%에 불과했다. 당시 이 문제는 유시민 작가가 tvN 방송 〈알쓸신잡 3〉에서 "국어 문제가 아닌 물리 문제"라고 비판하고, 한국교육과정평가원이 "수험생의 기대와 달랐던 부분에 대해 유감"이라고 발표하는 등 사회적 논란을 낳았다.

2019학년도 수능을 거쳐 충북의 한 국립대에 진학한 박진실(가명)씨는 "평소 국어 성적이 1~2등급이어서 어느 정도 자신이 있었는데도 국어 31번 문제를 보는 순간 숨이 턱 막혔다"며 "국어 문제는 원래 보기와 지문을 잘 이해하고 서로 의미를 연계해서 풀어야 하는데 짧은 시간 안에 내용을 파악하고 의미의 연관성을 따지기가 불가능했다"고 말했다.

사교육걱정없는세상의 구본창 정책국장은 "시험이 입시 변별력을 만족시켜야 한다는 틀에서 벗어나지 못하기 때문에 정답률이 굉장히 낮고 전문가들도 못 풀 만큼 어려운 킬러 문항이 계속 나오고 있다"며 "평가를 통해 역량을 제대로 살펴보는 데 주목하지 않고 학생들 간의 상대적 위치를 보는 데 중점을 두는 게 과연 좋은 시험인가 생각해봐야 한다"고 말했다. 그는 또 "초등학교 고학년이나 중학생 정도만 돼도 평가에 따라 '위너'와 '루저'로 서열이 구분된다고 생각하고, 성적이 중하위권인 학생은 좋은 대학에 가지 못한다는 열패감과 상실감으로 학습에도 굉장한 악영향을 받는다"고 덧붙였다. 구 국장은 "소화할 수 없는 시험이 계속되면 아예 공부를 포기해버리고 학교 수업과 평가에 대한 만족도, 목표의식, 자아 효능감도 떨어지게 된다"고 지적했다.

'5지선다' 시험으로는 사고력과 창의력 못 길러

객관성·공정성을 갖추며 변별력을 높여야 한다는 이유로 '5지선다 객관식'으로 시험을 획일화한 것도 문제로 지적된다. 출제자가 규정한 조건 내에서만 정답을 골라야 하므로, 자유로운 사고를 통해 다양한 관점을 가질 수 있는 역량을 키우기가 어렵기 때문이다. 이경숙 교육학 박사는 저서 《시험국민의 탄생》(2017)에서 "객관식 문제의 대표적 형식인 선다형 문제는 인간의 연속적 사고를 분절해 제시하며 무엇보다 인간의 앎을 빈약한 암기 활동으로 전락시켜버린다"고 지적했다. 그는 "제시된 예시, 정해진 답변을 찾아 소거하거나 암기해내는 방식으로는 새로운 사고, 비판적 사고, 창의

126

적 사고에 이를 수 없다"고 비판했다.

김진숙 한국교육학술정보원(KERIS) 교육서비스본부장은 "우리 교육은 학생들에게 미래형 인재가 되라고 하며 자기 주도적 활동, 참여형 학습, 다른 사람에게 공감·협력하는 감성지능 개발 등을 강조하지만 정작 시험은 암기·이해와 같은 저차원적 인지능력을 평가하는 데 초점을 맞추고 있다"고 지적했다. 그는 또 "인공지능·로봇 같은 첨단기술 혁신이 일어날 미래 시대에는 사회 구성원으로서 역할과 책임을 다하는 인간의 가치가 더 중요해질 텐데, 학교 수업과 평가를 통해 그런 가치를 배우고 경험하지 못한 학생들이 사회 변화에 제대로 대응하기는 어렵다"고 덧붙였다.

세계의 교육 선진국은 국가 수준 대입시험에서 대부분 사고력과 창의성을 평가할 수 있는 서술형 문제를 낸다. 한국교육개발원이 2014년에 펴낸 〈대학입시 정책의 국제 비교 연구〉에 따르면, 한국, 미국, 영국, 독일, 프랑스, 핀란드, 호주, 일본, 중국 가운데 선다형 시험만을 보는 곳은 한국과 일본뿐이었다. 프랑스의 대입시험 바칼로레아, 영국의 A-레벨, 독일 아비투어, 핀란드 일리오필라스툿킨토는 논술형, 서술형 시험을 본 후 '절대평가'로 채점해 성적 변별보다는 대학 수학 역량을 갖췄는지 확인하는 성격이 강했다. OECD 회원국 중 대입 관련 모든 시험이 '객관식 상대평가'인 나라는 한국과 일본뿐이다. 한국 교육이 일본 교육을 모방하고 참고한 사례가 많기 때문이라고 할 수 있다.

《서울대에서는 누가 A+를 받는가》(2014), 《대한민국의 시험》(2017) 등의 저자인 이혜정 교육과혁신연구소 소장은 "우리 학생들에게 비판적이고 창의적인 사고력이 길러지지 않는 이유는 그러한 역량을 평가하지 않기 때문"이라고 단언했다. 그는 "어떤 종류의 능력을 잘한 것으로 인정해줄지가 학생들의 공부법과 능력을 결정한다"고 덧붙였다. 이 소장은 "5지선다형인 수능이 사고력을 측정한다고 하지만 결국 누군가 정해놓은 생각과 의견을 정답으로 맞히는 사고력이라는 한계가 있다"며 "객관식 문제에선 '다음 중 옳은 것'을 묻는데, 어제 옳았던 게 오늘 틀릴 수도 있고 다른 사회에서는 다를 수도 있으므로 치열하게 논의하고 논리를 개발하는 평가가 필요하다"고 주장했다.

"제 두 아이를 보면서 학교의 평가 방법에 따라 세상을 어떻게 다르게 보고 다른 식으로 생각하는지 온몸으로 체험했어요. 한국 공립학교를 다니는 둘째 아이는 역사적 사건의 연도를 외우지만, 한국 교육에 적응하지 못해 제주 국제학교에 간 첫째는 사건들의 인과관계를 공부하더라고요. 마찬가지로 우리 시험은 동학혁명이 언제 일어났느냐를 물어보지만, 논술형인 국제 바칼로레아 역사 시험은 '동학혁명이 일본의 조선 병합을 불가피하게 했다고 하는 주장에 대해 2시간 동안 논하라'라는 문제가 나와요. 이런 문제를 풀려면 주체적인 생각과 논리적 근거가 필요하죠. 그러면 학생별로 수준 차이가 있을지라도 자신만의 생각을 써보고 발전시킬

기회를 가질 수 있습니다.'

한국에서도 객관식 상대평가의 문제를 개선하기 위해 지난 2018년 10월 청와대, 교육부, 더불어민주당 등이 비공개협의회를 갖고 오는 2028년도부터 수능에 서술형 문항을 도입하는 방안 등을 검토한 것으로 알려졌다. 대통령 교육 자문기구인 국가교육회의의 김진경 의장도 최근 수능 서술·논술형 문항 도입 필요성을 꾸준히 제기하고 있고 대구와 제주교육청은 2018년부터 국제 바칼로레아를 한국어화해 공교육에 도입하는 사업을 추진하고 있다. 이 시험은 토론 중심 수업과 논술·서술형 평가를 특징으로 하는 국제 공인 평가·교육과정으로 스위스 비영리 교육재단 IBOInternational Baccalaureate Organization가 운영하고 있으며 전 세계 153개국 5000여 개 학교에 도입됐다.

이혜정 소장은 "새로운 시험이 공정성을 확보하기 위해서는 서술형 평가를 시행하는 나라들이 전문 인력을 동원해 체계적으로 채점하고 교차 검증하는 노하우를 배울 필요가 있다"고 지적했다. 70만 명이 응시하는 프랑스 바칼로레아는 전국 고교 교사 17만 명이 응시자 이름을 가린 채 채점하며, 채점자에 따라 점수 편차가 클 경우엔 조정위원회에서 재검토하고 조정한다. 60만 명 이상이 응시하는 국제 바칼로레아는 신청 교사들 중 채점자를 선발해 채점 표준화 훈련을 받게 하고, 답안지 사이에 미리 채점된 '스파이' 답안지를 섞어 교사들이 일관성 있게 점수를 주는지 점검한다. 또

1차 채점이 이뤄진 답안지를 감독관 채점자가 2차 채점하고 점수 차이가 크면 다시 채점하는 절차를 두었다.

구본창 정책국장은 "학교에서 지금 당장 서술형 평가를 도입하면 오히려 그 시험에 대비하는 사교육이 팽창해 학생과 학부모의 부담이 커질 수 있다"며 "시험제도가 바뀌기 위한 여러 환경을 마련하는 로드맵을 만들어 학교교육만으로 충분히 시험 준비를 할 수 있다는 신호를 주어야 한다"고 지적했다. 그는 "학생이 진로에 맞는 교과목을 자유롭게 선택하는 고교학점제를 정부가 추진하고 있는 만큼 객관식 상대평가인 수능을 확대하기보다 토론·실습 중심 수업, 논술·서술·프로젝트형 평가를 할 수 있는 입시 정책을 일관성 있게 펴나가야 한다"고 덧붙였다. 구 국장은 또 "교사들의 과도한 행정업무를 줄이고 교육과정과 평가에서 높은 전문성과 재량권을 갖도록 지원해 교사에 대한 사회적 신뢰도를 높여야 한다"고 강조했다.

5장. '승자독식' 교육재정

서울대 한 곳에 132개 대학 몫 지원금

"관내 고등학교 졸업생으로 우수 대학에 진학하거나, 수능 성적이 일정 기준 이상으로 대학에 진학한 학생에게 장학금을 지급한다. 서울대 1500만 원, 고려대·연세대 1000만 원……"

경남 의령군장학회의 장학사업 안내문이다. 2020년 2월 11일 국가인권위원회는 의령군 등 일부 지방자치단체 장학재단들이 '스카이' 등 상위권 대학에 진학한 지역 학생들에게 장학금을 주는 것은 '학벌에 따라 평등권을 침해하는 차별'이라고 지적했다. 인권위 차별시정위원회는 '지방자체단체 장학재단의 학교(학벌)에 따른 장학금 지급 차별에 대한

서울 관악구 신림동 서울대학교 정문. 전국 지방자치단체 38곳의 장학재단은 서울대 등 상위권 대학에 진학한 지역 고교 졸업생에게 장학금을 지급, '학벌 차별'이라는 인권위원회 지적을 받았다. ⓒ 장은미

의견 표명'에서 지급 기준을 개선하라고 권고했다. 특정 대학에 진학했다는 이유로 장학금을 주는 것은 대입 경쟁 결과만으로 학생의 능력과 가능성을 재단하는 '학벌주의'라는 이유였다.

인권위의 의견 표명은 사교육걱정없는세상이 지난 2019년 지자체 장학재단의 장학금 지급 차별에 대해 진정을 낸 결과다. 이 단체는 2018년 전국 군 단위 지자체 장학재단 68곳의 장학금 지급 실태를 조사하고, 강원 양구군·충북 증평군·경북 고령군·전남 영암군 등 38곳에서 상위권 대학 합격생에게 장학금을 지급하고 있다는 사실을 밝혀냈다. 인권위 의견 표명에 대한 논평에서 "지자체 장학재단이 공익법인으로서 사회 일반의 이익에 이바지하기 위한 고유한 목적을 위반했다"며 "주요 대학에 진학하지 못한 대다수 학생들을 배제함으로써 열패감을 준 것에 대해 자성하고 해당 제도를 폐지해야 한다"고 촉구했다.

인권위 권고를 받은 지자체 중 평창장학회, 구례군인재육성기금, 무주군교육발전장학재단 등 19곳은 명문대 장학금을 폐지하거나 개선을 검토하겠다는 입장을 밝혔다. 그러나 양구군양록장학회, 고령군교육발전위원회 등 나머지는 "노력에 대한 보상" "지역 인재 육성" "지역 고교 경쟁력 향상" 등을 이유로 해당 장학금을 유지하겠다고 밝혔다.

명문대 장학금 제도를 운영한 경북의 한 지자체에서 초·중·고등학교를 나와 경기지역 사립대 스포츠의학과에 진학한 김소연씨는 "상위권 진학자에게 지원을 집중해 학벌주의를 강화하는 장학금 제도는 문제가 많다고 생각한다"고 말했다. 그는 "장학금의 공공적 의미를 살려 단순한 입시 성적순이 아니라 가정 형편이 어렵거나 창의적인 진로에 도전하는 학생을 지원해주는 게 더 좋지 않을까 싶다"고 덧붙였다.

한국 교육에서 승자가 자원을 독식하고 그로 인해 더 강력한 승자가 되는 불평등이 심해지고 있다. 정부와 지자체 등이 소수 상위권 대학과 학생들에게 각종 재정지원을 몰아주어 더욱 유리한 여건을 만드는 사이, 대학서열이 낮은 대학은 지원에서 소외돼 교육환경이 더 나빠지는 악순환이 이어진다. 이 때문에 대학서열에 대한 사회의 고정관념이 더욱 강해지고 지방대 등 하위권 대학에 대한 차별과 배제가 노골화하고 있다.

2020년 3월 24일 경북 경산에 있는 한 4년제 사립대 정문 앞 도로에는 "소프트웨어 중심 대학-과학기술정보통신과학부 선정"이라는 문구가 적힌 대형 현수막이 펄럭이고 있었다. 정문 안쪽으로 들어가 보니 300미터 거리에 똑같은 현수막이 설치된 것을 포함, 교내에 어림잡아 스무 개가량의 구조물이 같은 내용을 홍보하고 있었다. 과기정통부가 주관하는 이 사업은 대학교육을 소프트웨어 중심으로 혁신하고 전문 인력을 양성하자는 취지로 지난 2015년부터 매년 5~8개 대학을 선정해 평균 20억 원씩의 예산을 지원하고 있다.

충북의 한 사립대 홈페이지에는 〈2020년 해외취업연수사업(K-MOVE스쿨) 3개 과정 선정〉이라는 제목의 교내 뉴스가 3월 내내 메인 화면을 차지하고 있다. 고용노동부와 한국산업인력공단이 주관하는 해외취업연수사업은 국내 청년을 맞춤형으로 교육해 글로벌 기업 등에 취업하도록 지원하는 프로그램이다. 이 대학은 뉴스에서 "2019년 정부지원금 대비 2배 증액된 약 4억 원의 지원을 받게 되었다"며 '쾌거'라고 자랑했다.

대학들이 이토록 요란하게 '실적'을 홍보하는 재정지원사업이 사실은 교육 불평등을 부추기는 가장 강력한 요인 중하나로 작동하고 있다. 세명대 저널리즘연구소가 교육부와 한국대학교육협의회가 운영하는 정보공시사이트 대학알리

재정지원사업비 스카이 대학 비중

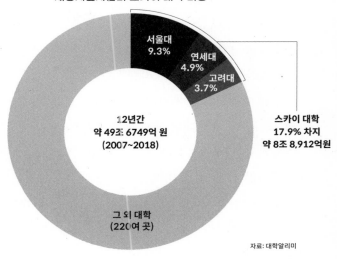

서울대
9.3%

연세대
4.9%

고려대
3.7%

12년간
약 49조 6749억 원
(2007~2018)

스카이 대학
17.9% 차지
약 8조 8,912억원

그 외 대학
(220여 곳)

자료: 대학알리미

미를 통해 지난 2007년부터 2018년까지 전국 4년제 일반대학 220여 곳의 재정지원사업 수혜 실적을 분석한 결과 서울대, 연세대, 고려대 등 3개 대학에 전체 지원금의 5분이 1 가까이가 집중된 것으로 나타났다.

그 기간 정부와 지자체가 전국 대학에 지원한 재정지원사업비 총 49조 6749억 원 가운데 서울대에 지원된 금액은 4조 6175억 원으로 전체의 9.3%를 차지했다. 서울대 재학생 수는 2만 8000여 명으로 조사 대상 전국 4년제 대학의 전체 학생 수 194만여 명 중 1.4%에 불과하다. 또 연세대에 지원된 금액은 2조 4479억 원으로 전체의 4.9%, 고려대는 1조 8258억 원으로 전체 3.7%를 차지했다. 스카이 세 대학의 재정지원사업비 총합은 8조 8912억 원으로 전체의 17.9%에 달했다. 조사 대상인 전체 대학의 재학생 수 194만 명 중 5% 정도(분교 포함)만을 차지하는 세 대학이 전체 사업비의 5분의 1 가까이를 가져간 것이다.

매년 대학별 평균 재정지원비를 살펴보면 차이는 더 확연히 드러난다. 서울대는 매년 평균 3848억 원의 사업비를 지원받았고, 연세대는 2040억 원, 고려대는 1522억 원을 각각 지원받았다. 반면 세 대학을 제외한 나머지 대학은 매년 평균 193억 원을 받는 데 그쳤다. 서울대는 전국 대학 평균의 20배 가까이, 연세대·고려대는 7~10배를 지원받은 셈이다.

더 심각한 문제는 스카이 대학과 나머지 대학의 재정지원 격차가 시간이 갈수록 벌어졌다는 사실이다. 지난 2007년 전국 대학재정지원사업비 1조 4000억 원 가운데 서울대는 1428억 원, 연세대는 291억 원, 고려대는 295억 원을 지원받았고, 전국 대학은 평균 80억 원을 지원받았다. 그러나 2018년에는 총사업비 6조 6000억 원 가운데 서울대가 5403억 원, 연세대 3316억 원, 고려대 2760억 원을 받은 반면, 전국 대학 평균은 296억 원이었다. 서울대 지원비가 약 4000억 원, 연세대가 약 3000억 원, 고려대가 약 2500억 원 상승하는 동안 나머지 대학은 평균 216억 원이 증가하는 데 그친 것이다.

그러다 보니 2018년 하위 132개 대학의 지원비를 모두 합친 금액은 5451억 원으로 서울대 한 곳의 지원비(5403억 원)

와 비슷했다. 재정지원 금액이 적은 대학은 대부분 사립대
였고 교육여건·성과 등을 측정하는 대학구조개혁평가에서
낮은 등급을 받아 재정지원 제한에 걸리거나 재정지원사업
을 적게 수행한 경우였다. 가장 지원금이 적은 대학은 전남
H대로 7000만 원 수준에 불과했다.

서울대 학생 1인당 교육비는 전국 대학 평균의 3배

한국교육개발원이 2019년 발표한 〈고등교육 재정 배
분 및 운영의 합리성 제고 방안〉 보고서에 따르면, 지난
2011~2017년 전국 일반 4년제 대학을 대상으로 한 중앙정
부 재정지원사업 배분의 공평성을 분석한 결과 지니계수가
0.67~0.72에 달해 매우 불평등한 수준인 것으로 드러났다.
지니계수는 분포의 불평등도를 측정하기 위한 계수로 0에
가까울수록 평등하고 1에 가까울수록 불평등하다.

이길재 충북대 교육학과 교수는 "상당수 대학이 인건비,
전기세 등 경상운영비 지출만으로 재정 운용이 벅찬 가운데
대학재정지원사업비는 학생 교육 및 연구, 실험실습, 해외
봉사, 취·창업지원 등에 사용할 수 있어 이 돈을 받느냐 못
받느냐에 따라 교육에 큰 차이를 보인다"고 지적했다. 그는
"학생들을 위한 프로그램을 만들고 교육의 질을 높이려면
외부에서 돈을 끌어올 수밖에 없어 전국 대학들이 여기에

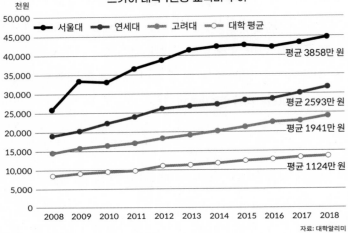

자료: 대학알리미

목을 매고 있다"며 "많은 지원을 받는 학교들은 계속 받아가서 돈 잔치를 하고 그렇지 않은 대학은 교육환경이 갈수록 뒤처지는 구조가 고착화하고 있다"고 덧붙였다.

비영리 민간 연구기관인 대학교육연구소 연덕원 연구원은 "재정지원을 많이 받는 대학은 사업계획서라든지 교육·연구 현황, 대학 평가 등에서 좋은 성과를 내서 지원받는 것인데 무슨 문제냐고 말할 수 있겠지만 주요 대학이 재정지원을 독식하는 구조 자체가 심각한 문제"라고 말했다. 그는 "정부 고등교육 재정이 한정적이다 보니 선택과 집중의 시장 논리로 쉽게 성과를 낼 수 있고 상대적으로 교육환경이 나은 대학에 지원이 편중된다"며 "소수 상위권 대학에 자원이 집중됨으로써 이미 노골적으로 나누어진 대학서열을 강화하고 교육여건을 양극화해 고등교육 체제가 붕괴되는 결과를 가져올 수 있다"고 우려했다.

학생 1인당 교육비를 봐도 명문대와 비명문대의 격차는 크다. 세명대 저널리즘연구소가 대학알리미 사이트에 공개된 2008~2018년 전국 4년제 일반대학(이공계 특성화대학 제외) 220여 곳의 학생 교육비를 분석한 결과, 전국 대학의 연간 1인당 교육비는 평균 1124만 원이었던 반면 서울대는 3858만 원으로 3.43배였다. 또 연세대는 2593만 원(2.31배), 고려대는 1941만 원(1.73배)에 달했다. 반면 일반대 중 최하위 대학인 전남 S대는 1인당 교육비가 800만 원 수준이었다.

스카이 대학에 정부와 지자체의 지원이 집중된 이유는 '선택과 집중' '평가와 경쟁'을 바탕으로 한 선별적 차등 지원 방식 때문이다. 대학교육연구소가 작성한 〈대학재정지원 평가와 발전 과제〉(2017) 보고서에 따르면 정부의 대학재정지원 정책은 ▲ 1994년 이전, 대학재정지원 미비 ▲ 1994~2003년, 평가 기반 차등 지원 제도 도입·확대 ▲ 2004~2007년 특수목적지원사업 전면 실시 ▲ 2008~2018년, 정량적 지표 활용 포뮬러(공식) 펀딩 도입 및 대학 구조조정 연계 본격화 시기로 나뉜다. 시기별로 상황은 다르지만 '명문대 집중 지원'이라는 추세는 갈수록 강해졌다. 스카이 대학은 정부 수립 초기부터 엘리트 교육기관으로서 집중 지원 대상이 돼여러 특혜를 받았고, 1990년대 이후부터는 대학재정지원제도가 평가를 통한 선별 및 차등 지원으로 발전하면서 경쟁

우위를 바탕으로 독점적인 혜택을 누렸다고 할 수 있다.

공주대 교육학과 김훈호 교수는 "정부는 평가를 통한 재정지원사업이 공정하다고 생각했겠지만 그 평가 기준으로 얼마나 지원사업을 잘 수행할 여건이 되느냐를 보았기 때문에 상위권 대학이 좋은 점수를 차지할 수밖에 없다"며 "지원받는 대학은 서열에 따라 이미 정해진 거나 마찬가지"라고 말했다. 그는 또 "교육여건에서 안정 궤도에 올라간 대학은 계속 지원을 받는 반면 후발 주자들은 거기에 발을 담그기 쉽지 않은 구조"라며 "교육부나 기획재정부 역시 그런 상황을 알고 있을 테지만 결국 돈을 투자해서 성과를 낼 수 있을 만한 대학에 재정지원이 가는 게 맞지 않겠느냐 하는 논리가 받아들여진 것"이라고 분석했다.

스카이 대학에 대한 집중 지원은 교육여건의 불평등을 심화하는 '역진적 배분'이라고 볼 수 있다. 이들 대학 재학생들은 국비지원금을 편중 지원받음으로써 다른 대학생보다 우월한 교육여건에서 공부하고, 결과적으로 더 높은 경쟁력을 가지게 될 가능성이 있기 때문이다. 김명연 상지대 법학과 교수는 "스카이에 대한 지원 몰아주기는 국민의 교육받을 권리를 침해하는 반헌법적 행위"라고 잘라 말했다.

"우리나라 헌법 제31조 1항은 '모든 국민은 능력에 따라 균등하게 교육을 받을 권리를 가진다'입니다. 그냥 교육받을 권리가 아니고 '균등하게'란 말을 붙인 건 이 권리가 자유권이 아니고 사회권이라는 겁니다. '능력에 따라'라는 말도 단순히 수능 점수 같은 성적이 아니라 연구, 기술, 직업 등 각자의 적성과 개성을 함께 고려해야 한다는 것이죠. 결국 국가는 사람과 지역 등에 상관없이 누구나 균질한 교육을 받게 해주어야 한다고 (헌법은) 요구하는 거예요. 그런데도 서울 명문대 학생이 더 잘되도록 집중 지원해주고 그렇지 않은 학생은 더 뒤처지도록 내버려두는 것은 명백히 헌법적 권리를 침해하는 겁니다."

지방대, '부익부 빈익빈' 현실에 박탈감

스카이 집중 지원은 이들 대학 재학생 중 고소득층 비율이 높은 만큼 이미 많은 자원을 가진 '금수저'에게 더 많은 자원을 더해주는 결과를 낳는다. 김해영 전 더불어민주당 의원이 한국장학재단의 〈2018년 1학기 서울·고려·연세대 재학생 소득분위 산출 현황〉을 분석한 결과에 따르면, 국가장학금을 신청한 스카이 재학생 중 소득 10분위(월소득 1200만 원 이상) 비율이 30%, 9분위(730만 원 이상) 비율이 16%로 '고소득층' 비중이 46%나 됐다. 스카이를 제외한 전국 대학 국가장학금 신청 학생 중 9·10분위 고소득층 비율(25%)의 약 2배에 달한다.

이는 국가장학금 미신청자를 제외한 수치로, 이들을 포함하면 고소득층 비율은 더욱 늘어난다. 미신청자는 대부분

대학 등록금이 부담스럽지 않거나 소득 수준이 드러나길 원치 않는 부유층으로 추정할 수 있기 때문이다. 더불어민주당 김병욱 의원실은 한국장학재단 〈2014~2016년 대학별 국가장학금 신청 현황〉 자료를 통해 국가장학금 신청자와 미신청자의 고소득층을 더할 경우 그 비율이 전체 스카이 재학생의 70%까지 올라간다고 분석했다.

그런데도 스카이는 사회적 약자를 배려하는 '기회균형선발'을 시행하는 데 소극적이었다. 기회균형선발은 기초생활수급자, 특성화고 졸업자, 농어촌지역 학생, 북한이탈주민, 서해 5도민 등이 지원할 수 있는 특별전형이다. 대학알리미 공시 자료에 따르면 지난 2019년 전국 일반 4년제 대학 222곳의 평균 기회균형선발 비율은 전체 합격생의 11.6% (4만 700명)였지만, 서울대는 4.8%, 고려대는 5.2%, 연세대는 6.4%에 불과했다. 정부로부터 가장 많은 재정지원을 받는 대학이지만 교육 불평등 완화를 위해 권장하는 제도에는 적극 나서지 않은 셈이다.

재정지원사업에서 소외된 지방대들은 상대적 박탈감을 느끼고 있다. 변기용 고려대 교육학과 교수 등이 작성한 논문 〈지방대학의 관점에서 본 현행 대학재정지원사업의 문제점과 개선 방안〉(2017)에 따르면, 전국 지방대 관계자 228명을 대상으로 설문조사한 결과 지방대들은 대학재정지원사업이 '빈익빈 부익부 현상'(4.09/5점 척도) '자원 배분 왜곡'(3.92) '지역 간 격차 심화'(3.72) 등에서 문제가 있다고 인식하고 있었다.

이길재 교수는 "온 국민의 머릿속에 1등부터 꼴등까지 전국 대학의 서열이 매겨진 상황에서 정부마저 그 서열 구조가 정확하게 반영되는 지표를 통해 차등적인 재정지원을 시행하고 있다"며 "이처럼 정부 지원이 차별적이고 10년간 등록금도 동결되면서 상당수 대학의 교육 현장이 정말 후진국 수준으로 열악하다"고 지적했다. 그는 "우리 학과만 해도 1년 운영 예산이 650만 원인데 이 금액으로 A4용지나 프린터 토너 사기도 빠듯해 조교가 복사용지를 빌리러 다니기도 한다"며 "이런 상황에서 고등교육 혁신을 이루거나 4차 산업 혁명 시대에 걸맞은 인재가 나오기는 어려울 것"이라고 덧붙였다.

앞서가는 대학에 더 많은 자원을 몰아주는 교육재정 구조는 이미 사회문제로 대두된 대학 간 교육 성과의 격차를 지속, 강화한다. 김성훈 이화여대 교수의 논문 〈대학 학벌이 대졸자의 첫 취업 성과에 미치는 영향〉(2014)에 따르면 스카이를 비롯한 상위 10위 대학 졸업자의 첫 일자리가 대기업 정규직일 가능성은 31위 이하 대학 졸업자의 1.65배인 것으로 나타났다.

세 대학 출신이 한국사회 요직을 독점하는 현상도 지속되고 있다. 사교육걱정없는세상이 2019년 11월 한국 권력기관 주요 인사의 출신 대학을 분석한 결과, 입법부에선 2016년 선출된 20대 국회의원(300명) 중 서울대 27%, 고려대

스카이 출신의 한국사회 주요 분야 독점 현상

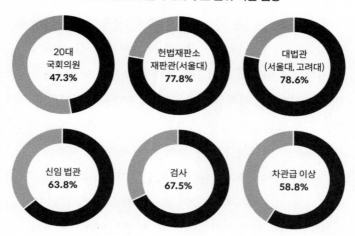

20대
국회의원
47.3%

헌법재판소
재판관(서울대)
77.8%

대법관
(서울대, 고려대)
78.6%

신임 법관
63.8%

검사
67.5%

차관급 이상
58.8%

법원, 검찰, 행정부 등 권력기관에 진출한 스카이 출신

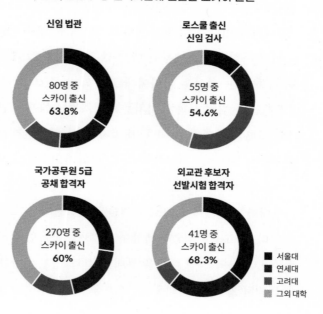

신임 법관

80명 중
스카이 출신
63.8%

**로스쿨 출신
신임 검사**

55명 중
스카이 출신
54.6%

**국가공무원 5급
공채 합격자**

270명 중
스카이 출신
60%

**외교관 후보자
선발시험 합격자**

41명 중
스카이 출신
68.3%

■ 서울대
■ 연세대
■ 고려대
■ 그외 대학

12.3%, 연세대 8%로 세 대학 출신자의 비율이 총 47.3%(142명)였다. 사법부에선 헌법재판소 재판관 9명 중 7명이 서울대 출신이었고, 대법관 14명 중 서울대 출신이 9명, 고려대 출신이 2명이었다. 행정부에서도 문재인 정부 2018년 2기 행정부 개각 결과 차관급 이상의 약 59%가 스카이 출신이었다.

이런 스카이 독점 양상은 젊은 세대에도 이어지고 있다. 2019년 신임 법관 80명 중 서울대 출신은 28명(35%), 연세대 13명(16.3%), 고려대 10명(12.5%)으로 세 대학 출신이 63.8%에 달했다. 로스쿨 출신 신임 검사 55명 중에도 고려대 15명(27.3%), 연세대 8명(14.6%), 서울대 7명(12.7%) 등 세 대학이 54.6%를 차지했다. 같은 해 국가공무원 5급 공채(행정) 합격자 270명 중에서도 서울대 출신이 75명(28%), 연세대 50명(19%), 고려대 35명(13%)으로 스카이 비율이 60%나 됐다. 2019년 외교관 후보자 선발시험 합격자 중 스카이 비율도 68.3%였다.

문재인 정부는 2019년부터 대학재정지원사업을 재구조화하고, 소수 대학을 선별해 차등적으로 나눠준 특수목적사업 일부를 다수 대학에 비교적 균등하게 나눠주는 일반재정지원사업으로 개편하는 등 대학 불평등 완화를 위한 노력을 보이고 있다. 그중 가장 대표적인 '대학혁신지원사업'은 대학자율역량강화사업(ACE+), 대학특성화사업(CK) 등 5개 재정지원사업을 통합해 2019~2021년 3년간 총 5688억 원을 자율개선대학 131곳, 역량강화대학 12곳에 일반재정으로 지원하고 대학별 중장기 발전계획에 따라 자율적으로 사용하도록 한 사업이다.

여기서 자율개선대학이란 대학 구조조정을 위한 교육부의 '대학기본역량진단' 평가에서 상위 64% 안에 들어 정원 감축 없이 재정지원을 받는 곳이고, 역량강화대학은 나머지 대학 중 20% 정도로 정원 감축을 조건으로 재정지원을 받는 곳이다. 고등교육 기본 조건을 갖추었다고 인정받은 자율개선대학은 학생 수와 교육여건에 따라 매년 20억~70억 원 정도를 지원받을 수 있다. 대학재정지원사업비가 경쟁에서 이긴 극소수 대학에 쏠리던 이전보다는 많은 대학이 안정적으로 재정지원을 받게 된 것이다.

그러나 이 정도의 변화로는 한계가 있다는 지적이 나온다. 김민희 대구대 교직부 교수는 "방향은 맞지만 각 대학이 재정을 집행할 수 있는 내용이 여전히 제한적이고 전체 대학의 교육여건을 개선하기에는 지원 규모도 적은 편"이라고 말했다.

"대학혁신지원사업을 통해 대학이 학생들에게 마땅히 제공해야 할 여러 프로그램들을 활성화할 수 있는 효과는 있어요. 그런데 그 외에 교수 연구비, 실험실습 기자재, 환경여건 개선에 활용하기에는 너무 제한이 많아요. 각 대학은 기본 운영비가 없어서 연구비를 삭감하고 환경 투자도 하지 못하면서 계약직 직원을 고용해 학생 교육 프로그램만 돌리고 있는 거예요. 현재 고등교육 구조상 일반 경상경비 여건을 개선하고 환경 격차를 줄이기 위한 재원은 확보도 안 돼 있을 뿐 아니라 그런 사업 자체가 없어요."

대안은 OECD 평균 수준으로 고등교육 재정 늘리기

그렇다면 대안은 뭘까. 교육계는 고등교육 재정을 대폭 확충해야 한다고 입을 모은다. 한국교육개발원의 〈고등교육 정부 재정 확보 방안 연구〉(2019)에 따르면, 2017년 기준 고등교육 재정지원사업 예산은 교육부 9조 2000억 원과 타 부처·지자체 예산을 포함해 총 13조 7600억 원 정도다. 그중 대학생에게 직접 지원되는 국가장학금이 4조 3000억 원 정도고, 이를 뺀 나머지가 실질적으로 고등교육기관에 지원되는 금액이다.

보고서는 한국 고등교육 1인당 교육비를 OECD 평균으로 설정하고 현재 등록금을 유지할 경우, 적정 고등교육 재정은 2020년 24조 569억 원 정도 된다고 분석했다. 같은 조건으로 등록금을 2030년까지 현재의 30%까지 인하하면 2020년 25조 3828억 원, 2030년에는 26조 6212억 원이 소요될 것으로 추정했다. 현재보다 2배 정도 많은 고등교육 재정이 필요하다는 것이다. 대학 협의체인 한국대학교육협의회 역시 2019년 하계 대학총장 세미나에서 고등교육비 정부 투자 수준을 OECD 평균으로 끌어올리려면 고등교육 예산을 2023년까지 24조 1600억 원으로 늘려야 한다고 분석했다.

실제로 OECD 국가 중 한국의 고등교육 재정 부담은 낮은 편이다. 〈OECD 교육지표 2019〉 통계 자료(2016년 기준)에 따르면 한국의 GDP 대비 고등교육 공교육비 중 정부 재원 비율은 0.7%로 OECD 평균(0.9%)보다 낮았다. 대신 고등교육 민간 재원 비율은 1.1%로 OECD 평균(0.5%)보다 2배 이상 높았다. 한국 대학교육이 정부 지원보다는 학생과 학부모가 내는 등록금에 크게 의존하고 있는 현실을 반영한 결과다.

또 한국의 학생 1인당 고등교육 공교육비 역시 1만 486달러로 OECD 회원국 평균(1만 5556달러)의 67.4% 수준밖에 되지 않았다. 한국 대학생은 초등학생(1만 1029달러), 중고등학생(1만 2370달러)보다 적은 교육투자를 받고 있는 것으로 나타났다. OECD 평균은 고등교육이 초·중등교육보다 1.5~2배 가까이 많은 투자를 받는 것과 대비된다.

이 때문에 전문가들은 정부가 '고등교육재정교부금'을 신설해 일정 규모의 고등교육 예산을 안정적, 지속적으로 확보할 것을 대안으로 제시하고 있다. 고등교육재정교부금은 교육부가 지금처럼 매년 예산을 편성해 재정지원금을 내주는 것이 아니라 내국세의 일정 부분을 대학에 교부해 고등교육 재정을 상시 지원받도록 제도화하는 것을 말한다. 이

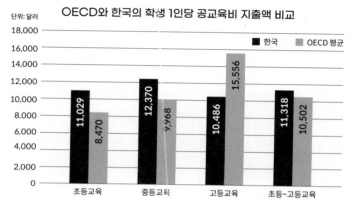

OECD와 한국의 학생 1인당 공교육비 지출액 비교

단위: 달러

	한국	OECD 평균
초등교육	11,029	8,470
중등교육	12,370	9,968
고등교육	10,486	15,556
초등~고등교육	11,318	10,502

2016년 회계연도 기준 | 자료: 교육부

OECD 평균 고등교육 1인당 지출액은 1만 5556달러인 반면 한국 고등교육 1인당 지출액은 1만 486달러에 그친다.

미 초·중등학교는 1971년부터 법에 따라 내국세의 20% 정도를 지방교육재정교부금으로 지원받아 활용하고 있다.

이를 현실화하기 위해서는 고등교육재정교부금법 제정이 필요하다. 20대 국회에서는 고등교육재정교부금법안이 세 가지 발의됐다. 2016년 서영교 더불어민주당 의원과 2017년 윤소하 정의당 의원, 안민석 더불어민주당 의원이 각각 대표 발의했지만 별다른 논의의 진전은 없었다. 이들 법안은 국립대뿐 아니라 사립대에도 대학 운영에 필수적인 경상비를 일정 부분 국가가 지원하도록 하고 있다. 그러나 현재 교육부와 기획재정부는 부실 대학을 포함한 사립대를 세금으로 지원하는 데 대해 시기상조라는 입장을 보이고 있다.

김태훈 사교육걱정없는세상 정책위원회 부위원장은 "지

금 정부가 가진 고등교육 재정 규모가 너무 적어 현재 규모로는 대학교육 발전을 위해 혁신적으로 무언가를 하는 데 한계가 뚜렷하다"며 "우리나라 GDP 규모로 봤을 때 고등교육 재정지원 자체를 지금보다 최소 2배 이상은 늘려야 한다"고 주장했다. 그는 "일부 부실·비리 대학 때문에 교육재정 투입에 반대 목소리가 있지만 경영진 비리 때문에 학생과 교수도 피해를 받아야 하는 것은 아니므로 기본적인 교육을 지속할 수 있는 여건은 보장해야 한다"고 말했다. 이어 "기존에 미비했던 교육부 감사를 철저하게 시행하고, 경영권자가 스스로 징계 여부를 결정해 솜방망이 징계에 그치게 하는 사립학교법을 개정하면 이들 대학에 대한 신뢰도를 높일 수 있을 것"이라고 덧붙였다.

《대학 평가의 정치학》(2018)의 공저자인 김용 한국교원대 교육정책전문대학원 교수는 "대학재정지원의 형평성을 높이기 위해서는 우선 한국사회가 대학체제를 어떤 방향으로 혁신할 것인지 큰 그림을 그리는 데 합의해야 한다"고 말했다. 그는 "우리나라 대학이 전 세계에서 사립대 비중이 지나치게 높다는 점에 문제의식을 갖고 공적인 역할을 담당하는 국공립대 비중을 높이기 위해 집중 투자하는 방안을 생각해볼 수 있다"고 말했다.

"우리나라 대학은 국립대나 사립대나 다 백화점식으로 운영하니까 역할 분담도 안 되고 효율성도 떨어집니다. 일본은 이공계열은 국립이 담당하고 상대적으로 재정 투입이 적은 인문사회계는 사립대가 담당하는 등 역할 분담이 잘돼 있는 편입니다. 우리도 서울대와 서울 주요 사립대 중심 체제를 극복하고 지역균형발전을 이루기 위해 지역국립대를 더욱 키울 필요가 있습니다. 예를 들어 부산대 같은 곳을 서울대급의 경쟁력을 갖추도록 돕고, 많은 인재들이 지역 대학에 가서 공부하도록 지원하는 것이죠. 조금 넓히면 경북대, 전남대, 충남대 등과 같은 지역국립대를 높은 수준의 거점대학으로 만들 수 있습니다."

연덕원 연구원은 "고등교육이 무상으로 이뤄지는 유럽은 대학을 평가해 차등적으로 재정을 지원하는 모습은 찾아보기 어렵고 대부분 '학생 수'에 따라 균등하게 배분한다"며 "현재 사립대 중심 체제를 정부가 대학재정의 절반을 책임지는 '정부 책임형 사립대' 체제로 개편해야 한다"고 주장했다. 정부 책임형 사립대란, 대학 운영비의 50%를 국가가 책임지는 대신 이사 정수의 50% 이상을 공익이사로 꾸리고 국립대 수준의 재정·회계 투명성 장치를 마련해 공공성을 강화하고자 하는 공영형 사립대 방식을 전체 사립대로 확대하자는 구상이다. 그동안 사립대의 폐단으로 지적된 부실운영, 족벌 경영 등의 문제를 해소하고 공적 자금 지원에 대한 명분을 확보할 수 있다.

김명연 교수는 공영형 사립대의 '연합 네트워크'를 강조했다. 그는 "지금처럼 대학이 서열화한 구조에서는 지방대가 아무리 돈을 퍼부어도 특성화, 전문화를 이루기 어렵지만,

공영형 사립대를 권역별로 네트워크화해 학과와 교수를 통합·공유하면 집중적으로 특정 분야를 육성해 경쟁력을 끌어올릴 수 있다"고 주장했다. 그는 또 "장기적으로 국공립대와 공영형 사립대가 거시적인 통합 네트워크를 만들어 신입생을 권역별로 통합해 모집하고 공동으로 교육해서 학점, 학위를 주는 연합 교육으로 지역별 교육여건도 균등하게 만든다면 대학의 서열 구조와 학벌 구조도 해체시킬 수 있을 것"이라고 덧붙였다.

이 밖에 김민희 교수는 "한국사회가 근본적으로 대학의 공공성에 대한 개념을 새롭게 정립하고 공익적 목표에 따라 대학교육에 대한 투자를 늘려야 한다"고 주장했다. 그는 "한국에서는 대학교육에 대해 유독 설립자와 수익자 부담 원칙을 강조하고 있는데, 대학을 졸업해 사회에 진출한 인력들이 경제성장이나 사회적 성숙, 국가 경쟁력에 기여한다는 논리가 더욱 힘을 얻어야 공적 투자를 늘려나갈 수 있다"고 강조했다.

6장. '서열 타파' 대학개혁

'지원' '감독' 함께 늘려 사학 공공성 제고

2020년 5월 1일 경기도 평택시에 있는 평택대에서 '대학의 질적 향상과 평택대 공영형 사립대 모델'을 주제로 한 심포지엄이 열렸다. 유튜브로 중계된 이날 심포지엄에서 사회를 맡은 선재원(공영형사립대추진위 연구대표) 교수는 "공영형 사립대는 학령인구 감소와 대학 과잉 현상이 심각한 우리나라 고등교육의 질을 높이는 데 기여할 뿐만 아니라 효율적인 고등교육 정책과 지역균형발전을 위해 반드시 필요한 제도"라고 소개했다. 공영형 사립대는 국가가 교육 경비의 50% 이상을 부담하는 대신 이사진의 절반가량을 외부의 공익형 이사로 선임해 대학 운영의 공공성을 높이는 모델로,

문재인 대통령의 주요 공약 중 하나다.

심포지엄에서 박지현 사회복지학과 교수는 '평택대 공영형 사립대 모델 정립 방안' 발제를 통해 "평택대는 국립대 수준의 재정·회계 투명성을 확보하기 위해 지난해 말 교수·직원·학생·회계 및 법률 전문가가 참여하는 재정위원회를 구성하고 운영 규정을 제정했다"고 설명했다. 그는 "이러한 노력을 바탕으로 경기도, 경기도교육청, 평택시와 지역협력 네트워크를 구축해 경기 남부 지역에 기여하는 공공 고등교육 모델을 만들어야 한다"고 말했다.

강원도 원주시의 상지대도 2020년 5월 4일 열린 교무위원회에서 '공영형 사립대' 추진을 결의했다. 정대화 총장은 보도자료를 통해 "정부가 역점사업으로 추진하는 국정과제인 공영형 사립대 방침에 적극 호응해 이 정책이 확산될 수 있도록 다각적으로 협력하겠다"고 밝혔다. 이에 앞서 광주광역시의 조선대도 4월 10일 공영형 사립대 도입의 효과를 검증하기 위해 '조선대 재정위원회 구성 및 운영 방안과 학교법인 이사회 공공성 제고 방안 마련'을 주제로 첫 공청회를 열었다.

평택대, 상지대, 조선대는 국내에서 공영형 사립대 정책을 가장 앞장서 추진하고 있는 대학들이다. 2019년 말 교육부가 발주한 '공영형 사립대학 도입 실증연구' 용역사업에 선정돼 연구 예산 각 1억 5000만 원씩을 지원받고, 교내 구성원과 일반 시민 대상의 설문조사와 전문가·관계자 심층 인터뷰 등을 진행했다.

공영형 사립대 논의가 시작된 것은 국내 대학에서 사립대 비중이 지나치게 높아 교육 불평등을 해소하기 힘들고, 교육의 질과 대학의 책임성도 높이기 어렵다는 공감대가 커졌기 때문이다. 한국교육개발원 교육통계서비스에 따르면 2019년 전국 4년제 일반대 191곳 중 사립대는 157곳으로 81.7%를 차지했다. 재학생 수로 보면 전체 일반대 재학생 200만 1643명 중 사립대 재학생은 153만 9706명으로 76.9%에 달했다.

이에 따라 국가의 '지원'과 '감독'을 함께 늘려 사립대 운영의 공공성을 높이자는 구상이 나온 것이다. 사립대 지배구조를 공영화하는 방식으로는 학교법인 이사회를 공공 이사 50% 이상으로 구성하는 '강한 방식', 대학평의원회(교원·직원·학생·동문 대표 등으로 구성)에 학교 중요 사안에 대한 의결권을 부여하는 '중간 방식', 대학운영위원회(교원·학생·직원 대표, 이사회·교육부 추천 인사 등으로 구성)에 예·결산 심의권 및 인사·재정·회계 의결권을 부여하는 '약한 방식' 등이 제시되고 있다. 어떤 방식이든 대학의 공공성을 높여, 정부 책임하에 고등교육의 수준을 높이고 대학 간 격차를 줄이겠다는 것이 주된 취지다.

한국의 사립대 편중은 OECD 국가들과 비교했을 때 더욱 두드러진다. 2019년 OECD 교육지표에 따르면, 대학 재학생 수 기준으로 대다수 국가에서 국공립 고등교육기관(정부 의

존형 사립 교육기관 포함)의 학생 비율이 월등히 높다. 캐나다의 경우 100%, 덴마크는 99%, 프랑스는 82%에 이른다. 국공립 비중이 절반이 되지 않는 곳은 한국(25%), 일본(25%), 칠레(20%)뿐이었다. 자유시장 논리가 지배적인 미국도 국공립대학 비율이 63%나 된다. 미국은 1862년 주립대 설립을 위해 국유지의 무상 증여를 규정한 '모릴법Morill Act' 제정 이후 공공 지원을 받는 주립대들이 높은 수준의 교육을 비교적 저렴하게 제공하고 있다. 미국 주립대의 한 해 등록금은 지역 주민 기준으로 6000~1만 5000달러 수준이고, 사립대는 4만~6만 달러 정도다.

교육부 공영형사립대학정책연구단 단장을 맡고 있는 임재홍 한국방송통신대 법학과 교수는 "우리나라 고등교육이 해방 이후 70년 동안 국가가 제대로 책임지지 않고 자기 대학서열을 높이기 위한 노력에 치중하는 사립대 위주로 운영되면서 학벌사회가 만들어지고 엄청난 입시 경쟁과 막대한 사교육비가 발생하는 왜곡된 교육구조를 갖게 됐다"고 말했다. 그는 이어 "이런 구조하에서 제대로 된 학문, 교육, 연구는 기대할 수 없다"며 "이 상태를 해결하려면 서열화한 대학 체제를 바꿔야 하고, 이를 위해서는 먼저 독립 사립학교의 비중을 줄여 공적이고 질 높은 고등교육을 펼쳐야 한다"고 말했다.

임 교수에 따르면 공영형 사립대의 주된 목표는 국가가 사립대에 안정적으로 자금을 투입하고 교육 및 연구, 대학 운영의 민주성·투명성을 높이기 위한 운영관리에 참여함으로써 전반적인 대학교육 수준을 높이는 것이다. 사립대는 재정 대부분을 등록금으로 충당하는데, 학생 인구 감소로 갈수록 재정 상황이 어려워지고 있으므로 공적 재원을 들여 고등교육 상향 평준화를 이루고 그에 알맞은 공적 책임을 대학에 지우겠다는 구상이다.

임 교수는 "지금 대학별로 교육여건의 격차가 하늘과 땅 차이기 때문에 서울 소재 상위권 학교를 중심으로 촘촘하게 서열이 매겨져 있는데, 대학별 교육 수준이 전반적으로 높아져 제대로 교육할 수 있는 대학들의 숫자가 많아지면 경쟁은 완화될 것"이라고 말했다. 그는 "공영형 사립대 정책을 통해 각 지역 주요 사립대의 교육 수준을 서울 주요 사립대 수준으로 끌어올려야 한다"며 "그래서 50~60개 대학이라도 상향 평준화가 되면 학생들이 대학서열에 목매달고 입시 때문에 쓸모없는 에너지를 빼는 일은 막을 수 있을 거라 예측한다"고 덧붙였다.

지역 대학 수준 높이고 일자리 늘려 인재 정착하게

"공영형 사립대는 특히 각 지역 대학의 수준을 올리자는 것입니다. 우리 고등교육의 가장 큰 문제 중 하나가 바로 지역 대학을 나와도 학벌 차별과 일자리 부족 때문에 그 지역에 취업해 자리 잡지 못한다는 점입니다. 그 지역에서 태어나서 공부하고 대학을 나와 그곳에서 취업하고 결혼하고 아이를 낳아 충분히 여유롭고 행복하게 살 수 있는 여건이 조성돼야 합니다. 그 지역 대학을 나오면 모두가 인정할 만한 수준의 교육과 연구를 할 수 있는 능력이 있다는 사실을 신뢰할 수 있어야 하고, 이를 위해서는 지역 대학의 수준을 높여줘야 합니다. 또 공공기관이나 공기업들을 지역으로 이전시켜 지역 출신이 차별 없이 입사할 수 있는 좋은 일자리를 많이 만들어줘야 합니다. 이를 통해 학벌 문제를 해결할 수 있습니다."

조선대 공영형사립대실증연구단 연구책임자인 지병근 교수는 "사립대의 운영비를 국가가 부담하면 늘어난 재정으로 교수를 더 뽑고 등록금을 더 내리는 등 구체적으로 학생에게 혜택을 주는 방안을 마련할 수 있다"고 설명했다. 그는 또 "현재 지역 간 불균형발전이 심한 가운데 지역사회에 기여할 수 있는 사업들을 대학이 주도적으로 추진할 수 있게 되고 지역 대학 출신들이 지역에 취업하는 데 도움이 되는 선순환 구조를 만들 수 있다"고 덧붙였다.

물론 공영형 사립대 논의에도 반대 의견 또는 우려가 있다. 사립대를 사적 소유물로 보고 공공의 개입을 개인 재산권 침해로 인식하는 경향이 있다. 또 공영형 사립대를 만들기 위해 세금을 들여 부실 대학을 지원해주는 것에 거부감을 갖는 사람도 있다. 부실 대학은 시장에서 자유 경쟁을 통해 자연스럽게 정리되도록 놔둬야 한다는 논리다. 한국교육개발원이 전국 성인 4000명을 대상으로 실시한 '2019 교육 여론조사'에 따르면, 사립대학을 대상으로 한 정부 재정지원 확대에 대해 '반대한다'(52.3%)는 의견이 '찬성한다'(28.5%)는 의견보다 훨씬 많았다.

이와 관련, 김명연 교수는 "부실 대학의 상당수는 서울 중심 구조로 인한 지역불균형발전과 대학서열화 때문에 애초에 불공정한 경쟁 환경에서 생겨난 결과이므로, 이들을 무조건 나쁘다고 낙인찍을 수는 없다"고 말했다. 그는 "이 대학들을 공영형 사립대 정책에서 처음부터 배제하는 것은 사회적 불평등에 따른 교육 격차를 더욱 확대하는 것이므로 위기 대학 정책과 공영형 사립대학을 통합적으로 연계해 전체 고등교육을 발전시킬 수 있는 방안이 강구돼야 한다"고 주장했다.

임재홍 교수는 "우리나라도 유럽과 북미 등 대학 공공성이 높은 나라들처럼 국가가 대학에 대해 공적 책임을 지고, 대학은 사회적 책임을 지는 '공적 고등교육'이라는 인식이 필요하다"고 말했다. 그는 "대학은 교육을 통한 개인의 이익 추구뿐만 아니라 지식의 생산과 보급을 통해 사회 발전에 기여하고 학문과 정책을 통해 불평등, 차별 해소를 위해 노력하는 책임 있는 역할을 수행해야 한다"고 강조했다.

문재인 대통령은 지난 19대 대통령 선거에서 '공영형 사립대와 대학네트워크 구축을 통해 대학서열을 완화하고 대학 경쟁력을 강화하겠다'는 공약을 제시했고, 공영형 사립대 정책은 문재인 정부 100대 국정과제의 하나로 선정됐다. 이어 교육부가 2019년 예산안에 시범사업을 위한 예산 812억 원 편성을 요구했으나 기획재정부는 '예비타당성조사 등 선행절차를 제대로 밟지 않았다'며 전액 삭감했다. 2020년 시범사업으로 87억 원의 예산을 신청한 것도 역시 받아들여지지 않았다. 대신 교육부는 '공영형 사립대 기획연구' 예산 10억 원 중 기획재정부가 불용 처리한 3억 5000만 원을 제외하고 남은 자금을 활용해 공영형 사립대학 도입 실증연구를 추진했다.

임재홍 교수 등의 〈공영형 사립대학 운영 방안〉(2018)에 따르면, 공영형 사립대 정책에 따라 교비의 50%를 교부할 경우 일반 사립대 30곳, 전문대 20곳을 공영형 사립대로 전환하는 데 연간 1조 8380억 원이 들 전망이다. 또 사립대 10개와 전문대 5개를 전환하는 경우 5803억 원이 들 것으로 추정된다.

한편 지방대 학생들은 공영형 사립대 정책에 기대감을 드러냈다. 부산 동아대 문기범씨(전자공학)는 "공영형 사립대 정책이 추진돼 학교가 더 투명해지고 교육 수준도 올라가면 학교를 믿고 다닐 수 있을 것 같다"며 "정부 지원이 늘면 학생들 등록금 부담도 낮아지고 지방 사립대에 대한 인식도 많이 바뀔 것 같아 환영한다"고 말했다. 충북 건양대 이준성씨(기계공학)는 "공영형 사립대가 많은 대학생들을 위한 정책인데 정작 주변 친구들은 아무도 모르고 관심이 없어 언론과 전문가들이 더 많은 정보를 제공해 공론화할 필요가 있다"며 "학생들 스스로 필요하다고 느끼면 총학생회 등을 통해 학교나 사회에 변화를 요구하는 목소리를 내게 될 것"이라고 말했다.

김명연 상지대 법학과 교수는 〈공영형 사립대학 육성·확대 정책의 의의〉(2020) 논문에서 공영형 사립대를 '대학통합네트워크' 정책과 연결해야 한다고 주장했다. 대학통합네트워크란 거점국립대는 연구중심대학으로, 지역국립대와 공영형 사립대는 응용학문 중심의 교육중심대학으로 기능과 역할을 특성화·전문화한 통합(연합)네트워크를 형성해 집중 육성하자는 구상이다.

김 교수는 논문에서 "공영형 사립대학 정책은 지역의 국공립대학과 통합네트워크를 구성하여 서울 일극 중심의 수직적 대학서열 구조를 완화·해소하고 국민의 균등한 교육을 받을 권리를 보장하며 지역 대학의 총역량을 국가균형발전의 혁신 역량으로 묶어내는 것"이라고 설명했다. 이어 "공영형 사립대학을 포함한 대학체제 개편은 한국 교육 역사상 가장 중요한 사건 중 하나가 될 것이기 때문에 국가적 프로젝트로서 추진되어야 한다"고 강조했다.

대학통합네트워크는 참여 대학이 입시, 교육과정 개발, 교수 인사, 학위 수여 등을 공동으로 수행해 대입 경쟁을 줄이고 대학서열을 완화하며, 전문적이고 특성화한 대학교육을 실현하자는 구상을 담고 있다. 학자별로 공영형 사립대를 더 강조하거나 대학통합네트워크를 더 강조하는 경우는 있지만, 두 아이디어는 대체로 같은 목적을 지니고 함께 연관되어 추진돼야 할 '패키지'로 여겨진다.

김명연 교수는 "공영형 사립대는 독자적인 정책이 아니라 대학통합네트워크라는 정책과 연결돼 있다"며 "따로 떨어져 있는 개별 대학의 역량을 국가 전체의 총역량으로 엮어내는 게 바로 통합네트워크라고 표현할 수 있다"고 설명했다. 그는 이어 "지금처럼 대학이 서열화돼 있고 재정도 열악한 상황에서는 지방 사립대 혼자 결코 제대로 된 전문화·특성화를 이룰 수 없다"며 "대학통합네트워크를 통해 연구중심, 교육중심, 직업중심, 평생교육중심 등으로 역할을 나눈 뒤 권역별로 연합해 교수 충원과 교육과정에 역량을 모으고 집중 육성하면 카이스트(KAIST)나 포스텍(포항공대)처럼 지방대 중에서도 성공적인 사례를 늘릴 수 있을 것"이라고 말했다.

전남·부산에서 서울대 학점 딸 수 있게

"한국 교육은 다중적 독점체제입니다. 대학, 공간, 시험, 계급, 직업 등 다섯 가지 분야에서 독점이 일어나고 지나친 병목 현상이 생깁니다. 이런 문제들 때문에 학생들에게 엄청난 고통을 주는 교육 지옥이 만들어지는 것이죠. 대학통합네트워크는 대학을 매개로 지위권력과 공간권력을 민주화시키는 중요한 정책입니다. 이를 통해 교육이 민주적 다원체제로 가면서 독점을 해소할 수 있습니다."

김종영 경희대 사회학과 교수는 "대학통합네트워크는 학벌체제 타파, 지역균형발전, 대학 공공성 회복에 크게 기여할 정책"이라며 "이 정책이 추진된다면 한국 교육 역사상 가장 중요한 사건 중 하나가 될 것"이라고 말했다. 최근 이 분야에서 활발한 연구를 하고 있는 김 교수는 명문대를 통한 지위권력 독점(대학), 서울중심주의(공간), 줄 세우기 평가(시험), 교육을 통한 세습(계급), 일자리 격차(직업) 등 다섯 가지 문제를 대학통합네트워크를 통해 개선할 수 있다고 지적했다.

대학통합네트워크는 지역거점국립대, 지역국립대, 공영형 사립대와 독립형 사립대가 참여하는 수평적 네트워크를 만들어 공동으로 입시·교육·학위 수여를 하자는 구상이다. 참가 대학들이 학교 및 학과 운영에 자율성을 갖되, 하나의 네트워크(연결망)라는 정체성을 갖고 인적·물적 자원을 공유하며 학과의 구조조정과 공동 교육·연구 등에 협력하자는 것이다. 이 방안이 시행되면 참여 대학들이 경쟁력 있는 학과를 통합 운영하고, 학생과 교수들은 대학 간 서로 자유롭게 이동하며 수업과 연구 교류를 할 수 있다.

대학통합네트워크는 지난 2004년 정진상 경상대 사회학

거점국립대학 규모

	예산(억)	교원 수	학부생	대학원생
충북대	1,725.8	756	20,101	3,718
충남대	2,146.2	909	25,159	6,223
전남대	2,745.8	1,201	28,263	5,866
제주대	1,371.5	630	15,994	2,809
경상대	1,694.3	807	21,408	2,895
부산대	3,172.2	1.189	29,699	9,196
경북대	3,116.0	1,170	32,686	7,678
강원대	2,175.7	980	33,039	3,908
서울대	**7,844.6**	**2,110**	**21,032**	**13,599**
총계	28,402.8	10,787	253,988	60,584

2016년 기준

국내 지역거점대학 10곳의 예산, 교수, 학생 규모. 캘리포니아 대학 시스템의 규모(예산 28조 5000억 원, 교수 2만 1200명, 학부생 21만 170명, 대학원생 5만 4256명)와 비교하면 확연한 차이를 발견할 수 있다.

과 교수가 저서 《국립대 통합네트워크》를 통해 처음 제시한 후, 학계·정치권 등에서 유력한 고등교육 혁신 방안으로 꾸준히 거론돼왔다. 이 구상에 따르면 1단계는 서울대, 부산대, 전남대, 충북대, 강원대 등 전국 10개 거점국립대를 '국립한 국대학'(가칭)이란 이름 아래 네트워크로 묶는 것이다. 서울대는 현재 독립법인이므로 이 구상이 실현되려면 법인화를 취소해야 한다. 2단계는 여기에 지역국립대를 포함하고 통합 대상을 공영형 사립대로 확장하는 것이다. 3단계에서는 독립형 사립대까지 포함시키며 종합적인 대학네트워크를 형성한다.

대학통합네트워크의 국제적 사례는 미국 캘리포니아주 대학 모델이다. 캘리포니아주는 1960년 마련한 고등교육 마스터플랜에 따라 주립대학을 크게 연구중심대학(박사학위까지 수여) 연합인 '캘리포니아 대학 시스템University of California System, UC', 교육중심대학(학·석사학위 수여) 연합인 '캘리포니아 주립대학 시스템California State University System, CSU', 그리고 산업중심대학(2년제) 연합인 '캘리포니아 커뮤니티 칼리지 시스템California Community College System, CCC'으로 나누었다. 현재 UC 계열 대학 10곳에 재학 중인 학생은 21만여 명, CSU 계열 23곳에는 43만 7000여 명, CCC 계열 114곳에는 240만여 명이다.

이 같은 연합 시스템을 통해 UC버클리, UCLA, UC샌디에이고 등을 포함한 UC 계열 대학은 캠퍼스마다 주력 연구 분야를 달리하며 노벨상 수상자만 60명 넘게 배출할 만큼 세계적 연구중심대학 네트워크로 자리매김했다. CSU 계열 대학은 실용학문중심의 수준 높은 강의로 명성이 있고, CCC 계열 대학은 저렴한 학비로 직업교육과 평생학습, 지역사회 프로그램 등을 제공한다. 선발 단계에서 UC 대학은 지역 고교 졸업성적 상위 12.5% 이내, CSU 대학은 33.3% 이내 학생에게 입학 자격을 주지만, 정원의 40% 정도를 편입으로 뽑기 때문에 CCC 학생들도 수월하게 진학할 수 있다.

캘리포니아주 대학 모델을 본뜬 대학통합네트워크를 통

해 여러 대학의 자원을 합치고, 정부의 집중 지원이 이뤄지면 연구·교육 수준이 상향 평준화할 것으로 기대된다. 김종영 교수는 "제대로 된 연구중심대학을 만들려면 풍부한 연구 예산과 교수진 숫자 등 '규모의 학문'이 가능한 여건을 마련해야 한다"며 "대학 간 네트워크를 통해 경쟁력 있는 학과를 한 곳에 통합하면 연구 수준을 획기적으로 끌어올릴 수 있다"고 강조했다.

"캘리포니아 UC 대학들의 1년 예산을 합치면 28조 원 정도(2016년 기준)인데 우리나라는 서울대 8000억 원, 부산대 3000억 원 등 거점국립대 예산이 2조 8000억 원 정도입니다. 또 UC 대학 사회학과 교수진은 30명 내외로, 우리 지역 거점국립대 5~9명보다 3~6배가 많아요. 탁월한 연구중심대학이 되기 위해선 대학별로 각자도생하며 교수 몇 명 늘리는 정도로는 안 됩니다."

김 교수는 대학통합네트워크를 통해 권역별, 학문별 통합을 이뤄 규모를 확대하고 예산과 교수진도 대폭 늘려야 한다고 말했다. 예를 들어 조선해양공학과는 부산대를 중심으로 통합하고, 항공우주공학은 지역 내 관련 산업이 발달한 경상대를 중심으로 통합할 수 있다는 것이다.

김 교수가 2019년 발표한 논문 〈세계적 대학체제로서의 대학통합네트워크〉에 따르면 대학통합네트워크 1단계로 지역거점국립대학 10개를 묶어 서울대 수준(1년 예산 7844억 원)으로 지원할 경우 총 7조 8446억 원이 들 것으로 예상된다. 현재보다 5조 원 정도의 추가 예산이 투입되는 셈이다.

학자들은 대학통합네트워크를 매개로 고등교육이 상향 평준화할 경우 대학 간 서열을 완화하는 효과를 기대할 수 있다고 지적한다. 지금은 '스카이 대학'을 중심으로 만들어진 서열대로 사회적 자원이 쏠리면서 학벌사회가 굳어지고 있지만, 대학통합네트워크를 통해 자원이 확대·분산되면 서울 명문대와 국립한국대의 우열을 가리기 어려울 정도로 대학 간 격차가 줄어들 수 있다는 것이다. 또 극심한 입시 경쟁을 느슨하게 하는 효과도 생길 수 있다. 2019년 대입 정원 50여만 명 중 스카이 입학정원은 약 1만여 명으로 전체 입학정원 2% 이내지만, 10개 거점국립대 네트워크나 공영형 사립대 네트워크 등 상위 수준의 '갈 만한' 대학이 30~40개나 되면 극소수 명문대에 입학하고자 하는 경쟁이 줄어들 가능성이 크다.

김태훈 사교육걱정없는세상 정책위원회 부위원장은 "대학통합네트워크를 통해 정부 예산이 대량 투입되는 좋은 교육여건의 대학이 많아지면 소수 명문대에 들어가고자 하는 병목현상이 줄어들 것으로 보인다"고 말했다. 그는 "대학서열이 완만해지면 대학들이 성적 우수 학생을 선발하는 데 힘을 쏟기보다 교육 경쟁력 강화를 위해 노력할 가능성이 높기 때문에 고등교육 발전 측면에서도 효과가 클 것"이라고 말했다.

"현재 각 대학 학생들의 1인당 교육비는 사실 대학서열과 거의 일치하는 모습을 보이고 있습니다. 그러나 대학통합네트워크는 참여 대학에 경상비를 지원하고 등록금 무상 또는 대폭 인하 등 파격적인 정부 지원을 계획하고 있기 때문에 교육여건의 획기적 향상을 기대할 수 있습니다. 그러면 등록금이 저렴하고 질 좋은 교육을 받을 수 있는 지역 대학에 대한 만족도와 선호도는 자연스럽게 올라갈 것입니다. 지역 학생들이 굳이 대학 진학 때문에 서울 등 수도권으로까지 갈 필요성이 적어지고 경쟁력 있는 지역 대학들이 많아지면서 대학서열이 전반적으로 완화할 것이라고 봅니다."

서울에 쏠린 '명문대' 분산 효과, 지역균형발전에 도움

같은 맥락에서 대학통합네트워크는 지역균형발전에도 긍정적인 영향을 줄 것으로 기대를 모은다. 대학생이 선호하는 양질의 교육 기회가 서울뿐 아니라 전국에 고르게 퍼지게 되므로 지역 발전으로 이어질 수 있다는 것이다. 지금은 이른바 '명문'대학의 서울 집중 현상이 매우 심각해서, 2019년 중앙일보 대학 평가 기준 상위 15개 대학 중 12곳이 서울, 3곳이 경기·인천에 있었다. 상위 30개로 범위를 넓혀봐도 19곳이 서울, 5곳이 경기·인천이며, 지방대는 6곳뿐이었다.

반면 미국은 '상하이 세계 대학 랭킹'(2017) 기준 100위 이내 대학이 총 50곳인데 동부 17곳, 중부 12곳, 서부 12곳, 남부 9곳 등 전국에 골고루 분포되어 있다. 또 프랑스의 대표적 엘리트 교육기관인 그랑제콜 역시 전체 200여 곳 중 파리 68곳, 프랑스 북부 24곳, 중서부 30곳, 중동부 50곳, 남서부 25곳, 남부 10곳 등에 퍼져 있다.

김태훈 부위원장은 "20~30년 전에는 지역거점국립대가 서울 주요 사립대에 뒤지지 않는 선호도를 지니고 있었으나 지금은 철저히 '인서울' 중심의 대학서열이 확고한 상황"이라며 "대학통합네트워크를 통해 경쟁력 있는 지방대학을 많이 만들면 이들이 지역사회의 교육, 상업, 문화 발전의 매개 역할을 하기 때문에 지역을 살리는 의미를 가진다"고 말했다.

서울시교육청은 지난 2017년 〈교육개혁 제안〉 보고서를 통해 '대학 공유네트워크 구축'을 주장했다. 이 보고서에서 서울시교육청은 통합국립대의 학생 선발 방식과 관련, 고교 내신성적(70%)과 대학입학자격시험(30%)으로 뽑고, 1~3지망에 따라 추첨을 통해 캠퍼스를 배정하는 방안을 제안했다. 또 교양교육은 교과과정의 통일성과 강사 교류를 포함한 공통교양 과정을 운영하고, 전공은 학과 통합을 통한 특성화·심화 과정을 운영하며, 완전한 교육 및 학점 교류를 위해 교수와 학생의 자유로운 이동을 보장하는 방안을 제시했다.

조희연 서울시교육감도 2020년 2월 19일 서울 여의도 국회 의원회관에서 열린 '대학통합네트워크 현실화 경로와 방안 토론회'에서 "기본적으로 고교서열화는 대학서열화의 종속변수이기 때문에 초·중등 교육을 맡고 있는 사람으로서 오히려 대학체제의 개혁이 중요하다고 생각한다"며 "대학통합네트워크안을 진전시켜야 한다"고 강조했다. 이 토론회는 민주평등사회를위한전국교수연구자협의회와 전국교수노동조합 등이 주최했다.

대학통합네트워크는 문재인 대통령의 주요 공약으로도 여러 차례 제시됐다. 지난 2012년 대선 당시 문재인 민주통합당(더불어민주당 전신) 후보는 대학네트워크화 정책인 '국립대 공동학위제'를 공약으로 내놨다. 2017년 대선에서도 '국공립대학네트워크'와 '혁신강소대학네트워크' 구축을 최종 공약집에 넣었다. 그러나 대통령 취임 이후 2017년 7월 국정기획자문위원회가 발표한 '국정운영 5개년 계획'에서는 대학통합네트워크 관련 내용이 빠졌다.

대신 2018년부터 5개년 계획으로 '국립대학 육성사업'을 추진했다. 이 사업에 따라 정부는 2019년 1491억 원 규모의 사업비를 각 국립대에 차등 배분해 거점국립대는 학교당 평균 90억 원, 지역중심대와 교대 등 중소규모 대학은 평균 12억 원 정도를 지원받았다. 그러나 이 사업은 본격적인 대학네트워크화와는 거리가 멀고, 지속성도 보장되지 않는다. 김종영 교수는 "대학통합네트워크 정책과 관련해 많은 교육관료와 정치인들을 만나봤지만 이들 역시 대부분 엘리트계층이라 소수 명문대의 독점체제를 당연시하고 대학체제 개혁에 반대하는 모습을 보였다"고 비판했다.

대학통합네트워크 구상에 관한 비판과 실현 방안을 둘러싼 이견도 존재한다. 정병오 좋은교사운동본부 정책위원은 2017년 발표한 논문 〈대학통합네트워크가 더 고민해야 될 부분들〉에서 대학통합네트워크 실현을 어렵게 하는 요인으로 경쟁력과 기득권을 잃을 것을 우려하는 '서울대의 저항'과 자율권을 내놓기 꺼려 하는 '명문 사립대의 낮은 참여 가능성'을 꼽았다. 또 학령인구 감소로 대학 구조조정이 필요한 시점에서 부실 사립대만 네트워크에 참여할 경우 국민의 지지를 확보하기 어려울 거라는 문제점도 지적했다.

최성수 연세대 사회학과 교수는 "대학통합네트워크에 서울대와 사립대를 포함시키면 엄청난 사회적 갈등과 저항, 소모적 논쟁이 일어날 가능성이 크고, 각 대학의 충돌하는 이해관계를 조정하기 위해 법적·행정적으로 넘어야 할 산이 많다"며 "현실적으로 봤을 때 일단 (서울대법인을 뺀) 국공립대만의 네트워크를 만들어 성과를 내는 것이 바람직한 접근이라고 생각한다"고 말했다. 그는 이어 "연구에 따르면 저소득층 학생이 졸업 뒤 고소득에 진입하는 상향 이동에 국공립대가 가장 높게 기여하는 것으로 나타난다"며 "국공립대네트워크를 통해 지역 대학이 혁신하고 있다는 시그널을 학생과 학부모, 기업, 나아가 한국사회에 준다면 지방대의 공공성과 경쟁력을 함께 높일 수 있을 것"이라고 주장했다.

반면 《위기의 대학을 넘어서》(2019)의 저자인 윤지관 덕

성여대 영문학과 교수는 "국공립대 위주로만 대학네트워크를 이루고 정부 지원이 집중될 경우 연합체제에 포함되지 않은 사립대는 더욱 소외될 위험이 있다"고 지적했다. 그는 "대학네트워크보다는 공영형 사립대에 먼저 초점을 맞추어, 사립대에 국가 예산을 투입해 공영화하는 게 더 효과적일 것"이라고 주장했다.

윤 교수는 또 "만약 대학통합네트워크를 한다면 학부보다는 대학원에서 시행하는 것이 더 실현 가능성이 높다고 생각한다"며 "지역거점대학을 중심으로 대학원을 통합해 교수와 교육여건을 공유하고 질 좋은 연구와 학위 수여를 하면 각 대학이 연구·교육·산업 중심으로 특성화를 이루고 우수한 지역 인재를 길러낼 수 있을 것"이라고 강조했다.

대학통합네트워크 구상 자체를 부정적으로 보는 학자도 있다. 안선회 중부대 교육학과 교수는 지난 2016년 낸 논문 〈입시제도 개혁 문제와 국립대통합네트워크안〉에서 "대학통합네트워크가 대학의 안정을 강화시켜 대학 간의 경쟁과 교수진의 혁신 노력을 저해할 가능성도 있다"며 "오히려 경직된 대학 운영체제만 확대하여 대학 경쟁력을 저하시키는 결과를 가져올 가능성은 없는지 검토가 필요하다"고 지적했다.

지방대 학생들은 대학통합네트워크에 대한 기대와 함께 심도 있는 논의를 위한 공론화 필요성을 제기했다. 충남대 길창근씨(토목공학)는 "대학통합네트워크가 실현돼 지역 대학이 부족했던 교수와 시설을 공유하고 정부지원금도 통합해 효율적으로 사용하면 교육의 질이 높아지고 학생들 편익도 올라갈 것 같다"며 "지역에 인서울 대학 못지않게 경쟁력 있는 대학이 많아지면 지역 학생들도 가까운 대학에 진학해 생활비 부담 없이 학교에 다니며 미래를 설계할 수 있을 것"이라고 말했다.

호서대 최준하씨(전기공학)는 "주변 대학생들은 대학통합 네트워크에 대해 들어본 적도 없는 경우가 많은데, 이런 대안적 아이디어가 있다는 사실을 언론이 지속해서 이야기해 줄 필요가 있다"고 덧붙였다. 그는 "적극적인 공론화를 통해 학생들이 이 정책에 대한 이해도를 높이고 찬반 토론도 하며 정책 성숙도를 높여가면 좋겠다"고 말했다.

"지방대 먼저 학비 없애 대학서열 완화"

"우리나라 대학들은 지금까지 수요자인 학생이 교육 서비스의 대가를 지불해야 한다는 '수익자 부담 원칙'을 내세우며 높은 등록금을 정당화해왔습니다. 이 논리에 따르면 코로나19 때문에 비대면 수업을 하며 강의의 질이 떨어진 상황에서는 당연히 대학이 학생들에게 보상을 해야 합니다."

지난 2020년 5월부터 대학등록금 반환운동을 펼쳐온 '2030 정치공동체 청년하다'의 권연수(이화여대) 활동가는

"코로나 사태로 부실해진 대학교육은 '부당이득' '불완전 이행' '학습권 침해'에 해당하기 때문에 등록금 일부를 학생에게 돌려줘야 한다"고 주장했다. 그는 이어 "정부도 대학의 재정 책무성을 감독할 책임이 있으니 등록금 반환에 적극성을 보여야 한다"며 "고등교육은 공공의 이익에 복무하기 때문에 앞으로 대학 등록금은 '반값'을 넘어 '무상'으로 나아가야 한다"고 말했다.

2020년 7월 1일 전국대학학생회네트워크, 청년하다 등이 결성한 '등록금반환운동본부'는 민주사회를위한변호사모임 교육위원회 변호사들과 함께 '코로나19 재난 속에 미흡했던 교육을 보상하라'는 취지로 집단소송을 제기했다. 교육부와 각 대학에 등록금의 25%가량(사립대 100만 원, 국공립대 50만 원)을 돌려달라고 요구한 이 소송에는 건국대, 대구대, 공주대, 부산대 등 전국 42개 대학 학생 3500여 명이 참여했다.

그러나 이틀 후 국회 본회의를 통과한 3차 추가경정예산안 중 대학 등록금 반환을 위한 '대학 비대면 교육 긴급 지원 사업' 예산은 1000억 원에 불과했다. 전날 국회 교육위원회가 요구한 2718억 원에서 대폭 삭감된 액수다. 안진걸 반값등록금국민운동본부 집행위원장은 "2020년 1학기 전체 재학생(267만 명) 기준 1인당 5만 원도 안 되는 수준이고, 각 대학이 지원받는 금액에서 학생에게 얼마나 나눠줄지도 구체화하지 않은 상태"라고 비판했다.

등록금 반환운동에 참여해온 박소현씨(춘천교대)는 "교육

'2030 정치공동체 청년하다'에서 활동 중인 박소현씨가 2020년 6월 5일 서울 여의도 국회의사당 앞에서 코로나19 관련 대학 등록금 반환을 촉구하는 필리버스터(의사 진행 방해를 위한 긴 연설)를 하고 있다. ⓒ 임형준

부가 등록금 환불 책임을 회피하는 모습을 보인 것은 국가가 교육을 책임진다는 인식이 어느 정도인가를 볼 수 있는 사례"라고 말했다. 그는 "등록금 문제는 코로나19 이후 변화한 세상에서 정부와 사회가 대학생의 학습권을 어떻게 보장할 것인가의 관점에서 바라봐야 한다"며 "나는 예비교사로서 평등한 교육을 실현하기 위해 국가가 당연히 대학교육까지 책임져야 한다고 생각한다"고 덧붙였다.

코로나19 사태 이후 시작된 대학생들의 등록금 반환운동은 교육비의 수익자 부담 원칙과 대학재정 운용의 비합리성·불투명성이라는 현실에 뿌리를 두고 있다. 이번 사태를 계기로 대학의 공공성을 높이고 교육 불평등을 완화하기 위해 '반값·무상 등록금 논의'를 본격화해야 한다는 목소리가 커지고 있다.

비영리 연구기관인 대학교육연구소에 따르면 2019년 사립대 학생 1명이 납부한 평균 등록금은 연간 743만 원이다. 계열별로 인문사회 646만 원, 자연과학 775만 원, 공학·예체능 828만 원, 의학 1037만 원 등이다. 〈OECD 교육지표 2019〉 자료를 보면 한국 사립대 연간 등록금은 미국·호주·일본에 이어 네 번째로 비싸다. 미국과 호주의 사립대 비율이 각각 32%, 8%이고 한국은 86%(전문대 포함)나 되는 것을 고려하면 비싼 등록금 순위로 사실상 세계 1~2위라고 할 수 있다. 참고로 2019년 기준 국내 대학 중 연간 등록금이 가장 비싼 곳은 연세대였다.

대학의 등록금이 비싼 이유는 고등교육을 민간에 맡기고 수익자 부담 원칙을 밀어붙인 정부 정책 때문이다. 1989년 노태우 정부가 등록금 인상 한도 규제를 폐지하고 사립대 등록금 자율화를 시행한 후, 사립대 등록금은 매년 소비자물가상승률의 2~3배 정도 올랐다. 외환위기 직후인 1999년에서 2010년 사이 10여 년간 사립대 등록금은 연평균 410만 원에서 753만 원으로 폭등했다. 2002년 김대중 정부의 산업대 등록금 자율화, 2003년 노무현 정부의 국공립대 등록금 자율화 조치로 국공립대 학비도 날개를 달았다.

지난 2011년 대학생들의 '반값 등록금' 운동이 거세게 일어나자, 이명박 정부는 등록금 인상률 상한제(등록금 인상률을 직전 3년간 평균 소비자 물가상승률의 1.5배로 제한)를 도입하고 2012년부터 '국가장학금' 제도를 시행했다. 국가장학금은 소득 수준과 연계해 학생을 직접 지원하는 1유형과 등록금 동결·인하 노력과 연계해 대학을 지원하는 2유형으로 나뉜다. 2019년 국가장학금 예산은 3조 6000억 원으로, 전체 대학생 중 31.5%에게 사립대 평균 등록금 절반 이상을 지원했다. 국가장학금은 정부가 재정으로 학생·학부모의 교육비 부담을 완화해준 획기적 정책이라고 평가받고 있다.

그러나 한국교육개발원이 전국 성인남녀 4000명을 대상으로 실시한 2019년 교육 여론조사에 따르면 고등교육 분야에서 정부가 추진해야 할 1순위 정책으로 '등록금 부담 경감'(33.0%)이 가장 높게 나타났다. 국민들이 대학 등록금에 아직 큰 부담을 느끼고 있다는 의미다. 국가장학금은 2018년 기준 전체 재학생의 69.6%가 신청했지만 소득·성적 등 기준으로 42.6%만 선택돼, 혜택을 받지 못한 학생이 더 많았다. 소득 1~3분위(저소득) 학생에게는 2회에 한해 C학점 경고제를 운영하지만 소득 4분위 이상 학생은 한 번이라도 B학점 미만을 받을 경우 국가장학금을 받을 수 없다는 한계도 있다. 등록금과 생활비 마련을 위해 아르바이트를 하느라 학점 관리를 하지 못하는 저소득층 학생에게 불리하다.

이 때문에 빚 부담에 시달리는 대학생이 많다. 2018년 2학기~2019년 1학기 동안 한국장학재단을 통해 학자금 대출을 이용한 대학생 수는 46만 2672명(일반 상환 대출 20만 4642명, 취업 후 상환 대출 25만 8030명)으로 전체 대학생의 13.9%에 이른다. 사립대의 학자금 대출 이용률(15.0%)이 국·공립대 (10.5%)보다 높다.

대구 북구에서 2년째 시간제 학원 강사로 등록금과 생활비 등을 마련하고 있는 석현아(가명, 경북대)씨는 "국립대라 사립대보다는 등록금이 적지만 학생 스스로 부담하기에는 여전히 높은 금액"이라고 말했다. 그는 "이유를 명확히 알 수 없지만 올해(2020년) 가구 소득 9분위 판정을 받으며 8분위 이하 대학생까지만 지원하는 국가장학금을 받지 못해, 장학금이 지급되는 대외활동을 하나 더 늘렸다"고 덧붙였다.

비싼 등록금은 저소득층 학생이 양질의 교육을 받을 기회를 앗아간다. 이삼호 고려대 경제학과 교수가 〈등록금 수준과 저소득층 학생 비중〉(2019) 논문에서 2014~2016년 한국장학재단 장학금 신청 자료와 전국 399개 대학 재학생 정보를 분석한 결과, 등록금이 비쌀수록 저소득층 학생 비중이 낮아지는 것으로 나타났다. 4년제 대학 중 저소득층(소득 1·2분위) 학생 비중은 3년간 연평균 등록금 299만 원 대학에서는 23.7%, 540만 원 대학에서는 28.7%였지만, 673만 원 대학은 25.9%, 729만 원 22.6%, 813만 원 17.4%로 줄었다.

이 교수는 논문에서 "저소득층의 대학 선택에서 비용이 직접적인 영향을 미칠 가능성이 있다"며 "저소득층의 경제적 고려가 고등교육기관 선택에 장애가 되지 않도록 저소득층을 지원하는 국가장학금 지원 확대가 일정한 정당성을 가지고 있다"고 지적했다.

중장기적으로 '대학 무상교육' 추진 필요

교육 전문가들은 대학교육의 공공성을 높이기 위해서는 등록금의 수익자 부담 원칙에서 벗어나 국가가 부담하는 방향으로 가야 한다고 지적한다. 연덕원 대학교육연구소 연구원은 〈국가장학금 도입 8년, 등록금과 고등교육 재정〉(2019) 보고서에서 "국가장학금 제도가 교육비 부담을 완화하고 대학 공공성을 높이는 토대로 역할 하려면 정부가 현재 부족한 국가장학금 액수와 대상을 대폭 늘려야 한다"고 주장했다. 그는 특히 "정부가 수조 원의 국민 세금을 국가장학금으로 지원하면서 대학에 직접 투입하지 않고 학생 개인에게 지급해, 사립대에 공공성과 투명성을 높이는 개혁을 요구하지 못하고 있다"고 비판했다. 이어 "현재 등록금의 절반 정도인 '표준 등록금'을 도입해 고지서상의 등록금액을 절반으로 낮추고 대학에 직접 재정을 지원하면서 투명성·민주성을 강화하기 위한 방안을 마련해야 한다"고 지적했다.

2020년 현재 전국 대학의 등록금 총액은 약 14조 원으로 추산되는데, 대학 자체 장학금 3조 원을 제외하면 11조 원가량이 남는다. 따라서 정부가 실질 반값 등록금을 시행한다면 약 5조 5000억 원의 예산이 필요하다. 그런데 2019년 국가장학금으로 3조 6000억 원을 이미 지원했으므로, 추가로 필요한 예산은 1조 9000억 원 수준이다. 이 정도 예산이면 진짜 반값 등록금을 추진할 수 있다는 얘기다.

김효은 대학교육연구소 연구원은 "고등교육재정교부금법 제정으로 내국세의 일정 비율을 확보해 대학에 교부하면 국세 수입에 급격한 변동이 있는 경우를 제외하고는 대학이 안정적인 재정을 운영할 수 있다"고 말했다. 고등교육재정교부금은 내국세의 6~10%를 단계적으로 확보하거나, 처음부터 8% 또는 10%를 확보해 대학에 지급하는 제도다. 2016년 기준 국내총생산(GDP) 대비 고등교육 공교육비 비율이 0.7%로 OECD 평균(0.9%)보다 낮고, 학생 1인당 고등교육 공교육비는 OECD 평균 67.4%밖에 안 되는 현실을 개선하는 방안으로 제시돼왔다.

김 연구원은 "정부가 등록금 지원을 강화하게 되면 대학 구성원이 등록금과 예결산을 심의하는 법적 기구인 등록금심의위원회를 제대로 운영해야 한다"며 "위원회에 학부생·대학원생 대표 참여 보장, 학교법인이 추천하는 재단 인사 참여 금지, 전문가 위원 추천권 학생에게 부여, 등록금과 대학재정 현황 자료 공개 등 재정 운영의 합리성을 높이기 위한 방안을 마련해야 한다"고 설명했다.

중장기적으로 대학 무상교육을 지향해야 한다는 주장도 나온다. 안진걸 반값등록금국민운동본부 집행위원장은

2020년 7월 29일 국회 의원회관에서 열린 '지방 국공립대 무상교육을 위한 토론회'에서 "우리나라도 대학 무상교육을 실시했다면 코로나19 사태로 인한 등록금 반환 논란도 없었을 것"이라며 "정부는 등록금 문제 해결을 위한 예산을 포함, 고등교육 발전을 위한 국가의 재정 책임을 대폭 확대해야 한다"고 말했다. 또 "지역균형발전이라는 중대한 사회 정책적 목표를 달성하기 위해서는 대학서열화 등의 각종 폐해 개선을 위한 지방대 살리기, 그중에서도 지방 국공립대 무상교육 및 지방 사립대의 온전한 반값 등록금 실현부터 확실히 추진해야 한다"고 주장했다.

"'아픈 만큼 치료받을 것인가? 아니면 돈 낸 만큼만 치료받을 것인가?' 이러한 질문에 백이면 백, 아픈 만큼 치료받아야 한다고 답할 겁니다. 똑같이 교육에 대해서도 묻는다면, 역시 많은 국민들이 돈 낸 만큼만 교육받는 것이 아니라 원하는 만큼, 필요한 만큼 교육받을 수 있어야 한다고 답할 거예요. 교육이 백년지대계이고, 어느 나라나 국가가 기본적으로 책임지고 있는 가장 공공적인 영역이라면 이제는 국가가 나서서 고등교육비로 인한 국민들의 고통과 부담 문제를 해소해줘야 합니다. 사회에서 일정한 선의의 경쟁은 불가피하더라도, 자신의 경제력이 없는 학생들, 청소년들에게만큼은 국가가 전면적으로 교육 기회와 비용을, 공정한 사회 진출을 보장해야 합니다."

같은 토론회에서 김한성 부산대 교수회장도 "수도권 집중으로 인한 지방의 인력난, 이로 인한 지역 산업의 붕괴와 지방대 황폐화가 꼬리를 물고 악순환하고 있다"며 "카이스트나 포스텍, 디지스트(대구경북과학기술원) 등 정부의 집중 지원을 통해 높은 성과를 올린 사례처럼 지방 국립대 등록금을 100% 무상으로 하면 지방대와 지역이 함께 살아나 수도권 인구 과밀화와 인재 독식 구조가 해소될 수 있을 것"이라고 주장했다. 그는 2019년 3월부터 '지방 국립대학 무상교육을 위한 100만 전자서명운동'을 이끌고 있으며, 현재까지 1만여 명의 교수와 학생이 참여했다고 밝혔다.

김 교수는 "헌법 제31조는 '모든 국민은 능력에 따라 균등하게 교육을 받을 권리를 가진다', 제123조는 '국가는 지역 간의 균형 있는 발전을 위하여 지역 경제를 육성할 의무를 진다'고 말하고 있다"며 "이 둘을 결합해 고민하면서 교육 기회의 평등을 이루고 황폐화된 지역·지역 대학을 살리기 위해 무상교육을 시작해야 한다는 결론에 도달했다"고 말했다. 이어 "대학이 사회를 유지하고 발전시키는 인재들을 배출하고 있기 때문에 대학교육의 최대 수혜자는 바로 국가"라며 "그러므로 교육의 공공성 개념으로 보았을 때 고등교육에 드는 비용은 국가가 지불하는 게 맞다"고 강조했다.

지방 국립대 무상 등록금을 주장하는 학자들은 6~17세 학령인구가 줄어들면서 생기는 초·중·고 교육예산 여분을 대학으로 돌리는 것 등 다양한 재정 조달 방안을 제시하고 있다. 김 교수는 현재 지방 국립대생 34만 명에게 국가장학금을 제외한 등록금 150만 원 중 50만 원을 우선 지원하면 6000억~7000억 원 정도, 전액을 지원하면 2조 원 정도의 예산이 들 것으로 추정했다.

〈OECD 교육지표 2019〉 자료에 따르면, OECD 회원국 중 약 3분의 1에 해당하는 북유럽 국가(덴마크, 핀란드, 노르웨이, 스웨덴)와 그리스, 슬로바키아, 슬로베니아의 국공립 고등교육기관 학생들은 등록금을 내지 않는다. 이들 나라의 대학은 대부분 국공립 비중이 높다. 또 다른 3분의 1의 국가들(대부분의 유럽 국가)에서는 등록금이 낮거나 중간 수준으로, 연평균 300만 원 미만의 금액을 낸다.

독일 바덴뷔르템베르크주의 튀빙겐대학에서 라틴어와 철학을 전공하는 김인환씨는 "독일은 통일 이후 재정 상황이 악화되자 2000년대 초반 등록금을 부과했는데, 내가 거주하는 지역 대학의 경우 한 학기에 500유로(60만~70만 원) 정도였다"며 "그런데도 학생 등 시민들이 너무 비싸다고 항의한 결과 2010년대 초반 등록금을 아예 없애버렸다"고 말했다. 물론 독일은 고졸자 중 30% 정도만 대학에 진학하고 졸업정원제로 학사관리를 엄격히 하는 등 우리 여건과 다른 부분이 있다. 김씨가 지난 학기 외국인으로서 학교 시설 이용 및 교통카드 사용 목적 등으로 대학에 낸 돈은 약 150유로(약 17만 원)다. 하지만 코로나19 때문에 정상적인 수업이 어렵게 되자 그마저도 환불받았다고 한다.

일자리 격차 줄어야 '학벌 집착'도 준다

"우리 하청노동자는 직영노동자와 같은 일을 하는데도 근속 5년이 넘도록 최저임금 수준의 급여를 받고, 일체의 상여금·수당도 없었습니다. 설·추석 때 명절 보너스도 직영은 통상임금의 50%를 받지만, 하청은 근속연수에 따라 50만 원 미만으로 차등 지급받았어요. 직영노동자가 휴가 기간이라 일거리가 없으면 하청노동자는 무급 휴업을 가야 했고요. 심지어 현장에서 위험한 석면 해체 작업을 할 때 직영은 휴업하고, 하청이 전부 떠맡아 일하기도 했습니다."

현대건설기계 사내하청업체인 서진이엔지에서 용접일을 하다 2020년 8월 24일 사측의 폐업으로 해고된 안종걸씨는

"(하청노동자로 일하는 동안) 우리나라의 노동 차별과 양극화가 너무 심하다는 것을 뼈저리게 느꼈다"고 말했다. 소속 하청업체만 4번 바꿔가며 모두 18년간 현대건설기계에서 용접을 했다는 그는 "사람들 머릿속에서부터 대기업·중소기업, 원청·하청, 정규직·비정규직이 뚜렷하게 구분되어 터무니없는 차별이 만들어지고 있다"고 덧붙였다.

서진이엔지는 코로나19 때문에 생산 물량이 감소했다는 이유로 폐업을 단행하고 전 직원 60여 명에게 해고를 통보했다. 그러나 노동자들은 2019년 9월 자신들이 전국금속노조에 가입하고 2020년 5월 노동조건 개선을 요구하며 파업하자, 사측이 보복 차원에서 위장폐업을 한 것이라고 주장하고 있다. 해고노동자들은 그동안 현대건설기계가 사실상 자신들을 직접 지휘·감독하는 '불법파견'을 했으므로 원청으로서 고용 승계를 책임져야 한다며 시위를 벌였다.

지난 2019년부터 충남노동권익센터에서 정규직으로 일하고 있는 강하나씨도 과거 비정규직 노동자로서 설움을 겪었다고 회고했다. 그는 충남의 한 사립대를 졸업하고 2000년대 초반부터 비정규직으로 초등학교 전산보조원, 고등학교 회계직(현 공무직), 초등학교 교육행정직 등을 맡아 일했다. 전산이나 회계, 서무 등이 본업이었지만 교사들이 하기 싫어하는 업무까지 떠맡아야 했고, 임금이 적은 것은 물론 정규직이 받는 휴가비나 성과급 등에서 항상 소외됐다고 한다.

"교실마다 고장 난 컴퓨터를 고쳐주는 것도 모자라 어떤 선생님 집에 있는 컴퓨터를 봐준 적도 있어요. 손님이 오면 선생님들이 해도 되는데 굳이 행정실로 와서 커피를 타달라, 수박을 잘라달라 시키기도 하고요. '너는 이런 일을 하러 온 사람이야'라고 생각하고 저를 약간 아래로 본다는 생각이 들었어요. 일 자체보다는 그런 차별적인 대우를 받을 때 많이 힘들었어요."

민주노총 공공운수노조 전국교육공무직본부 강원지부가 2019년 7월 발표한 〈조합원 갑질·괴롭힘 실태조사 결과〉에 따르면 학교 비정규직 노동자 절반에 가까운 49.1%가 갑질과 괴롭힘 등을 경험한 것으로 나타났다. 부당한 업무 지시(52.1%·중복 응답)와 무시·따돌림 등 차별적 태도(47.2%), 연가·병가 등에 대한 부당한 제재와 눈치 주기(41.7%), 폭언·욕설·조롱 등 언어폭력(30.7%), 사적 심부름(23.1%) 등으로 형태도 다양했다.

한국지엠(GM) 사내 하청업체 비정규직인 40대 노동자 김 모씨는 산업재해를 입고도 제대로 치료와 보상을 받지 못한 경험이 있다. 그는 "지게차로 컨테이너에 물건을 옮기다 떨어져 오른쪽 어깨 다섯 군데에 구멍을 뚫고 수술할 만큼 크게 다친 적이 있는데, 당시 업체 담당자가 집에 가서 쉬라고 하며 산재처리도 해주지 않았다"고 말했다. 그는 해고를 당할까 두려웠고, 함께 목소리를 내줄 노조도 없어 제대로 항의하지 못했다고 털어놓았다. 김씨는 "같은 일터에서 일해도 하청 비정규직이 큰 쇳덩어리, 무게 있는 짐을 많이 다루게 된다"며 "우리는 늘 무겁고 힘들고 더럽고…… 그런 일들만 한다"고 말했다.

비정규직 등 '힘없는' 노동자들이 차별, 갑질 등 억울한 일을 당하며 정당한 노동의 대가를 받지 못하는 현실은 '그런 처지에 빠지지 않도록' '더 나은 학벌' 등에 집착하는 분위기를 만든다고 전문가들은 분석한다.

황갑진 경상대 일반사회교육과 교수는 《사회 불평등과 교육》(2018)에서 "불평등이 심한 사회일수록 권력, 돈, 명예와 같은 사회 희소가치를 얻을 기회가 주어지는 명문 학교 입학이 지나치게 강조되고 학교가 학부모나 학생들의 성공 욕구에 편승하여 입시 위주의 교육에 치중한다"고 지적했다. 과열된 입시 경쟁과 학벌주의 역시 '일자리'가 양극화하고 불평등이 확대된 탓이 크다고 볼 수 있다는 얘기다. 따라서 '서울 명문대' 등에 집착하는 학벌주의를 완화하고 지방대 차별을 없애기 위해서는 과도한 노동 격차를 해소해야 한다는 목소리가 이어지고 있다.

한국의 노동시장이 '좋은 일자리'와 '나쁜 일자리'의 이중구조를 이루고 있다는 것은 잘 알려진 사실이다. 대기업·정규직 등 고임금·고용안정·양호한 근무환경을 특징으로 하는 '1차 노동시장'과 중소기업·하청·비정규직 등 저임금·고용불안·열악한 근무환경의 '2차 노동시장'으로 나뉘는 게 현실이다.

장근호 한국은행 경제연구원 부연구위원이 2018년에 발표한 〈우리나라 고용구조의 특징과 과제〉 보고서에 따르면, 2017년 기준 전체 임금노동자 2000여만 명 가운데 대기업·정규직에 근무하는 1차 노동시장 종사자는 213만 명으로 10.7%에 그친다. 2차 노동시장 종사자는 1787만 명으로 89.3%였다. 양극화한 두 시장 간에는 이동이 잘 이뤄지지 않는데, 비정규직 노동자가 3년 후 정규직으로 전환될 확률은 22%에 불과했다. OECD 국가들 중 가장 낮은 수치다.

　일자리 양극화의 심각성은 임금 격차를 통해 살펴볼 수 있다. 통계청이 2020년 1월 발표한 〈2018 임금근로 일자리 소득(보수) 결과〉 자료에 따르면, 기업 규모별(평균 매출액 기준)로 구분했을 때 대기업에 다니는 노동자의 월평균 소득은 501만 원, 중소기업은 231만 원으로 중소기업이 대기업의 46% 정도밖에 되지 않았다. 종사자 규모별로 살펴봐도 300명 이상 기업 노동자의 평균 소득은 415만 원인 반면, 50~300명 미만 기업 노동자는 292만 원, 50명 미만은 211만 원에 그쳤다.

　원청-하청의 임금 격차도 크다. 한국노동연구원이 2018년 발표한 〈소득 불평등과 임금 격차 해소를 위한 전방위적 제도 개선 방안〉 보고서를 보면 하청기업 노동자의 월평균 임금은 340만 원으로 원청기업 545만 원의 62.4%에 불과했다. 반면 월평균 노동시간은 하청기업 190.3시간으로 원청기업 181.8시간보다 8.5시간 더 많았다. 원청기업은 300인

이상 대기업 비중(65.3%)이 높고 하청기업은 중소기업 비중(82.2%)이 압도적으로 높다.

정규직-비정규직의 임금 격차 역시 심각한 수준이다. 고용노동부가 2020년 6월 발간한 〈2019년 고용형태별 근로실태조사 보고서〉에 따르면 정규직 노동자의 월평균 임금은 361만 원인 반면 비정규직은 164만 원으로 정규직의 45.5%에 불과했다. 비정규직의 노동시간이 더 짧은 것을 고려해 시간당 임금을 살펴봐도 정규직은 2만 2193원인 반면 비정규직은 1만 5472원으로 정규직의 69.7%밖에 되지 않았다.

임금 격차가 이렇게 큰 이유는 개인별, 기업별 특성 차이에 '차별'까지 더해져 이중으로 격차가 벌어지기 때문이다. 문영만 부경대 경제사회연구소 연구교수가 2019년 발표한 논문 〈대기업과 중소기업 임금 격차 및 결정 요인〉에 따르면 대·중소기업 임금 격차는 노동자 측 요인(학력, 근속연수 등)이 44.2%인데, 이 중 '차별에 따른 격차'가 절반가량인 20.4%로 추정됐다. 또 기업 측 요인에 의한 격차는 44.9%였는데, 이 중 '차별에 의한 격차'가 8.5%로 추정됐다.

문 교수가 같은 해 발표한 논문 〈원·하청기업의 임금 격차 및 해소 방안에 관한 연구〉에 따르면 노동자 측 요인의 임금 격차 47.5% 중 '차별에 의한 격차'가 18.7%로 추정됐다. 기업 측 요인의 임금 격차 39.1% 중 '차별에 의한 격차'는 6.3%로 추정됐다. 여기서 차별에 의한 격차는 인적자본이나 기업 특성의 차이로 설명되지 않는 격차를 의미한다.

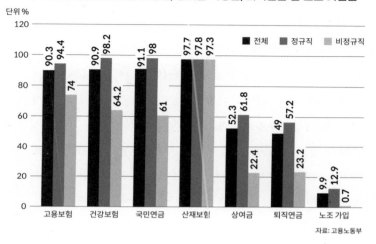

고용형태별 사회보험 가입률, 상여금 적용률, 퇴직연금 밑 노조 가입률

단위 %

■ 전체   ■ 정규직   ■ 비정규직

고용보험: 90.3 / 94.4 / 74
건강보험: 90.9 / 98.2 / 64.2
국민연금: 91.1 / 98 / 61
산재보험: 97.7 / 97.8 / 97.3
상여금: 52.3 / 61.8 / 22.4
퇴직연금: 49 / 57.2 / 23.2
노조 가입: 9.9 / 12.9 / 0.7

자료: 고용노동부

노동시장의 격차는 복리후생에서도 나타난다. 정규직 대 비정규직의 사회보험 가입률을 고용노동부의 〈2019 고용형태별 근로 실태조사〉를 통해 살펴보면, 고용보험 94.4% 대 74%, 건강보험 98.2% 대 64.2%, 국민연금 98% 대 61% 등으로 비정규직 가입률이 크게 떨어진다. 상여금 적용률은 61.8% 대 22.4%, 퇴직연금 가입률은 57.2% 대 23.2%로 차이가 난다. 노동조합 가입률은 더욱 심각해 정규직이 12.9%인 반면 비정규직은 0.7%로 거의 없는 것이나 마찬가지다.

사고 가능성이 큰 업무를 비정규직 등 취약 노동자에게 넘기는 '위험의 외주화' 문제도 심각하다. 전국의 하청노동자 비율은 18% 정도지만, 최근 3년간 산재 사망자 중 하청노동자 비율은 2017년 40%, 2018년 37%, 2019년 34%나 차지한다. 또 고용노동부가 2013~2018년 3명 이상 사망한 재해 발생 현황을 분석한 자료에 따르면 사망자 109명 중 93명이 하청노동자로, 그 비율이 85%에 이른다. 2016년 서울 구의역에서 스크린도어 수리 중 숨진 김군(당시 19세), 2018년 충남 태안화력발전소 컨베이어벨트 사고로 숨진 김용균씨(당시 24세)가 하청노동자가 사망에 이른 대표적 사례다.

최근 코로나19 등 재난 상황에서 더 고통받는 것도 노동약자들이다. 시민단체 직장갑질119와 공공상생연대기금이 2020년 6월 발표한 '코로나19 6개월, 직장인 1000명 설문조사' 결과, 월소득이 줄었다는 응답이 비정규직 52.8%로 정규직(19.2%)에 비해 2배 이상 높았다. 자신의 의지와 무관하게 실직을 경험했다는 응답도 비정규직은 26.3%로 정규직 4%보다 6배 이상 높았다.

대학서열 따라 생애임금 큰 격차

그렇다면 현재 한국사회에서 출신 학교는 일자리와 얼마나 밀접한 관련성을 가질까? 한국개발연구원 이지영 전문연구원·고영선 선임연구위원이 2019년 발표한 논문 〈대학서열과 생애임금 격차〉에서 대학 졸업자 1400여 명이 1998~2017년 20년 동안 받은 임금을 분석한 결과 대학서열 상위 1그룹(18개) 졸업자 임금이 5그룹(53개)보다 취업 시기엔 14% 높고, 40~44세 때 최대치인 46.5% 높은 것으로 나타났다.

교육 불평등 현실을 광범위하게 분석한 한국교육개발원의 〈교육 격차 실태 종합분석〉(2017) 보고서는 "교육체제 내에서 다양한 교육 격차 개선 정책을 실행하더라도 노동시장에서 존재하는 유인체계, 즉 교육을 매개로 한 임금 격차가 존재하는 한 부모의 사회·경제적 지위에 따른 교육 결과의 차이는 불가피하다"고 분석했다. 노동시장에서 받는 처우 격차가 줄어들지 않는다면 부모의 경제력 등이 작용하는 교육 불평등도 해소되기 어렵다는 뜻이다. 보고서는 "대학진학을 포함한 교육 결과의 차이가 타고난 능력, 가정 배경 등으로부터 시작된 인과 사슬의 결과이고 상당 부분 가정 배경과 같은 우연의 요소에 의해 결정된다면 노동시장에서의 보상은 지금보다는 축소될 필요가 있다"고 강조했다.

청년 세대별 노동조합인 청년유니온의 문서희 기획팀장은 "중소기업과 대기업 간의 임금이나 복리후생을 따져보면 그 격차가 너무나도 벌어져 있다"며 "대학생들이 졸업 유예를 하면서 취업 재·삼수를 하는 이유도 여기에 있다"고 말했다. 그는 "사회가 출발선에 따라 격차가 벌어지는 걸 구경만 할 게 아니라 임금체계를 비롯해 격차를 해소할 수 있는 장치들을 적극적으로 마련해야 한다"고 말했다.

노동·교육 전문가들도 지방대 차별을 포함한 교육 불평등 해소를 위해 일자리 격차를 줄여야 한다는 데 목소리를 모은다. 양준석 대전세종연구원 연구위원은 "사회경제적으로 힘을 가진 사람들이 자신의 생산성을 과대평가해서 높은 임금을 정당화하고 약한 사람들은 생산성을 과소평가해서 저임금을 당연하게 받아들이는 풍토가 있어 보인다"고 지적했다. 그는 "출신 대학이 개인의 능력, 심지어 인성을 설명해 줄 것이라는 편견 때문에 지방대 졸업생이 제대로 인정받지 못하는 것도 큰 문제"라며 "지위나 학벌에 관계없이 모든 사람의 노동가치를 공정하게 평가해 합당한 보상을 주는 노력이 필요하다"고 강조했다.

그는 일자리 격차를 줄이기 위해 우선 대기업-중소기업 간 불공정 거래를 해소해야 한다고 주장했다. 불법파견(파견이 금지된 제조업에서 위장도급 등을 하는 것), 납품단가 인하, 기술 탈취, 시장 독과점 등 불공정 행위를 없애 중소기업이 정당한 이윤을 확보하고 적정한 임금을 줄 수 있도록 해야 한다는 것이다.

"근본적으로 일자리 격차를 해소하기 위해선 (90% 가까운 임금노동자를 고용하는) 중소기업의 경쟁력이 높아져야 합니다. 우리나라 중소 제조업의 45%가 하도급 거래 기업이고, 이들 기업은 매출액의 80%를 대기업에 의존하고 있습니다. 그런데 대기업은 독과점 경영이 대부분이라 하청 간 경쟁이 심하고 대기업에 비해 협상력도 약합니다. 이 불공정한 구조 속에서 중소기업의 이윤이 적으니 임금 수준도 낮을 수밖에 없죠. 정부의 엄정한 감시를 통해 대·중소기업 간 공정한 경쟁 거래 환경을 조성하는 일이 무엇보다 중요합니다. 그리고 중소기업의 생산성이 향상될 수 있도록 기술 개발과 근로여건 개선을 위한 정부의 재정지원이 집중돼야 합니다."

양승훈 경남대 사회학과 교수는 "우리나라는 임금을 회사가 독단으로 정하거나 노조·회사가 협상을 벌이는 등 사업장별로 결정해, 노조 교섭력이 있는 곳은 노동자 권리를 수호할 수 있지만 그렇지 못한 곳은 임금이 적고 열악한 노동 환경에 처하게 된다"고 지적했다. 그는 "따라서 개별 기업의 경계를 넘어 사회적 연대임금 제도를 통해 '동일노동-동일임금'의 원칙을 지향해야 한다"며 "노동자·사용자·정부가 참여하는 경제사회노동위원회가 제대로 운영되어 연대임금에 대해 논의하는 역할을 해주어야 한다"고 강조했다.

"독일이나 북유럽 국가는 단일 사업장이 아니라 직종별 협회나 산업별 노조에서 직무와 숙련도에 따라 임금을 결정하는 구조입니다. 그러면 대·중소기업이든, 원·하청이든, 같은 일을 하면 같은 임금을 받게 됩니다. 우리도 산별노조가 발전해 대등하게 경영에 참여하고, 임금이나 노동자 몫에 대해 연대하며 결정하는 구조로 가는 게 바람직합니다."

양 교수는 또 "동일노동 동일임금을 실현하기 위해서는 연차가 쌓이면 저절로 임금이 높아지는 체계인 연공급제보다는 일하는 직무 특성과 숙련 수준에 따라서 임금을 받는 직무급제가 더 적합하다"며 "우리나라도 절대다수를 차지하고 있는 연공급제를 고수하기보다 앞으로 어떻게 직무급제를 설계해나갈지에 대한 논의를 더 수면 위로 올려야 한다”고 말했다.

지방대생들도 일자리 격차 완화가 필요하다고 지적했다. 2019년 충남대를 졸업하고 2020년 현재 취업 준비 중인 곽효원씨(정치외교학)는 “한국사회는 인서울 대학을 나오지 않으면 질 좋은 일자리를 얻기 어렵고 낙오되기 쉬워, 한정된 자원을 얻기 위해 학생들을 계속 도태시키고 배제하는 운영 원리를 갖고 있는 것 같다”며 “지방대를 나와 대기업에 가지 못하고 전문직이 되지 못한 사람을 ‘2등 시민’으로 대우하는 사회 인식과 구조를 바꿔야 한다”고 말했다.

부산대생 김민관씨(사학과)는 “상위 몇 % 안에 들지 못하면 사람 대접 받고 살지 못할 거라는 공포가 무한 경쟁의 원동력이므로, 입시·학벌 문제의 본질이 사실은 일자리 문제라는 지적에 일리가 있다”고 공감했다. 그는 “죽도록 달려서 남을 밟고 올라가지 않아도 괜찮은 일자리를 보장받을 수 있다면 교육 문제도 상당 부분 해소할 수 있을 것이므로, 일자리 격차를 어떻게 줄일 것인가에 대한 논의가 더 활발해져야 한다”고 말했다.

지역 경제가 무너지고 있다

지방대의 위기는 일자리를 비롯한 경제·사회·문화적 자원이 모두 서울·경기·인천 등 수도권에 집중되고 그 밖의 지역은 소외되는 국토불균형발전과도 깊은 관련이 있다. 자원의 집중이 더 많은 집중을 부르는 '네트워크 효과'가 적용돼, 수도권에 양질의 교육 기회와 일자리, 청년 인재가 함께 몰리는 것이다. 반대로 그런 자원이 부족한 지방은 청년들이 기피하거나 떠나버리고, 지방대 역시 침체되는 악순환이 이어진다.

"최근 우리 회사의 물동량이 준 걸 보면 제조업 위기라는 말이 확실히 와닿아요. 5년 전이랑 비교하면 회식을 가도 식당에 사람이 없고, 특히 공단으로 출퇴근할 때 움직이는 차량 숫자가 확 줄었어요. 활력을 잃었죠. 저는 여기서 진짜 위기를 실감했습니다."

2020년 8월 24일 경북 구미의 국가산업3단지에서 만난 LS전선의 한 30대 노동자는 구미의 제조업 위기가 심각하다며 쓴웃음을 지었다. 그는 "직원끼리 앞으로 구미로 유입되는 기업은 없을 것 같다고 얘기하곤 한다"며 "나아질 희망이 보이지 않는다"고 말했다.

인근 구미 국가산업5단지는 오후 6시 퇴근 시간인데도 차량 한 대 다니지 않는 허허벌판이었다. 5단지 초입의 도레이첨단소재 공장에서 탄소산업인증센터까지 차로 달리는 5분여 동안 사람 한 명, 차량 한 대 보이지 않았다. 너른 부지는 대부분 잡초로 가득했고 멀리 건물 한두 동이 띄엄띄엄 보일 뿐이었다. 이곳 탄소센터에서 일하는 한 30대 노동자는 "요즘 구미에 일이 없다고 사람들이 다 평택이나 용인 같은 다른 지역으로 넘어간다"며 "작년(2019년)부터 조성을 시작한 5단지는 회사도 몇 개 없어 산업단지인데도 굉장히 썰렁하게 느껴진다"고 말했다.

구미 국가산업단지는 1973년부터 가동을 시작한 한국 최초의 공단으로, 삼성전자, LG디스플레이, LS전선 등이 입주해 한국경제를 이끌어왔지만 최근 몇 년 사이 제조업 위기가 가속화하며 큰 어려움을 겪고 있다. 지난 2013년 구미 산업단지 수출액은 367억 달러(약 41조 5000억 원)로 전체 수출의 10.6%를 기록했으나, 삼성전자와 LG디스플레이 등 대기업과 협력업체들이 해외와 수도권으로 이전하면서 2019년 수출액은 232억 6000만 달러(약 26조 4000억 원)로 37%나 줄었다. LG디스플레이는 구미에서 공장 6개를 운영하다 '우수 인력 유치'를 위해 2000년대 중반 경기도 파주로 옮겨갔다. 삼성전자도 휴대전화 공장을 2010년 베트남으로 옮겼다. 대기업들이 떠난 후 구미의 중소·중견 기업도 일감이 줄었다.

지역 경제가 쇠퇴하면서 구미지역 대학생들도 불안을 느끼고 있다. 공과대학으로 특성화한 국립 금오공대의 배모씨(전자공학)는 "과거 선배들은 구미 산업단지에서 취업을 많이 했는데 최근 선배들은 수도권으로 더 많이 간다"며 "(나는) 집이 구미여서 지역 내에서 취업하고 싶은데 구미는 모집 공고가 잘 뜨지 않는다"고 말했다. 금오공대는 대학, 지자체, 기업의 협력을 통해 지역 공공기관이나 기업 채용을 이어주는 지역선도대학 육성사업에 선정된 학교다. 이 프로그램을 눈여겨보고 있다는 최모씨(기계공학)는 "아직 지역선도대학 육성사업으로 혜택을 누리는 학생이 적고 학점, 어학성적, 자격증 등 아주 스펙이 높은 학생들만 참여할 수 있다"며 "지역 기업 채용과 연계된 프로그램이 많으면 좋을 텐데 규모가 너무 작아 아쉽다"고 말했다. 2019년 지역선도대학 프로그램에서 금오공대 스마트기계 전공은 2~4학년 통틀어 모두 20명을 뽑았다.

지역 위기로 어려움을 겪는 지방대생들의 이야기는 구미에만 그치지 않는다. 울산 폴리텍대학 박준우씨(컴퓨터응용기계)는 "최근 코로나로 울산 산업단지 공장 가동률이 더 떨어져 방학 때마다 하던 아르바이트도 구하기 힘들어졌다"며 "지역 산업단지에 취업하는 것을 목표로 하고 있지만 여기서 취업할 수 있을지 도무지 확신이 안 선다"고 말했다. 고향이 경남 거제지만 현재 경기도 평택의 삼성반도체 생산라인에서 일하고 있는 신남주씨는 "집 근처에서 일하고 싶었지만 거제시는 조선업이 붕괴하면서 괜찮은 일자리 구하기가 너무 어려워졌다"고 말했다. 그는 "조선업에서 일했더라면 지금보다 월급도 많이 받고 집에서 출퇴근할 수 있어 자취비 등으로 나가는 비용이 없었을 것"이라고 아쉬워했다.

서울 등 수도권과 나머지 지역의 격차는 어느 정도일까? 먼저 수도권에는 사람이 집중돼 있다. 통계청이 2020년 6월 발표한 〈최근 20년간 수도권 인구 이동과 향후 인구 전망〉 보고서에 따르면, 2020년 수도권 인구는 2596만 명으로, 비수도권 인구(2582만 명)를 처음 추월할 것이라고 전망했다. 국토 면적의 11.8%에 불과한 수도권에 전체 인구의 절반 이상이 몰려 있는 것이다. 참여정부 이후 공공기관·공기업 지방 이전을 비롯한 지역균형발전 정책으로 비수도권 인구의 수도권 전입이 꾸준히 감소해왔지만 2017년부터는 다시 증가세로 돌아섰다.

보고서를 보면 지난 50년간 수도권 인구는 184.4%(1683만 명)나 늘어난 반면, 비수도권 인구는 11.7%(271만 명) 증가하는 데 그쳤다. 통계청은 수도권 인구 집중 현상이 앞으로도 계속 이어져, 50년 후인 2070년에는 수도권 인구가 지방보다 200만 명 이상 많아질 것으로 예측했다.

수도권 인구가 계속 느는 것은 젊은 층이 일자리와 교육 때문에 지방에서 수도권으로 이동하는 사례가 많기 때문이다. 지난 2019년 수도권 순유입 인구 8만 3000여 명 중 직업을 이유로 전입한 인구가 6만 4000여 명으로 가장 많았고, 교육(2만 1000여 명), 주택(1만 2000여 명)이 뒤를 따랐다. 연령별로는 20대가 7만 2000여 명으로 가장 많았고, 30대가 1만여 명으로 뒤를 이었다.

소득의 집중은 더 심하다. 서민철 한국교육과정평가원 연구위원의 논문 〈소득세 자료를 활용한 우리나라의 지역별 소득 격차의 추이〉(2019)에 따르면, 전 국민의 소득 중 수도권 거주자 몫이 차지하는 비중은 1968년에 50%를 넘은 뒤 1990년 71.4%까지 올라갔다가 2020년 현재 60% 정도에 이르고 있다.

서민철 연구위원은 수도권의 소득 비중이 높은 이유를 '고소득 일자리가 수도권에 몰려 있기 때문'이라고 분석했다. 서울의 1인당 소득은 영·호남의 2.5배 수준이며, 서울을 제외한 수도권에 비해서도 2.2배가량 된다.

'좋은 일자리' 찾아 지역 떠나는 청년들

수도권 집중에 영향을 미치는 지역별 일자리 특성을 구체적으로 살펴보면 격차는 더 확연히 드러난다. 국토연구원이 〈청년 친화형 산업공간 육성전략 연구〉(2019) 보고서에서 전국 청년 고용 분포의 직종별 중심지를 알아보기 위해 전국 시·군·구 직종별 일자리 규모를 시각화하고 클러스터(산업집적지) 분포를 살펴본 결과, 소득과 안정성이 높은 IT 개발자, 엔지니어, 연구직, 전문 서비스직(회계·세무·홍보·금융·기획 등) 일자리가 서울·경기 등 수도권에 집중된 것으로 나타났다.

엔지니어의 경우 일자리가 삼성전자 사업장이 있는 경기도 용인시 기흥구 위쪽으로만 집중분포돼 있어 '기흥 라인'을 경계로 취업의 '남방한계선'이 있다는 말까지 생겨났다. 2010년 이후 부울경권(부산·울산·경남)에 있던 대우조선해양(거제), 삼성중공업(거제), 현대중공업(울산), 두산중공업(창원), 현대로템(창원) 등 제조기업의 연구개발(R&D) 센터가 대부분 수도권으로 이전했기 때문이다.

이에 반해 지방은 전통적으로 강세를 보였던 제조업이 쇠퇴하면서 급속히 활력을 잃고 있다. 한국의 지방 산업도시는 1970년대부터 경제개발 5개년 계획, 산업기지 개발구역 지정을 통해 철강, 조선, 정유화학, 자동차 등 중공업을 중심으로 발전해왔다. 경북 포항과 구미, 경남 창원과 거제, 울산광역시 등 동남 해안권과 전북 군산, 전남 영암 등 서남부 지역의 공업단지들이 한국의 고도성장을 이끌었다. 그러나 최근 들어 전 세계적인 저성장과 산업중심이 지식기반으로 이동하는 데 따른 제조업 침체로 지방 산업도시에서 공장 폐쇄와 대규모 실업이 일어났다. 정부는 2018년 장기 불황으로 침체에 빠진 울산 동구, 경남 통영·고성, 거제, 창원·진해, 전남 영암·목포·해남 등 5개 지역을 '산업위기 대응 특별지역'으로 지정했다. 이들 지역은 세금 감면, 보조금 지급, 국공유지 임대료 인하 등의 지원을 받는다.

경기도 성남 테크노밸리와 경북 구미 국가산업단지의 일자리 지형을 비교해보면, 수도권과 지방의 일자리 특성이 한눈에 드러난다. 두 지역의 노동자 중 청년(만 34세 이하) 비중이 판교는 42.6%인 반면 구미는 15.7%에 불과하다. 또 생산직 1인당 엔지니어 분포를 보면 판교는 3.06명인 반면 구미는 0.18명밖에 되지 않았다. 노동자 중 여성 비중도 판교 55.7%, 구미 33.4%로 차이가 났다.

이런 분포는 지방 청년들이 고향을 떠나 수도권으로 이동하는 현상과 직결된다. 보고서에서 1986년부터 1990년 사이 출생한 청년들의 시기별 지역 이동을 살펴본 결과, 이들이 20~24세인 시기에 경기(6.1%p), 서울(5.4%p), 인천(0.9%p)의 청년 인구는 늘었지만 전남(-11.9%p), 전북(-8.8%p), 울산(-6.52%p)은 큰 폭으로 줄었다. 청년들이 대학 진학을 위해 지방에서 수도권으로 이주한 것으로 해석할 수 있다.

25~29세 시기에는 수도권 이동이 더 늘어 서울(12.1%p), 경기(6.1%p)의 청년 인구는 늘었지만, 전남(-14.2%p), 전북(-14%p), 강원(-12.7%p), 대구(-11.4%p), 경북(-10.6%p) 등은 큰 폭의 청년 유출을 기록했다. 학업으로 발생한 지방 청년 유출이 구직 시점에 더욱 강화된다는 사실을 확인할 수 있다.

수도권과 지방은 일자리뿐만 아니라 삶의 질에 큰 영향을 미치는 생활 인프라, 즉 의료·교육·교통·문화 등의 격차도 크다. 국토연구원이 〈산업단지 정주환경 분석 및 제도 개선 방안 연구〉(2019) 보고서에서 지방의 일반산업·농공단지 770곳의 정주환경을 분석한 결과 대부분 생활시설이 열악한 것으로 나타났다.

보고서를 보면 산업단지에서 종합병원까지 평균 12.7km를 이동해야 했는데, 특히 경상남도는 18.5km, 강원도는 13.6km, 제주도는 27.1km로 이동 거리가 길었다. 초·중·고도 평균 8~9km를 이동해야 했고, 백화점(44.2㎞), 영화관(24.8㎞), 대형마트(8.2㎞) 등 상업시설에 가기 위해서는 훨씬 더 먼 거리를 가야 했다. 이 밖에 고속철도역(33.1km)도 상당히 먼 거리에 있었으며, 여성 복지시설(144km)은 거의 접근하기 어려웠다. 반면 서울에는 종합병원 40개, 유치원 795개, 초·중·고가 1300개 이상 있어 서울 어디에 살든 인근의 의료와 교육 서비스를 편리하게 이용할 수 있다. 서울에는 또 백화점 23개, 영화관 99개가 있어 문화와 상업 서비스도 생활권 내에서 이용할 수 있다.

전국 산업단지에서 200만 명 이상의 노동자가 일하지만, 단지 주변의 생활환경이 대부분 열악해 청년층이 취업을 기피한다. 충남 서산시 산업단지에서 생산직으로 일하는 이은재씨는 "일하다 다치면 병원까지 차 타고 30분은 가야 하는데, 길 막히면 1시간까지 걸리기도 한다"며 "영화관도 차 타고 30분 이상은 가야 나오고 산업단지 근처에는 편의점 말고는 상권 자체가 없어서 퇴근하고 산단 근처에서 여가를 즐길 수 없다"고 말했다. 그는 "이직할 기회만 있다면 여가 생활을 즐길 수 있는 큰 도시로 가고 싶다"고 했다.

시민단체인 전국청년정책네트워크가 〈청년 현실에 기초

한 지역 격차 분석 연구〉(2018) 보고서에서 전국 만 19~39세 청년 500명을 대상으로 조사한 결과를 보면 수도권과 지방의 차이가 확인된다. 일자리 실태의 경우 '청년이 원하는 일자리 공급 정도'(서울 2.88점, 지방[경기·광역시 제외] 2.04점), '월급여 만족도'(서울 2.69, 지방 2.39), '직장 내 직급 간 의사소통 수평 정도'(서울 3.20, 지방 2.83) 등에서 만족도 차이가 났다. 여가 실태 역시 '여가활동 인프라 양적 공급 정도'(서울 3.59, 지방 2.63), '여가활동 프로그램의 다양성 정도'(서울 3.38, 지방 2.43) 등에서 큰 차이가 났다.

지역불균형발전은 대학서열화와 지방대 소외 및 차별 문제와 맞물려 악순환을 낳는다. 한국고용정보원이 〈경상권과 전라권 대학 졸업자의 취업 및 일자리〉(2018) 보고서에서 2015년 대졸자 직업 이동경로 조사를 통해 각 지역 대학 졸업자의 취업 양상을 분석한 결과, 수도권 대졸 취업자의 89.7%는 수도권에서 취업하는 반면 전라권 대졸 취업자는 61.1%만 전라권에서 취업하고 25.5%는 수도권으로 간 것으로 나타났다. 경상권 대졸 취업자는 77%가 경상권에서 취업하고 16.1%는 수도권에서 취업했다. 지역 대학을 나온 인재의 상당수가 지역에 머물지 않고 수도권에 흡수되면서 수도권 집중, 지역 쇠퇴, 지방대 침체의 연결고리가 계속 이어지는 것이다.

《지방도시 살생부》《지방분권이 지방을 망친다》 등의 저서를 통해 지역불균형 문제를 꾸준히 제기해온 중앙대 마강래(도시계획부동산학과) 교수는 "대학이 젊은 인구를 이동시키고 지역에 머물게 하는 일에 중요한 역할을 하는데, 서울 중심으로 대학이 서열화되면서 수도권만 교육·일자리 생태계가 발전하고 나머지는 소외되는 현상이 지속되고 있다"고 지적했다.

"중앙일보 대학 평가에서 상위 20개 대학 중 18개가 수도권이고 대부분 서울에 있습니다. 이들 대학에서 받는 신입생이 2만 명 정도로 10년이면 20만 명인데 그 인구의 90%가 수도권에 머무릅니다. 수도권 대학이 젊은 인재를 빨아들이고 뱉어내지 않는 거예요. 그런 식이니 혁신을 위한 인재는 수도권에 집중되고, 이들을 쫓아서 기업이 그곳으로 가고, 거기에 일자리가 생기고, 혁신 생태계가 자연스럽게 구축됩니다. 지방은 그 반대고요. 대학이 인재의 유입과 축적을 통해 교육·일자리 시장을 연계하는 데 큰 중간다리 역할을 하고 있는데, 지방에서는 이 생태계가 구축되지 않는다는 게 문제입니다."

서울과 겨룰 '메가시티'를 지역거점에

그렇다면 어떻게 지역불균형을 해소할 수 있을까? 2020년 더불어민주당 등 정치권을 중심으로 나온 아이디어 중 하나는 '세종특별자치시 행정수도 이전'이다. 2012년 7월 출범한 세종시는 현재까지 43개 중앙행정기관, 15개 국책연구기관, 4개 공공기관이 이전해 인구 11만 명이었던 도시가 35만 명 규모의 도시로 발전했다. 여기에 국회와 청와대, 나머지 정부 부처를 모두 세종시로 옮기면 수도권 과밀 문제를 완화할 수 있다는 것이 행정수도 이전 구상이다.

수도권에 집중된 공공기관들을 지방으로 이전하는 '혁신도시 시즌 2' 정책도 관심을 끌고 있다. 노무현 정부 이후 10개 혁신도시에 112개의 공공기관을 이전시켜 나름대로 성과를 거뒀지만 이명박·박근혜 정부에서 중단됐는데, 이를 다시 추진하면 지역균형발전을 꾀할 수 있다는 발상이다.

전문가들은 이 정책의 의미와 효과에 관해 대체로 긍정적이지만, 이것만으로는 부족하다고 지적한다. 마강래 교수는 "최근 나온 여러 논의 중에서 행정과 같은 일부 기능을 지역으로 이전하면 균형발전이 될 것이라는 생각은 서울의 힘과 지역불균형 상황을 과소평가하고 있는 것"이라고 말했다. 그는 "도시 발전이 일부 기관이나 기업 몇몇을 옮겨서 될 문제가 아니라 일자리, 의료, 교육, 행정, 문화 등 개별 기능이 모여 시너지를 이루는 융복합을 통해 이뤄지는 것이라는 사실을 이해하고 그에 알맞게 정책을 펴야 한다"고 덧붙였다.

이와 관련, 도시·지역 전문가들은 지방거점 지역에 서울과 비견될 만큼 정치·경제·문화적 기능이 집적된 '메가시티'를 조성하는 '큰 그림'을 그려야 한다고 제언한다. 김현수 단국대 교수(대한국토도시계획학회 회장)는 "5대 광역시와 10

여 개의 지방 대도시(인구 50만 규모)를 중심으로 인구와 산업을 모아 수도권에 대응할 수 있는 500만 단위 인구 규모를 가진 메가시티를 만들어야 한다"고 주장했다. 그는 이를 위해 "과기부의 강소특구, 국토부의 투자선도지구, 교육부의 국립대학 육성, 산업부의 산단 대개조, 중기부의 스타트업파크 등 부처별로 분리돼 있는 지역 발전 정책을 통합해야 한다"고 지적했다.

과학기술정보부의 강소특구는 지역 내 대학, 연구소, 공기업 등 혁신 역량을 갖춘 기관들이 연구·산업·문화 영역에서 협력할 수 있도록 소규모·고밀도로 집적한 공간이다. 국토교통부의 투자선도지구는 최대 1000억 원을 지원해 낙후지역에 도로, 주차장 등의 인프라를 조성하고 세금 감면과 건폐율·용적률 완화 등 규제 특례로 지역의 성장 거점을 육성하는 사업이다. 교육부에서 추진하는 국립대학 육성사업은 전국 38개 국립대에서 기초학문 연구 지원, 4차 산업혁명을 대비한 인재 양성, 지역 산업과 지자체를 연계한 벤처 창업 등을 추진하는 사업이다.

산업통상자원부의 산업단지 대개조는 산업단지를 지역 산업의 혁신 거점으로 삼아 지역 내 일자리를 창출하는 프로젝트다. 중소기업벤처부의 스타트업파크는 미국의 실리콘밸리처럼 창업자, 투자자, 기업, 대학, 연구기관 등이 자유롭게 협업하고 소통하는 혁신 공간이다. 김현수 교수는 이런 사업을 부처별로 각각 시행하기보다 하나로 통합 추진해

시너지를 내야 한다며 다음과 같이 주장했다.

"지방에 청년 일자리를 만들어내는 일이 가장 시급한 과제이고, 특히 청년들의 관심을 끌 만한 정보통신기술(ICT), 미디어와 문화 등 신성장 산업의 일자리를 만들어야 하는데, 이런 기업들은 대개 모든 조건이 갖춰진 대도시의 도심으로 들어갑니다. 그러므로 지역 성장 거점을 중심으로 메가시티를 조성해 진주에서 태어난 청년이 경남권 거점도시인 부산에서 일하고, 순천에서 공부한 청년이 서남권 거점도시인 광주에서 일할 수 있도록 혁신 산업 플랫폼을 만들어줘야 합니다."

마강래 교수도 혁신 생태계를 구축하려면 기초 지자체 단위가 아니라 광역 지차체 단위로 가야 한다고 지적했다. 그는 "현재 행정구역은 너무 분절되고 중복적이며 서로 경쟁하는 시스템이라 혁신의 걸림돌이므로 광역 단위의 행정구역 통합이 필요하다"고 말했다. 그는 이어 "지역거점의 집적·융복합적 발전과 함께 거점 도시의 성장 이익이 주변 지역에 나눠지는 결합 개발을 통해 지역의 이익을 함께 보존하고 작은 지역 주민의 삶의 질도 함께 높아지도록 정책을 만들어나가는 것이 중요하다"고 강조했다.

마 교수는 또 "특히 지방대는 지역 혁신 생태계 구축을 위해 인재 교육, 연구, 일자리를 연계할 수 있는 키플레이어(핵심 주자)가 될 수 있다"며 "대학과 중앙정부·지자체·기업의 연계 협력 전략을 통해, 지역에서 공부하면 지역에 일자리를 얻고 좋은 정주환경에서 만족하며 살 수 있는 여건을 만들어야 한다"고 덧붙였다.

양승훈 경남대 사회학과 교수는 지역과 지방대의 상생 발전을 위한 방안으로 "건실한 중견·중소기업과 연계해 지방대에 실습교육, 인턴십, 취업을 보장하는 산학협력 학과를 많이 만들어야 한다"고 주장했다.

"서울을 비롯한 수도권에 있는 학교에는 반도체학과, 자동차학과 등 대기업과 협력해 석사 이상의 학위를 주는 계약 학과가 많습니다. 지역에서는 중견기업이나 중소기업에 필요한 학부 졸업생을 키우는 계약 학과를 만들 필요가 있습니다. 괜찮은 회사 몇 개가 협회를 조직해서 졸업생을 안정적으로 채용하고, 규모가 커지면 급여도 조정할 수 있기 때문에 그런 방식으로 산학협력을 펼치면 지역 발전에 큰 도움이 될 수 있을 거예요. 정부나 지자체가 이런 사업을 많이 지원해줄 필요가 있습니다."

양 교수는 이어 "하나 더 대안이 있다면 지역에 문화적으로 낙후된 곳이 많고 어느 지역이든 보육부터 시작해서 교육·문화 분야는 항상 사람이 부족하다고 느끼기 때문에 사회적 일자리, 예를 들어 도서관 사서나 학교 독서지도 교사 등의 일자리를 만들어볼 수 있다"고 제안했다. 그는 "이런 일자리를 사회적기업이나 협동조합 형태로 많이 만들면 고용도 늘리고 주민 복지에도 기여할 수 있다"고 덧붙였다.

불안·경쟁 줄이려면 '사회적 신뢰' 높여야

충북 제천의 사립고 1학년 이예선 학생은 교실에서 성적 때문에 친구들끼리 서로 견제하는 상황을 종종 겪는다. 그는 "수업시간에 깜빡 졸다가 필기하는 것을 놓쳤을 때 잘하는 친구에게 노트를 좀 보여달라고 하면 빌려주기 싫어하거나 통째로 안 보여주고 딱 집어서 그 부분만 보여준다"며 "다들 인서울 대학을 못 가면 어떻게 하나 하는 스트레스가 정말 커서 입시 경쟁에 대한 압박을 많이 받는다"고 말했다. 그는 이어 "지방대에 가면 성인이 되는 첫 출발점에서 낙오된다는 두려움이 있어 그럴 경우 재수를 해야겠다는 생각도 있다"며 "아직 입시가 많이 남았는데도 공부하느라 여가활동을 할 시간도 없고 누가 어떤 형태로든 취미생활을 하면 고등학생이 그런 걸 왜 하느냐는 시선도 있다"고 말했다.

같은 학교 1학년 이윤지 학생도 공부를 생각하면 가장 크게 느껴지는 감정은 '불안'이라고 말했다. 그는 "작은 성적 차이로 대학서열이 달라지니 시험을 볼 때마다 너무 불안감을 느낀다"며 "지방은 정보가 부족하거나 너무 느리고, 체험학습이나 경시대회같이 무언가 경험할 기회도 적은 것 같아 불안이 더 커진다"고 말했다. 그는 또 "고등학교 올라와서 가장 많이 느낀 것은 미래가 불안한데 어떤 것도 날 책임지지 못하니 오직 공부로 승부를 봐야 한다는 점"이라며 "그런 가운데 성적 경쟁이 워낙 심하다 보니 자기 진짜 적성을 고

민할 시간도 없고 고등학생은 그런 거 생각할 시간에 공부나 더 하라는 분위기"라고 말했다.

입시 때문에 부담과 불안감을 느끼는 것은 학부모도 마찬가지다. 충북에서 고등학교 3학년 딸의 학교 학부모회장을 맡고 있는 한수영(가명)씨는 "우리나라가 복지제도와 사회안전망 같은 게 잘 설계돼 있어 누구나 인간답게 살 수 있는 사회라면 좋겠지만 이는 멀게만 느껴지는 얘기"라며 "아직도 한국은 개인이 노력해서 좋은 대학을 나와야 취업을 잘할 수 있는 학벌사회이므로 아이의 행복을 위해 사교육을 통해 투자할 수밖에 없다"고 말했다. 그는 딸의 국어·영어·수학 과외로 월 100만 원 이상을 지출하고 있다고 털어놓았다.

경기도 하남시의 사립고 2학년 딸을 둔 김성희(가명)씨는 "성적이 전교 중위권 수준인 딸이 미대를 지망하는데 최소한 수도권 대학은 갔으면 하는 바람에 매달 미술학원 50만 원, 영어학원 32만 원을 들여 사교육을 시킨다"며 "주변에서 체육 수행평가를 위해 줄넘기 학원에 보내는 것까지 봤다"고 말했다. 그는 "우리 사회에서는 부모의 돈으로 자녀 인생을 바꿀 수 있기 때문에 가난한 집에서 인재가 나는 '개천의 용'이 사라진 지 오래됐다"며 "나는 강남 학부모만큼 능력은 없지만 아이에게 최소한의 기회를 주기 위해 형편에 맞춰서 지원해주는 것"이라고 말했다.

한국사회의 과도한 학벌 경쟁 뒤에는 이처럼 구성원들 사

서울 강남구 대치동, 양천구 목동 등과 더불어 학원 밀집 지역으로 유명한 노원구 중계동 학원가의 모습. 입시 경쟁을 상징하듯 건물마다 수학·영어 학원 등이 빽빽이 들어서 있다. © 이나경

이에 사람과 사회 시스템에 관한 믿음, 즉 '사회적 신뢰'가 부족하고, 이로 인한 불안과 '각자도생' 분위기가 팽배한 현실이 자리하고 있다. 김희삼 광주과학기술원 기초교육학부 교수는 "한국사회에서는 신뢰가 많이 낮아 믿고 의지할 사람과 시스템이 없다 보니 '우리 가족이 알아서 살아남아야 한다'는 불안이 커지고 모두가 더욱더 경쟁에 몰두하게 된다"며 "경쟁이 과열되면서 점수 1~2점 차이로 촘촘하게 대학서열이 매겨지고, 경쟁 결과를 기준으로 서열이 낮은 사람에 대한 무시와 차별이 정당화되고 있다"고 지적했다. 사회적 신뢰가 부족하니 구성원들 사이에서 협력과 연대보다 경쟁

심리가 강해지고, 이는 '서열이 낮은' 지방대에 관한 차별과 소외를 심화한다는 것이다. 따라서 입시 경쟁과 학벌 차별을 완화하려면 한국사회의 신뢰 수준을 높이는 노력이 절실하다는 지적이 나온다.

한국사회의 사회적 신뢰는 실제로 어느 수준일까? 영국 민간기관인 레가툼연구소가 2020년 11월 발표한 '2020 레가툼 번영지수'에 따르면 한국은 종합점수로 167개국 중 28위라는 양호한 성적을 거뒀지만, '사회자본Social Capital' 부분은 139위로 최하위권에 머물렀다. 레가툼연구소가 2007년부터 매년 발표하는 번영지수는 사회의 안전, 개인의 자유, 거버넌스(지배구조), 사회자본, 투자환경, 기업 여건, 시장 접근도와 기간시설, 경제의 질, 생활환경, 보건, 교육, 자연환경 등 12개 세부 항목을 평가한다. 여기서 한국은 교육 2위, 보건 3위 등 다른 항목에서는 대부분 높은 성적을 거뒀지만 유독 사회자본 부문에서 밑바닥 점수를 받았다.

사회자본은 개인 및 사회적 관계, 제도에 관한 신뢰, 사회적 규범, 시민 참여 정도를 측정하는 항목이다. 설문조사에서 사회자본에 관한 질문은 '만약 당신에게 문제가 생겼다면 당신을 도와줄 믿을 만한 친구나 친척이 있는가' '어제 하루 사람들이 당신을 존중하며 대했나' '지난 한 달간 공무원에게 자신의 의견을 개진한 적이 있나' 등으로 사람과 사회에 관한 신뢰, 사회안전망 등과 밀접한 관계가 있다.

사회자본 분야에서 상위권은 덴마크(1위), 노르웨이(2위),

핀란드(3위) 등 사회적 신뢰가 높고 복지제도가 잘 갖춰진 북유럽 국가였고, 하위권은 아프가니스탄(167위), 시리아(166위), 남수단(165위)처럼 내전과 기아 등으로 사회적 불안이 큰 곳이다. 한국과 비슷한 수준으로는 루마니아(134위), 일본(140위), 크로아티아(142위) 등이 있고, 독일은 15위, 미국은 17위, 중국은 42위였다.

국내 조사에서도 비슷한 저신뢰 문제가 드러난다. 문화체육관광부가 전국 성인남녀 5100명을 대상으로 실시한 '2019 한국인의 의식·가치관 조사'에서 '우리 사회가 어느 정도 신뢰할 수 있는 사회라고 생각하십니까'라는 질문에 10명 중 3명(33.6%) 정도만 '신뢰할 수 있다'고 답했다. '보통'은 42.8%, '신뢰할 수 없다'는 23.7%였다.

또 한국행정연구원이 전국 성인남녀 8000명을 대상으로 실시한 '2019 사회통합 실태조사'에서 주요 기관별 신뢰도를 조사한 결과, 4점 만점에 국회(1.9점), 검찰(2.1점), 법원(2.2점), 경찰(2.2점), 신문사(2.3점) 등 공적 기관들이 낮은 신뢰도를 보이는 것으로 나타났다. 신뢰도가 상대적으로 높은 의료(2.6점), 교육(2.5점), 금융기관(2.5점) 등도 모두 2점대를 넘지 못했다.

한국사회에서 '대인 신뢰' 사회자본이 갈수록 후퇴해왔다는 분석도 있다. 김희삼 교수가 〈저신뢰 각자도생 사회의 치유를 위한 교육의 방향〉(2018) 보고서에서 세계 가치관 조사 자료를 활용해 분석한 결과, '대부분의 사람은 믿을 수 있다'고 동의한 국민 비율이 한국은 1981~1984년 38%에서 2010~2014년 27%로 크게 떨어졌다. 같은 기간 일본(41%→39%)과 미국(43%→35%)은 한국보다 하락 폭이 작았고 독일(31%→45%)과 스웨덴(57%→62%)은 신뢰도가 더 높아졌다. 세계 가치관 조사는 1981년부터 80여 개국 사회과학자들이 각국의 사회·문화·정치·윤리적 가치를 조사하기 위해 진행 중인 학술 프로젝트다.

보고서는 이와 관련, "한국의 사회자본 수준을 살펴보면 국가 수준의 경제자본(가구소득)이나 인적자본(학력)에 비해 어두운 것이 현실"이라며 "한국은 국제적 기준에서 사회적 신뢰가 중진국 수준인 가운데 협력과 동업 대신 무한 경쟁 속에 각자 제 살길을 찾는 식의 '각자도생'이 팽배해지고 있다"고 평가했다.

'공부'와 '교육'이 사회적 불안 요소

한국사회의 낮은 사회자본 수준은 곧 '사회적 불안'으로 이어지는데, 한국인들이 대표적으로 불안을 느끼는 문제 중 하나는 교육이다. 한국보건사회연구원이 〈한국의 사회적 불안과 사회보장의 과제〉(2019) 보고서에서 온라인 뉴스와 블로그·카페 게시글 빅데이터 789만 건을 수집해 연관어 분석을 한 결과 사회적 불안과 관련한 단어로 개인 차원에서는 '건강' '가족' '주택·부동산'과 함께 '공부'와 '교육'이 가장 빈번한 것으로 나타났다.

구체적으로 2007년 블로그·카페에서 '불안' 연관어는 '공부'가 3위를 차지했고, '불안+사회' 연관어는 '교육'이 3위, '공부'가 8위를 차지했다. '불안+스트레스' 연관어도 '공부'가 6위를 차지했다. 2015년에는 블로그·카페에서 '불안+사회' 연관어로 교육이 2위를 차지했고, 2018년에는 '불안' 연관어로 '공부'가 10위, '불안+사회' 연관어로 '교육'이 11위를 차지했다.

이에 관해 보고서는 "사회보장이 취약한 상황에서 가족과 같은 전통적 연대가 약화되면서 개인의 소진은 더 심해지고 고립을 초래하며 이로써 불안 경험이 확산된다"며 "이는 개인 수준의 스펙 쌓기에 몰두하는 소진적 대응과 자기 착취로 이어진다"고 지적했다. 개인이 불안을 회피하는 방식이 곧 '자기계발'이라는 것이다.

김문길 한국보건사회연구원 연구위원은 "교육이 흔히 계층 이동의 사다리라고 여겨져왔는데, 최근 부모의 배경이 자녀 교육 성취에 미치는 영향이 커지면서 그 기능이 약해지고 있다"며 "이 때문에 사회 구성원들이 '나는 사다리를 오를 수 없게 되지 않을까' '영원히 뒤처지지 않을까' 하는 조바심을 갖게 되고, 이로 인해 교육에 대한 투자가 더욱 과열되는 경향이 있다고 본다"고 말했다. 그는 "이미 상층에 있는 사람들의 경우에도 더 아래로 내려가지 않기 위해 매우 치열하게 노력하고 있다"며 "한국사회의 이 같은 분투는 소득 불평등 확대에 따라 더 심화하고 있는 것으로 보인다"고 덧붙였다.

사회자본 부족과 사회적 불안은 교육 경쟁이 과열되는 데 직접적인 영향을 끼친다. 서울대 사회발전연구소의 〈사회의 질과 국민통합〉(2015) 연구보고서는 OECD 각종 지표와 세계 가치관 조사 결과 등을 활용해 '사회의 질'이 '경쟁'에 미치는 영향을 분석했다. 여기서 사회의 질은 사회적 보호를 제공하는 역량(복지제도)과 개인의 능력을 증진하는 역량(교육·일자리 제공), 그리고 사회적 신뢰 등 구성원들이 서로 결속하고 참여하는 정도를 측정하는 시민적 역량으로 구성된다.

분석 결과 한국은 비교 대상 OECD 회원국에 중국·태국을 더한 36개국 중 사회의 질이 25위로 중하위권이었고, 특히 '사회적 보호 역량' 수준은 32위로 최하위권에 머물렀다. 사회적 보호 역량을 세부적으로 보면 사회급여나 재정지원을 말하는 '공적 사회지출'이 32위, 노동자의 단결권을 보여주는 '노조 조직률'은 33위, 연금 지급 수준을 말하는 '공적 연금대체율'은 28위 등으로 저조했다. 이에 더해 시민 역량 세부 지표 중 하나인 대인 신뢰도(34위), 제도 신뢰도(22위) 역시 낮았다.

정리하면 한국은 사회적 보호 역량은 낮은 반면, 개인 능력 증진 역량은 높은 전형적인 '과잉 경쟁형' 체제라고 할 수 있다. 반면 덴마크, 핀란드, 스웨덴 등 북유럽 국가들은 사회적 보호 역량과 개인 능력 증진 역량이 모두 우수해 '균형발전'을 이룬 나라로 꼽혔다.

이재열 서울대 사회학과 교수도 OECD 국가의 사회의 질을 분석한 논문 〈사회의 질, 경쟁, 그리고 행복〉(2015)에서 "한국에서 경쟁의 양상은 '과감한 창의성 경쟁' 대신 '소극적 위험 회피 경쟁'을, '사회적으로 최적화된 실력 경쟁' 대신 '과도한 간판 따기 경쟁'을, '조화로운 공생 발전' 대신 '약육강식의 승자독식 경쟁'을 한다는 점에서 행복감을 떨어뜨리는 주된 이유가 된다"고 지적했다. 그는 사회의 질이 높은 국가와 낮은 국가의 특징을 이렇게 분석했다.

"뛰어난 복지 역량을 갖추고 풍부한 교육 기회와 일자리를 제공하는 덴마크에서는 실패한 이들에게도 재도전의 기회가 많다. 그래서 청년들은 과감하게 창의적인 일에 도전한다. 반면에 복지 역량이 취약한 한국의 젊은이들은 과잉 경쟁을 하지만, 위험을 회피하기 급급하다. 실패가 용인되지 않다 보니 혁신적인 기업가 정신이 위축되는 것이다. …… 또 사회적 응집성이 높고 시민 정치 참여도가 높은 덴마크나 스웨덴에서는 공동의 문제에 대한 시민적 해결 의지가 높고, 문제를 풀어나갈 제도권 정치도 잘 작동한다. …… 반면에 한국은 공정하고 타당성 있는 규칙과 심판에 대한 신뢰가 낮다 보니, 논란의 여지가 없는 수치화된 객관적 평가에 매달리는 과도한 간판 경쟁의 폐단이 나타난다."

특별히 한국 중산층의 불안이 교육 경쟁으로 나타나는 과정을 분석한 연구도 있다. 김형준의 2017년 박사학위(서강대 사회학) 논문 〈과잉 교육 경쟁의 역설〉에서 386세대 여성 8명을 심층 인터뷰한 결과, 한국 중산층은 1998년 외환위기 이후 고용불안과 계층 탈락의 압력 속에서 '보다 나은 삶'을 추구하는 경로로 '아파트 투자' '정치적 선택(2002년 대선 노무현 대통령 당선)' '자녀 교육' 등 세 가지를 추구한 것으로 나타났다. 이 중 자녀 교육이라는 선택지가 가장 중요한데, 그 이유는 다른 두 가지가 큰 부담(아파트 대출금) 또는 실패(정치를 통한 분배 실패와 양극화 심화)로 귀결되면서 '대학입시가 완료되는 시점까지 결과가 열려 있는 자녀 교육이 그들에게 남은 유일한 선택지가 되었기 때문'으로 분석됐다.

사회안전망 확충하고 협력과 연대 가르쳐야

부족한 사회자본과 이에 따른 과열 경쟁은 교육 현장을 승자가 되기 위한 '전쟁터'로 만들고 다른 사람과 협력하는 것을 막는다. 김희삼 교수가 〈사회자본에 대한 교육의 역할과 정책 방향〉(2017) 보고서에서 한국·중국·일본·미국 대학생 각 1000명, 총 4000명을 대상으로 교육과 사회자본에 관련된 인식을 조사한 결과는 충격적이다.

먼저 각 나라에서 '고등학교의 이미지'를 묻는 질문에 한국 대학생 중 무려 81%가 '사활을 건 전장'에 가장 가깝다고 답했다. 중국과 미국에서는 40% 정도, 일본은 14%만 고등학교를 전장이라고 본 것과 비교된다. 또 '함께하는 광장'이라고 생각한 비율은 초·중등교육에서 협동과 단체행동을 중시하는 일본이 76%로 가장 높았고, 중국은 47%, 미국은 34%였지만, 한국은 13%에 그쳤다. 한국 대학생 대다수가 고등학교를 '전쟁터'로 인식한다는 것은 치열한 상대평가 경쟁의 경험이 반영된 결과라고 볼 수 있다.

다음으로 '30명의 수강생이 5인 1조로 팀이 되어 공부할 때 만약 기말고사 성적을 개인 점수로 부여한다면, 그 과목을 잘하는 학생이 다른 학생들이 모르는 것을 물어봤을 때 어떻게 행동할 것으로 예상하는가' 하는 질문에 '누가 물어보더라도 잘 가르쳐주지 않을 것'이라고 응답한 비율이 한국(18.1%)에서 가장 높았다. 반면 '모두에게 잘 가르쳐줄 것'의 비율은 한국(44.7%)이 가장 낮았다. 한국 교육과정에서 이타적 협력 수준이 매우 낮다는 사실이 드러난 셈이다.

전문가들은 입시 경쟁과 학벌 차별의 폐단을 줄이기 위해 사회적 신뢰를 비롯한 사회자본을 높이는 노력이 필요하다고 입을 모은다. 구혜란 서울대 아시아연구소 선임연구원은 "한국은 복지제도에 구멍이 많고, 사회의 전반적인 의사결정 과정이 불투명하고, 서로가 서로를, 그리고 제도를 신뢰하지 못하며, 다양한 차별이 존재해도 이를 개선하고자 하는 시민적 참여도 높지 않아 사회의 질이 낮다고 할 수 있다"

고 말했다. 그는 성공하지 못한 사람도 실패자 또는 패배자로 낙인찍는 게 아니라 사회경제적으로 어려움을 겪지 않도록 복지제도를 통해 지원하고 다시 도전할 수 있도록 해야 '수단과 방법을 가리지 않고 성공을 위해 모든 것을 거는' 과잉 경쟁을 막을 수 있다고 지적했다.

김문길 연구위원은 사회적 신뢰를 높이고 불안을 완화, 극복하기 위해 "궁극적으로 계층 사다리를 오르지 않더라도 행복하게 살 수 있는 조건을 만들어야 하고 또 한편으로는 사다리의 간격을 줄여 불평등을 완화하는 방향으로 변화해야 한다"고 말했다. 그는 "이런 방법 중 하나가 복지제도와 같은 사회안전망"이라며 "이런 환경이 잘 갖춰지면 계층 상승과 유지를 위한 치열한 분투가 좀 누그러지지 않을까 생각한다"고 덧붙였다.

김 위원은 "특히 교육에서는 부모의 배경에 따른 교육투자 격차 때문에 생기는 기회의 불평등을 해소할 수 있는 정책이 필요하다"며 "좋은 배경의 부모를 가지지 못한 아동, 청소년, 청년들에게 사회문화적 기회와 자금을 더 많이 지원하고, 대학입시 등에서 사회경제적 약자에게 더 혜택을 주는 '적극적 우대조치' 같은 제도를 강화해야 한다"고 말했다.

실제로 복지를 통해 사회적 신뢰가 높아진 사례도 있다. 서울시가 지난 2018년도 청년수당 프로그램 참여자 3151명을 추적 조사한 결과 '사회적 관심과 지원을 받고 있다'는 응답이 17.8%포인트, '어려울 때 의지할 사람이 있다'는 답이 7.4%포인트 증가했다. 청년수당 참여 후 이웃에 대한 신뢰와 사회에 대한 관심도 커진 것으로 나타났다. 또 청년수당 참여 이후 '실패해도 다시 일어설 기회가 있다'는 응답이 6.3%포인트, '내가 하고 싶은 일을 잘해나갈 수 있다'는 답이 6.7%포인트 증가해 안정감과 자신감 또한 높아진 것으로 나타났다.

김희삼 교수는 "북유럽처럼 고복지국가일수록 사회자본이 높은 것은 사실이지만, 복지 수준과 사회자본은 서로가 서로에게 영향을 주는 '양성 피드백' 관계를 이루고 있다는 것을 유의해야 한다"고 지적했다. 그는 "고복지사회로 가기 위해서는 국민 대다수의 동의와 복지 정책의 주체인 정부에 대한 신뢰가 필요하기에, 사회자본이 높아야 복지제도가 발전할 수 있는 측면도 있다"며 "이처럼 사회자본은 복지 수준뿐 아니라 문화적 요인에 의해서도 큰 영향을 받으므로 학교 교육과정에서 경쟁보다는 협력과 연대를 도모하는 학습 및 평가 방식을 확대해야 한다"고 주장했다.

"(우리나라) 교육은 사회자본을 높이는 기능이 낮고, 오히려 갉아먹는 요소도 있다는 사실이 밝혀졌습니다. 우리 교육 현장의 분위기가 지나치게 경쟁적이고, 교육 방식 또한 일방향 주입식 학습에 그치고 있기 때문입니다. 반면 학생 중심의 수평적, 참여적, 협력적 수업을 도입했을 때 협동심과 연대의식, 공공심이 심어지는 것을 발견할 수 있었습니다. 그런 측면에서 교육을 통해 사회적 자본을 갖추게 하려면 학생들 간의 상호작용이 활발한 수평적인 수업을 시행하고, 평가제도 역시 이런 수업 방식에 부합하는 절대평가를 적절히 확대해나가야 합니다. 이런 노력으로 사회자본이 함양되어 사회적 포용 수준이 높아지면 학벌에 따른 차별과 차별적 인식이 포괄적으로 완화될 수 있을 것입니다."

8장. '공정'한 대학으로

'각자도생' 대신 '공적 지원·투명 경영'을

"최근 지방대들이 위기 극복을 위해 교육과정 개편, 학과 구조조정 등 많은 노력을 기울이고 있지만, 그 효과를 떠나 지방대의 각자도생은 불가능합니다. 학령인구(만 6~21세)가 감소해 대학 입학생 수가 급격히 줄고 있고, 재정이 풍부한 수도권 대학과의 격차도 더 벌어지고 있기 때문입니다. 이런 구조적인 문제를 지방대의 개별 노력만으로는 극복할 수 없습니다. 그러므로 지방대의 위기는 정부의 공적 지원을 통해 함께 연대하고 협력하는 공공성 차원에서 해결해야 합니다."

임은희 대학교육연구소 연구원은 지방대의 생존과 혁신

을 위해 '공공적 해결'이 필요하다고 강조했다. 그는 "지방대는 재정의 상당 부분을 등록금 수입에 의존하는데, 지금처럼 계속 적자생존 경쟁만 벌인다면 소수를 제외한 대다수 대학은 학생 모집에 어려움을 겪고 재정 수입도 매우 부족해질 것"이라며 "그렇게 되면 지방대가 더욱 침체에 빠지고 끝내 소멸해버리는 악순환에 빠지고 만다"고 지적했다. 그는 이어 "지방대에 정부 세금이 투입되어 안정적인 재정을 얻기 위해서는 반드시 대학의 공공성 강화가 전제돼야 한다"고 덧붙였다.

"2021년부터 전면화되는 고등학교 무상교육에 대한 국민 여론은 나쁘지 않아요. 고교까지는 국가가 책임져야 한다는 합의가 있기 때문이죠. 그러나 대학에 공공 자원이 들어가는 데 대해서는 국공립까지는 합의가 돼도 사립대는 안 되는 실정입니다. 대학교육 비용은 수익자(학생·학부모)가 부담해야 한다는 생각이 강하고, 사립대 부정 비리가 언론에 보도되면서 세금이 투입되면 '밑 빠진 독에 물 붓기 아니냐'는 불신이 크기 때문이에요. 그러므로 지방 사립대들은 스스로 공적 기관이라는 인식 아래 재정을 투명하게 운영하고 공공성을 높여 국민들에게 제대로 신뢰를 얻는 일이 필수적입니다."

한국의 지방대는 '학령인구 감소'와 '정부 재정지원 격차' 등 개별 대학의 노력으로 해결하기 어려운 구조적 문제를 안고 있다. 학령인구 감소를 보면 통계청 추산 '만 18세 학령

2부 | 누구나 꿈을 꿀 수 있어야 한다

인구'는 1990년 92만 명이었지만 2021년에는 47만 6000명으로 약 30년간 절반 가까이 줄었다. 이 중 대학교육연구소가 추계한 2021학년도 '대학 입학 가능 인원'은 41만 4000명으로, 334개 국내 대학·전문대 입학정원인 49만 2000명보다 7만 8000명 부족하다. 따라서 대학 중에는 입학정원을 채우지 못하는 곳이 많을 것으로 예상됐는데, 실제로 많은 지방대에서 정원미달이 발생했다. 입시업체 종로학원하늘교육이 2020년 1월 전국 일반대학 정시 지원 현황을 집계한 결과, 서울권 대학의 경쟁률은 2020년 5.6 대 1에서 2021년 5.1 대 1로 약간 떨어진 반면 지방권(경기·인천 제외) 대학은 3.9 대 1에서 2.7 대 1로 크게 하락했다. 수험생들이 정시에서 3곳을 지원한다는 사실을 고려하면 사실상 지방대는 평균적으로 미달이 된 셈이다.

문제는 이런 추세가 앞으로 더욱 심해질 것이라는 점이다. 대학교육연구소의 〈대학 위기 극복을 위한 지방대학 육성 방안〉(2020) 보고서에 따르면, 대학 입학 가능 인원은 2020년 45만 7000명에서 2024년 38만 4000명으로 줄고, 2037년엔 31만 5000명까지 줄어들 전망이다. 이에 따라 현재 입학정원을 유지할 경우 2024년엔 지방대의 34.1%, 2037년에는 83.9%가 '충원율 70% 미만'으로 떨어질 것으로 예상됐다. 그러면 지방대 학부 등록금 수입은 2018년 대비 2024년에 25.8%가 줄고 2037년엔 42.6%나 감소할 것으로 추산된다.

등록금 수입 감소로 타격이 예상되는 지방대는 수도권 대학에 비해 정부 재정지원에서도 심각한 소외를 겪고 있다. 대학교육연구소가 2020년 1월 발표한 〈정부 대학재정지원 분석〉 보고서를 보면, 대학알리미에 공시된 2019년 전국 대학(4년제 198곳, 전문대 136곳) 재정지원 현황을 분석한 결과 학자금 지원과 국공립대 경상비 지원을 제외한 '일반지원'에서 수도권 대학당 평균 지원액은 225억 원이었지만 지방대는 121억 원으로 2분의 1 수준에 불과했다. 특히 연구개발사업에 대한 지원 격차가 두드러져, 수도권 대학당 연구개발 지원액은 149억 원인 데 비해 지방대는 52억 원으로 3분의 1에 불과했다.

대학교육연구소가 2020년 지방대 구성원 583명(직원 381명, 교수 202명)을 대상으로 조사한 결과, '지방대 위기의 가장 큰 원인'을 묻는 질문에 학령인구 감소(30.4%), 수도권 대학 중심의 정부 고등교육 정책(17.8%), 대학재정 부족(16.1%), 설립·운영자의 부실 운영 및 부정·비리'(10.8%) 순으로 답이 나왔다. '학령인구 감소에 따른 대학재정 악화를 극복하기 위한 재정 확보 방안'을 묻는 질문에는 '정부 재정 지원 확대'(42.6%)라는 답이 가장 많았다. 지방대가 겪는 재정 위기에는 수도권·비수도권 차별이 작용하고 있다는 것, 대안은 정부의 지방대 지원 확대라는 인식을 보여준 셈이다.

그렇다면 지방대가 공공성을 높이고 국민의 신뢰를 얻어 공적 자금을 지원받을 수 있는 방안은 무엇일까? 조선대(광주광역시), 상지대(강원도 원주시), 평택대(경기도 평택시) 등 국내에서 가장 먼저 '공영형 사립대' 정책을 추진하고 있는 대학들의 노력을 주목할 만하다. 공영형 사립대는 이사진 절반을 외부 공익 이사로 선임하는 등 대학 운영의 공공성을 높이면서 국가 재정지원을 확대하는 모델이다. 세 대학은 모두 이사장·총장 일가의 전횡과 부정 비리로 오랫동안 분규를 겪다 교직원 등의 저항과 정부 개입을 통해 정상화하는 과정을 거치고, 공영형 사립대에 앞장서 도전하고 있다는 공통점이 있다.

세 대학은 교육부 지원을 받아 2020년 9월 각각 공영형 사립대 도입 실증연구 보고서를 발표했다. 이들 보고서에 따르면 세 대학은 공통적으로 재정 운영과 주요 의사결정을 교직원·학생·시민에게 공개하는 '투명성', 대학 주요 인사의 업무 수행에 대한 책임을 강화하고 이를 평가·견제하는 '책무성', 대학 교직원과 학생뿐 아니라 지역 시민 등 다양한 이해관계자가 대학 운영에 직간접으로 참여하는 '민주성'을 높이는 제도를 도입했다. 이러한 노력은 꼭 공공형 사립대가 아니더라도, 전반적인 대학 공공성 제고 방안으로 참고할 수 있다.

조선대·상지대·평택대… 공공성 강화 방안

대학재정 운영의 공공성을 확보하기 위해 마련한 가장 대표적인 제도는 '재정위원회'다. 재정위원회는 원래 국립대에서 국립대학회계법에 따라 재정 및 회계의 운영에 관한 주요 사항을 심의·의결하는 기구다. 사립대는 국립대와 달리 재정 권한이 전적으로 법인 이사회에 있지만, 공영형 사립대와 같이 공공성을 높이고자 하는 경우 재정위원회를 도입해 심의 기능을 강화하고 법인 이사회가 투명하게 대학재정 정책을 펴도록 유도하는 것이다.

이 재정위원회는 사립대의 다른 재정기구인 '등록금심의위원회'와 '대학평의원회'와는 성격이 다소 다르다. 등록금심의위원회는 등록금 관련 정책을 심의하고 학생의 요구를 수렴할 수 있지만, 다른 재정 영역을 전반적으로 다루기는 어렵다. 대학평의원회는 대학의 발전계획, 학칙, 교육과정 운영 등에 대해 심의하고 대학 구성원의 요구에 반응할 수 있으나, 재정과 관련해서는 자문 기능만 갖고 있을 뿐이다. 그러나 재정위원회는 중장기 재정운용계획, 대학회계 예산 및 결산, 수업료, 교육·연구 및 학생 지도 비용 지급, 주요 사업 투자계획 등을 폭넓게 심의하고 시민의 참여를 통해 높은 수준의 투명성을 확보할 수 있다.

조선대는 2020년 학교 임원 당연직 5명, 교수평의원회 추천 3명, 직원노동조합 추천 2명, 총동창회 추천 2명, 총학생회 추천 2명, 광역단체장 추천 1명, 총장 추천 2명 등 총 17명으로 '조선대학교재정위원회'(위원장 이대용)를 구성했다. 세무법인, 법무법인, 동창회 소속 외부위원 5명을 두고 재정 심의를 외부에도 개방해 공공성을 높였다.

회의록을 보면 2020년 5월 8일 1차 회의에서 재적 위원 17명 중 12명이 참석해 '2020년도 교비회계 1회 추가경정자금예산' 등을 심의했고 5월 18일 2차 회의에서는 16명이 참석해 교내 전망대 카페 건립 등 신규 수익사업을 논의했다. 이 대학은 2020학년도에 총 4차례 재정위원회를 열고 안건 및 논의 사항을 모두 회의록에 남겨 학교 홈페이지에 공개했다.

조선대 공영형 사립대 실증연구 책임자 지병근 교수(정치외교학과)는 "조선대 재정위원회에는 본부 측이라 할 수 있는 부총장과 재정을 총괄하는 기획조정실장도 들어오지만, 직원노조, 총학생회장, 교수진, 외부 전문가 등이 함께 들어와 국립대 재정위원회와 거의 같은 구성 및 권한을 가지고 있다"며 "이처럼 다양한 구성원이 참여한 재정위원회가 재정 심의 권한을 갖고 여기서 승인을 받아야 재정 지출을 할 수 있으므로 그 역할이 대단히 중요하다"고 설명했다.

그는 이어 "우리나라 사립학교법은 대학을 일종의 사기업처럼 운영할 수 있도록 하는 과도한 법적 권한을 이사회에 부여해, 설립이나 재정에 뚜렷한 기여가 없어 정당성이 없는 사람도 학교 경영권을 마음대로 행사할 수 있는 위험이 있다"며 "사립대에도 재정위원회가 있으면 이전보다 훨씬 더 체계적으로 재정을 검토하고 운영할 수 있다"고 덧붙였다.

조선대는 대학의 최고 의사결정기구인 이사회에 시민이 참관하는 제도도 도입했다. 2020년 4월 23일 사립대 사상 처음으로 이사회를 외부에 개방했는데, 이날 참관한 인사는 5·18기념재단의 박진우 연구실장과 천주교광주대교구 정의평화위원회 이태윤 사무국장이었다. 이들은 조선대 정관 개정(안), 직제규정개정(안) 등 20건에 대한 심의·의결과정을 지켜봤다. 이 대학은 이어 5월 21일 이사회에서도 광주 소재 고등학교 교장과 시교육청 노동조합 간부 등 지역 교육 전문가 2명이 참관한 가운데 8건의 안건을 처리했다.

상지대는 교내 구성원이 이사회를 참관할 수 있게 했다. 2020년 4월 29일 이사회에 교내 재정위원회 산하 행정감사위원회 위원장과 위원 4명이 출석해 2019회계연도 결산 승인에 관한 논의를 지켜봤다. 이어 6월 23일 이사회에는 교수협의회 공동대표, 직원노동조합 지부장, 총학생회장·부회장·사무국장, 총동문회 수석부회장이 참관해 정관 개정, 교직원 인사규정, 전임교원 신규임용 등의 논의를 지켜봤다. 상지대는 특히 교수협의회, 총학생회, 직원노동조합과 같은 구성원 단체를 정관에 명시해 공식 기구화하고, 이들 대표가 이사회 등 주요 회의에 참관하게 함으로써 민주성과 참여성을 높이는 노력을 기울이고 있다.

이사회 참관에 대한 구성원들의 반응은 대체로 긍정적이다. 상지대 공영형 사립대 실증연구 보고서 심층인터뷰 자료에서 한 학교법인 상지학원 이사는 "구성원 단체의 대표가 이사회에 참관하는 제도는 학원 운영의 투명성과 공공성을 강화하는 실질적 효과가 있는 것으로 생각한다"며 "교내 구성원 단체에게도 필요한 회의 자료가 충실히 제공되어 참관의 실질성을 확보할 수 있도록 세심한 배려가 필요하다"고 밝혔다. 이사회를 참관한 경험이 있는 총학생회장은 "이사회가 구성원 단체를 배려해주고 있다는 느낌이 있어서 좋았다"고 말했다.

물론 우려도 있다. 같은 보고서에서 한 단과대학 학장은 "이사회를 감시하는 것으로 비칠 수도 있고, 이사들이 소신대로 하지 못할 우려도 있을 것"이라는 의견을 보였다. 한 외부인사는 "모든 것을 다 투명하게 공개할 수 있으면 좋겠지만 그렇지 못한 것이 조직의 섭리"라며 "사안에 따라서 참관을 허락하는 것도 좋은 방법"이라고 제안했다.

상지대 공영형 사립대 실증연구에 연구원으로 참여한 방정균 교수(한의예과)는 "상지대는 교수협의회, 총학생회, 직원노조 등 구성원 단체가 이사회를 참관하고, 학장과 학과장, 학생 대표, 동문, 직원, 외부인사 등으로 구성된 단과대학 운영협의회가 교무위원회에 참관하고 있다"며 "이를 통해 극소수 인사들이 학교를 독단적으로 운영하는 것을 견제하고 구성원의 의견을 최대한 수렴함으로써 행정 참여도를 높이고 중요 사안을 공유할 수 있다"고 말했다.

"대부분의 사립대 거버넌스는 이사회의 족벌체제라 할 수 있고, 사학 비리 역시 그들의 회계 부정과 독단적 운영에서 비롯되는 경우가 많습니다. 사학 비리로 인한 분규를 겪었던 상지대도 지난 2017년 사학분쟁조정위원회에서 새 이사를 꾸릴 때 공공성과 투명성, 도덕성을 가장 중요한 요소로 여기고 그 기준으로 이사를 구성했습니다. 지금 논의 중인 것은 현재 9명인 이사회 정원을 늘려 지역 협력을 위한 지역 인사, 책무성을 높이기 위한 재정 전문가를 이사에 추가하는 방안입니다. 또 총장 선임에서도 지난 2018년 첫 총장 직선제를 했는데, 대부분 학교는 교수 위주로 투표하지만 우리는 학생 투표 반영 비율을 22%로 정해 구성원들의 민의를 수렴했습니다."

평택대는 2019년부터 법인 이사장과 총장의 월별 업무추진비 사용 내역을 학교 홈페이지에 공개하고 있다. 정관에서 원래 3개월만 공개하기로 한 이사회 회의록을 무기한 공개하는 것으로 개정하기도 했다. 또 법인 임원 간 친족관계도 홈페이지에 밝혔다. 과거 총장과 이사진의 업무추진비 부정 사용, 친족 간 비리 행위 동조·방조 때문에 심각한 분규를 겪었던 경험을 반복하지 않기 위해서다.

평택대에서는 특히 지난 2018년 설립된 '인권센터'가 대학의 민주성을 높이는 데 큰 공헌을 한 것으로 평가받는다. 전 총장의 여직원 성추행과 갑질 등으로 침해받아온 대학 구성원들의 권리 보장이 필요하다는 인식 속에서 인권센터가 만들어져 교수회, 직원노조, 총학생회 등 교내 자치조직의 설립과 활동에 큰 영향을 준 것이다. 현재 인권센터는 운영위원회와 인권고충심의위원회, 상담실 등으로 구성돼 차별과 폭력 대응뿐 아니라 장애인·외국인·성소수자·노동자의 권리 교육, 캠페인, 연구 및 인권연대 구성 등 다양한 사업을 펼치고 있다. 특히 인권고충심의위원회에는 교수, 직원, 외부 변호사와 시민단체 활동가가 참여해 신고 사건을 심의·의결하고, 추가 조사 및 해결 방안에 관한 의견을 제시하고 있다.

평택대 공영형 사립대 실증연구 책임자이자 인권센터 소장을 맡았던 선재원 교수(일본학과)는 "인권센터가 대학 구성원의 인권침해 사건을 처리하고, 성평등, 노동권 문제에 적극 개입하는 등 대학 민주화 과정에서 많은 역할을 했다"며 "예전에는 족벌경영체제에서 알려지면 학교 명예가 실추된다며 강압적으로 덮었던 성희롱, 갑질 문제가 이곳을 통해 어느 정도 해결된 것"이라고 말했다. 그는 이어 "향후 보다 민주적인 거버넌스를 위해 법인 임원의 친족 교직원 수 공시, 직원 채용의 공정성 강화, 대학평의원회 참관, 재정위원회 참관 등을 추가로 추진하려 한다"고 덧붙였다.

학벌사회 극복과 지역 격차 해소 효과 기대

교육부는 지난 2019년 12월 '교육 신뢰 회복을 위한 사학 혁신 추진 방안'을 발표하고, 사학 회계 투명성 제고, 사학 법인 책무성 강화, 사학 운영 공공성 확대 등 5개 분야 26개 추진 과제를 제시했다. 이후 사립학교법 시행령 개정, 고시 제정 등을 통해 ▲ 1000만 원 이상 배임·횡령 임원은 시정명령 없이 임원취임승인취소 가능 ▲ 이사회 회의록 공개 기간 3개월에서 1년으로 연장 ▲ 설립자 및 설립자 친족과 기존 임원 및 학교 총장 등은 개방이사 선임 불가 등 일부 추진 사안을 확정했다. 이외에 적립금 공개 확대, 사립대 외부 회계감사 강화, 비리 임원 복귀 제한 등 추가적인 혁신 방안을 추진하기 위해서는 국회에서 사립학교법을 개정해야 한다.

반면 사학단체들은 정부와 일부 대학의 공공성 제고 움직임에 반발하고 있다. 한국사학법인연합회·한국대학법인협의회 등 사학단체는 2020년 2월 토론회를 열고 "정부는 일부 사학의 비윤리적 사례를 근거로 전체 사학을 왜곡하고 이를 확대 재생산하지 말라"고 촉구하는 성명을 발표했다. 성명은 이어 "사학의 자율적 운영을 보장하는 정책으로 대전환하라"고 요구했다.

한국사학법인연합회는 2020년 11월에도 공영형 사립대 정책을 비판하는 기자회견에서 "사학재단을 비리재단으로 몰아세워 '민주공영대학'이라는 딱지를 붙이면 가장 먼저 지배구조가 바뀐다"며 "설립자와 재단법인이 운영 주체가 아니라 이사회를 장악한 친정부 특정 집단 인사들이 주인이 되는 것"이라고 비판했다. 연합회는 이어 "(공영형 사립대는) 비리 사학을 정리하고 부실 대학을 구조조정하겠다는 허울 좋은 명분을 내세우지만, 속내는 사학법인 재산과 국민 혈세로 학교를 장악하고 망할 때까지 사적 이익을 취하겠다는 행위일 뿐"이라며 "사립학교에 대한 소유와 운영권을 탈취하여 '공영화하겠다'는 것 자체가 전체주의적 발상이라 규정한다"고 밝혔다.

이에 관해 임은희 연구원은 "대학의 공공성과 자율성은 서로 배치되는 것이 아니다"고 반박했다. 그는 "대학의 자율성이란 구성원의 논의와 합의를 통해 행정을 운영하고 교직원·학생이 자유롭게 학문을 펼치는 것을 말하므로 이러한 자율성은 충분히 보장될 수 있다"고 강조했다. 그는 이어 "다만 학교에 공적 자금이 들어가는 만큼 투명한 시스템을 갖추고 정부 차원에서 부정·비리가 발생하지 않도록 감사를 통해 관리하는 일은 필요하다"며 "이로 인해 오히려 대학 구성원 입장에서는 더 책임감 있는 운영이 가능하다"고 말했다.

김태훈 사교육걱정없는세상 정책부위원장은 "사립대에 재정 투명성과 민주적 거버넌스를 강화할 때 재정 안정성이 확보되고 대학교육의 발전이 이루어질 수 있다는 정책적 청사진을 제시할 필요가 있다"며 "이렇게 되면 교육적 마인드를 가진 설립자나 이사회 중에서 대학 발전을 위해 협력적으로 나오는 곳이 있을 것"이라고 말했다. 그는 이어 "또 재정 안정성이 확보되고 교육여건이 나아진다고 하면 재학생과 교수진, 직원 등 대학 구성원들은 이를 환영하게 될 것"이라며 "이러한 구성원들의 의견을 모아나간다면 공공성을 높이기 위한 변화를 이끌어낼 수 있다"고 덧붙였다.

사립대학, 특히 지방 사학의 공공성을 높이고, 정부 재정지원을 대폭 늘리면 사회적으로 어떤 이익이 생길까? 교육부와 한국사학진흥재단이 함께 발표한 〈공영형 사립대학 도입 필요성 연구〉(2019) 보고서에 개략적인 효과·편익 분석이 나와 있다. 우선 대학은 구성원·지자체·지역사회의 참여와 협력을 높이고, 지역 산업과 연계해 특성화한 교육과정과 기술 개발, 인력 양성을 도모할 수 있을 것으로 기대된다. 또 인문학, 사회과학, 자연과학 등 그동안 쇠퇴해온 기초학문 교육과 연구를 강화할 수 있고, 지역사회 맞춤형 평생교육 환경과 수준을 높일 수 있다. 이를 통해 대학에서 전반적으로 교육의 질이 향상되면 졸업생의 취업률 증가, 경쟁 완화로 인한 사교육비 절감, 대학시설 지역사회 공유와 같은 부가적 편익도 발생할 것으로 분석됐다. 보고서는 예산 500억 원을 들여 권역별 5개씩 25개 대학을 공영형 사립대로 선정해 연평균 20억 원씩 지원할 경우, 대학교육의 공적 및 사적 편익 2229억 원, 사교육비 절감 효과 543억 원, 평생직업교육 소득 상승 효과 85억 원, 인적자원 확충을 통한 혁신 효과 400억 원, 지역 시설자원 제공 편익 23억 원 등 총 3280억 원의 편익이 발생할 것으로 추정하기도 했다.

조선대 지병근 교수는 "많은 지방대가 더 이상 혁신할 게 있을까 하는 생각이 들 정도로 노력하고 있지만 구조적인 어려움 때문에 한계가 있고 하고 싶어도 못하는 부분도 있다"며 "지방대가 살기 위해 취업률 높은 학과만 키우거나 '도토리 키 재기' 하는 경쟁을 할 게 아니라 공공성을 강화해 이에 비례하는 정부의 재정지원을 떳떳하게 받고, 교육의 질을 높이며 공공적 가치를 창출하는 기관으로 변모해야 한다"고 말했다.

평택대 선재원 교수는 "학령인구의 감소는 그동안 대학생들이 충분한 지원을 받지 못했던 문제를 개선하고 1인당 교육비 지원 증가, 나아가 대학 무상교육 등 오히려 수준 높은 고등교육의 수혜를 받도록 하는 새로운 기회가 될 수 있다"며 "단순히 입학정원을 줄이는 문제를 논의하는 데 급급할 게 아니라 대학 공공성을 개선해 교육의 질을 높이는 장기적인 교육개혁을 시작해야 한다"고 강조했다. 그는 이어 "이제껏 우리 교육이 학생들도 서열을 만들고 대학도 서열을 만드는 과도한 경쟁체제여서 진정한 교육이라 할 수 없었는데, 미래가 없는 그런 교육을 탈피해야 한다"며 "과도한 경쟁을 없애고 상생하기 위해서는 공공성을 높이기 위한 노력과 안정적인 재정 공급이 필수적"이라고 덧붙였다.

상지대 방정균 교수 역시 "정부 지원 대부분이 서울에 있는 대학에 집중돼 있고 대학서열 역시 정부가 지원하는 금액 순서로 거의 고정돼 있다"며 "그만큼 지방대 지원은 안 해주면서 경쟁력 없으니 문 닫으라고 하는데, 기울어진 운동장에서 경쟁을 하라고 하면 말이 안 된다"고 말했다. 그는 "지방대에 대한 지원이 없으면 지방대가 무너지고 지방대가 무너지면 지역사회가 무너진다"며 "지방대가 살면 지역사회와 긴밀하게 협력하고 상생을 도모함으로써 지역도 살 수 있다"고 주장했다.

"상지대가 2020년 전국 대학 최초로 학교 내에 발달장애인통합지원센터 '더불어 봄'을 설치했어요. 발달장애 학생 돌봄기관을 지역 주민들의 반대 때문에 만들기가 쉽지 않은데 대학이 그 공간을 제공한 겁니다. 센터는 발달장애 학부모들이 만든 사회적협동조합(드림하이)과 함께 운영되고 있습니다. 이런 기관은 공공적 대학이 지역사회에 공헌할 수 있다는 상징적 의미를 가지고 있죠. 그 밖에 원주가 한살림 등이 태동한 협동조합의 메카라 할 수 있는데, 상지대에는 한국사회적기업진흥원이 지원하는 사회적기업성장지원센터도 있고 강원도 사회적경제지원센터도 있습니다. 2020년에 사회적경제학과를 개설하기도 했어요. 최근 주목받는 사회적경제를 통해 지역사회와 협력하겠다는 의지입니다."

김태훈 정책부위원장은 "지방대의 공공성 강화는 비리, 부실 사학이 발생할 가능성을 줄이고, 또 공공성 강화를 조건으로 국가 재정지원이 강화된다면 지방대생들에게 안정적인 학업과 자기계발을 수행할 수 있는 든든한 기반이 될 것"이라고 말했다. 그는 "그렇게 되면 지방대라 하더라도 학생들이 학업과 취업에 긍정적인 성과를 낼 수 있는 여건이 만들어지고, 그러면 지방대 기피 현상이 완화되는 동시에 학벌사회를 극복하고 지역사회와 상생하는 데도 긍정적 영향을 미칠 수 있다"고 말했다.

한편 대학교육연구소는 학령인구 감소와 함께 갈수록 심각해질 지방대 미충원 문제를 해결하는 방안으로 대학 공공성 강화 외에 '수도권 대학을 포함한 전체 대학이 고르게 정원 10% 감축' '재외국민 및 외국인 특별전형 등 정원 외 모집 인원을 정원 내로 전환' '동일 법인 대학 통·폐합' '폐교에 따른 피해 최소화 방안 마련(학생 등록금 및 교육 기회 보호, 교직원 임금 및 고용 보호)' 등을 제안했다.

능력주의를 넘어, 경쟁에서 연대로

"한국 교육을 지배하는 패러다임은 '능력주의'입니다. 학교에서부터 자기 능력에 따라 보상받는다는 원리를 가르치고, 시험을 통해 서열 높은 대학에 들어가는 것을 능력으로 여기며, 그에 맞춰 지위와 재화를 얻는 게 공정하고 정의롭다고 보는 거죠. 그러나 여기서 능력이란 학생들이 가지고 있는 고유한 소질과 소양, 또는 천재성이라기보다는 한국

시험체제에 잘 적응하는 것을 말하고, 부모의 사회경제적 배경에 거의 비례합니다. 그래서 능력주의는 사회를 정의롭고 공정하게 만들기보다 불의를 정당화, 영속화하는 논리로 쓰이고 있습니다."

김누리 중앙대 교수(독어독문학과)는 "한국 교육의 운영 원리라 할 수 있는 능력주의 자체에 심각한 문제가 있다는 걸 성찰할 필요가 있다"고 말했다. 그는 "우리 교육의 패러다임을 경쟁교육에서 연대교육으로 바꿔야 한다"고 강조했다.

사교육걱정없는세상의 김태훈 정책부위원장은 "능력대로 보상받는 것이 당연하다면서 뒤처진 사람을 전혀 배려하지 않는 극단적인 능력주의는 배격해야 한다"고 말했다. 그는 "경쟁에서 이긴 사람은 사회를 위해 기여할 수 있는 기회를 가졌다고 생각하고, 뒤처진 사람도 존중받으며 살아갈 수 있는 사회가 돼야 한다"며 "교육 영역에서 그러한 변화가 먼저 일어나야 한다"고 주장했다. 이어 "사회가 경쟁적이니 교육도 어쩔 수 없다고 생각할 게 아니라, 사회를 바꿔나가되 그 과정 속에서 교육만이라도 경쟁이 아닌 인간성과 사회정의를 추구해야 한다는 인식이 필요하다"고 덧붙였다.

능력주의란 개인의 능력에 따라 자원·지위·권력 등을 배분하는 것으로, 타고난 신분에 따라 자원이 주어지는 귀족정 등 세습주의와 비교해 공정한 것으로 인식됐다. 그러나 최근 들어 능력주의 원리가 승리자에게 과도한 보상을 주고 패배자에게 불합리한 차별을 안김으로써 새로운 불공정과 불평등의 빌미가 되고 있다는 비판이 나오고 있다. 능력주의를 명분으로 경쟁을 강요하면서 지방대 차별과 소외를 정당화하는 한국 교육 풍토 역시 달라져야 한다는 목소리도 커지고 있다.

미국 하버드대 마이클 샌델(정치철학) 교수는 저서 《공정하다는 착각》(2020)을 통해 "능력주의 사회에서 승자들은 자기가 누리는 특권이 자기 능력으로 노력해서 이뤄낸 것이니 당연하다고 생각하며 오만해지는 한편, 대다수 패자들은 가난과 차별이 자신이 노력하지 않고 게을러서 생긴 결과라고 생각하며 굴욕감에 빠진다"고 말했다. 이 때문에 사회 구조적인 불평등이 정당하게 여겨지면서, 이에 대한 저항이 사라지고 불평등은 더 심해진다고 그는 설명했다.

박남기 광주교대 교수도 "우리 사회가 실력주의(능력주의)와 그로 인한 무한 경쟁, 승자독식의 원리를 추구하다 보니 학력과 학벌을 금전·명예·권력 등 사회적 재화를 배분하는 가장 중요한 기준으로 사용하게 되었다"고 말했다. 그는 "이에 따라 모든 사람이 학력·학벌을 추구하는 쪽으로 나아가고 학교교육 자체가 자원 분배의 수단으로 왜곡되고 말았다"고 지적했다.

박 교수는 또 "최근 한국사회는 능력을 갖춰 소위 명문대를 나오면 성공이 보장되는 단계를 넘어서, 상층부가 어느 정도 고정돼 있어 부모의 사회경제적 배경이 자녀에게 미치는 영향이 더욱 커지게 되었다"며 "실력주의에 따라 부모가 형성한 재산과 지위를 자녀에게 그대로 세습하는 게 정당화된 것"이라고 말했다. 이는 샌델 교수가 능력주의의 결과로 만들어진 '학력 계급사회'는 사실상 '세습 귀족정'에 불과하다고 주장한 것과 일맥상통한다.

한국사회에서 능력주의가 팽배하고 경쟁교육이 극심해진 이유는 뭘까? 김누리 교수는 세 가지를 꼽았다. 첫째는 일제 강점기 사회진화론과 해방 후 미국식 자유시장경제 이데올로기, 그리고 군사독재 정권의 권위주의가 결합하면서 적자생존·약육강식을 강조하는 경쟁지상주의가 자리 잡은 것이다. 둘째는 한국사회의 양극화가 심해지면서, '불평등이 심할수록 각축이 치열해진다'는 원리에 따라 경쟁이 격화한 것이다. 셋째는 근대화 과정에서 양반과 같은 기성 지배집단이 완전히 와해되면서 역설적으로 새로운 신분으로서 학벌이 중요한 의미를 갖게 된 것이다.

김 교수는 특히 "해방 이후 대한민국 정부가 과연 진정한 교육 정책을 가져본 적이 있는가에 회의적"이라며 "우리 교육이 엉망진창이 된 데는 정부의 무관심과 무능력, 무비전, 무철학이 큰 영향을 끼쳤다"고 지적했다.

"이 나라에는 근본적이고 거시적인 교육 정책이 없어요. 교육 정책이 있으려면 어떤 인간을 기를 것인지에 대한 성찰이 있어야 하는데, 바로 그게 없습니다. 일제강점기에는 일제에 굴종하는 노예, 즉 황국신민을 길러내는 게 교육 목표였고 해방 이후 독재정권 시절에는 반공투사, 산업전사를 길러내는 게 목표였어요. 그 이후 민주화가 됐지만, 이때도 인간을 자원으로 보는 '인적자원'을 길러내는 교육을 했어요. 지난 100년 동안 우리 교육을 돌아보면 단 한 번도 존엄한 인간, 성숙한 시민을 기르는 교육을 해본 적이 없습니다. 교육 정책에는 제대로 된 대학 및 학문 정책도 없이 오로지 입시 정책만 있는 상황이죠."

최근까지 한국 교육 정책의 방향은 김영삼 정부의 '5·31 교육개혁'에 기초했다. 지난 1995년 수립된 5·31 교육개혁은 초·중·고교와 대학까지 포괄하는 거시 교육 정책으로, 자율성과 다양성, 세계화를 목표로 22개 분야 120여 개 과제를 제시했다. 그러나 이 정책은 세계 속 경쟁력을 지향하는 '신자유주의'를 기본 이념으로 삼아 교육 경쟁을 강화하고 공공성을 약화했다는 비판을 받는다. 특히 주요 정책인 대학설립준칙주의(최소 요건만 갖추면 대학 설립을 인가해주는 제도), 국립대 법인화, 특수목적고 및 자립형사립고 설립, 사학의 자율성 확대 등은 대학의 난립과 교육 서열화를 촉진했다는 지적을 받는다. 실제로 대학설립준칙주의 도입 이후 일반대학 수는 1996년 134개에서 2014년(제도 폐지) 189개로 55곳이나 늘었다.

시민단체 교육을바꾸는사람들 이찬승 대표는 "5·31 교육개혁은 그 당시 국내외 분위기를 반영해 공급자 중심의 교육에서 소비자 중심의 교육으로 패러다임을 전환하면서 자율성과 책무성을 강조하고 학교 다양화, 수준별 교육과정

도입 등 시장주의를 채택했다"고 설명했다. 그는 이어 "이는 공공성 차원에서 교육을 긴 안목으로 보지 못한 면이 컸으며, 그 결과 학교를 통해 계급이 재생산되고 계층 간 격차를 더 벌리는 결과를 낳게 됐다"고 평가했다.

이런 교육 풍토에서는 이기적 인간이 양산되기 쉽다. 이찬승 대표는 "신자유주의적 분위기 속에서 개인의 성공을 위한 것이라면 무엇이든 허용되는 사회적 분위기가 만들어지고, 여기서 더불어 살아가는 삶, 따뜻한 공동체적 삶에 기여하는 책임 있는 민주시민을 키워내지 못했다"고 지적했다. 그는 "개인주의적이고 자기중심적인 인간을 길러내게 된 측면이 있다고 생각한다"고 덧붙였다.

박남기 교수 역시 "사회적 리더를 키울 때 기본 소양이라 할 수 있는 헌신, 희생, 봉사의 가치보다는 철저하게 성적만 보고 뽑았기 때문에, 이들이 사회적 인재로 성장하기보다 개인의 욕구를 충족하는 인재가 됐다"고 지적했다. 그는 또 "최고 엘리트라 할 수 있는 판·검사, 의사 등 전문직과 정치인들이 공동체 의식 없이 전문지식만 채워 넣은 바람에 집단이기주의적인 모습을 보이고 대중의 신뢰를 잃고 말았다"고 말했다. 이어 "엘리트들을 머리만 큰 괴물로 만들고 이들이 국가와 사회를 위해 헌신하게 하는 시스템을 마련하지 못한 게 그동안 우리가 놓친 부분"이라고 덧붙였다.

김희삼 광주과학기술원 기초교육학부 교수가 〈사회자본에 대한 교육의 역할과 정책 방향〉(2017) 보고서에서 한국·중국·일본·미국 대학생 4000명을 대상으로 한 설문조사를 보면 한국 교육환경에서 길러진 이기적 인재의 특성이 그대로 드러난다.

설문조사에는 '귀하께서 남들이 부러워할 만한 회사에 취직했는데 인사고과 권한을 가진 상사가 입사 동료에게 부당한 대우를 하는 것을 목격했을 때, 불이익을 감수하더라도 동료를 돕기 위해 행동하시겠습니까'라는 질문이 있다. 억울한 타인을 돕고 부조리를 타파하기 위해 나설 의지가 있는지 묻는 것이다. 여기서 '불이익을 감수하고 행동할 것'이라고 응답한 비율은 한국 대학생 중 34%로, 미국(74%), 일본(44%), 중국(40%)의 비율보다 낮았다.

'기술 발전으로 기계가 사람의 일을 대신하는 경우가 늘어나고 있는데 기계 대신 사람이 일을 하면 생산비용이 좀 더 많이 든다고 가정한 경우, 귀하는 철도를 이용할 때 역무원 등 다른 사람들의 일자리를 지키기 위해 최대 몇 %까지 높은 요금을 지불할 용의가 있습니까'라고 연대의식을 묻는 질문도 있었다. 여기서도 고용 유지를 위해 부담할 용의가 있는 철도 요금 할증률을 한국 대학생은 평균 16%라고 응답해, 미국(34%), 중국·일본(21%)보다 낮았다. 김 교수는 보고서에서 "한국 대학생은 과도한 경쟁 속에서 교육 현장에 신뢰와 협력이 결핍된 것으로 인식하고 있어, 교육을 통한 사회자본 함양을 위해서는 의식적인 노력이 필요함을 확인시켜주었다"고 평가했다.

성숙하고 존엄한 인간 키우는 민주주의 교육

교육 전문가들은 능력주의를 기반으로 경쟁을 강요하는 교육에서 인간의 개성과 협력, 연대를 강조하는 교육으로 한국 교육의 패러다임을 근본적으로 바꿔야 한다고 주장한다. 김누리 교수는 "지금처럼 극단적인 이기주의자로 키우는 교육은 그만해야 한다"며 "이제 교육에서 가장 중요한 건 학생 하나하나의 존엄성을 중시하고 성숙한 민주주의자로 길러내는 방향으로 가는 것"이라고 말했다.

"더 이상 경쟁교육을 시키면 안 됩니다. 다른 사람과 함께 하는 교육, 공감하는 교육을 해야 합니다. 경쟁교육에서 연대교육으로 바뀌어야 합니다. 우리 사회에서 연대라는 걸 찾아보기 어렵습니다. 우리나라 엘리트층만 봐도 특권의식과 집단이기주의로 가득 차 있어요. 잘못된 교육이 잘못된 사람들을 길러내고, 이들이 한국사회 특권을 독점하면서 사회 전체가 정글이 된 거죠. 그것을 치유하기 위해서는 교육의 근본적인 변화가 필요합니다. 특히 국가주의적 교육관을 바탕으로 '인적자원'을 뜻하는 인재를 길러내는 게 아니라, 성숙하고 존엄한 인간을 길러내는 교육을 해야 합니다."

김태훈 정책부위원장 역시 "한국이 세계 최저 인구증가율을 기록하고 있는 상황에서 대다수 아이들을 도태시키며 소수의 엘리트 집단만 키우는 교육이 아니라 학생 한 사람 한 사람의 자아를 실현하고 장점과 특징을 극대화할 수 있는 개별화된 교육으로 나아가야 한다"고 주장했다. 그는 이어 "더 이상 빠른 시간 안에 선다형 답지 속에서 정해진 답과 출제자의 의도를 찾는 교육을 해서는 안 된다"며 "충분한 시간을 갖더라도 문제에 대한 해결 능력을 키우고 자신만의 생각을 표현하며 다른 사람들과 생각을 나누고 협업할 수 있는 사람을 길러야 하고, 그에 걸맞은 시험 및 입시 제도를 만들어야 한다"고 강조했다.

박남기 교수는 "특히 남들보다 실력이 뛰어나고 많이 노력했다고 믿는 엘리트들에게 공감력과 겸손, 공동체에 대한 봉사와 헌신을 강조하는 교육을 강화해야 한다"고 말했다.

"그동안 우리는 열심히 노력하면 누구나 잘할 수 있다는 노력만능론 속에서 살았기 때문에, 자신이 가진 재화를 내가 노력해서 얻은 것이라고 착각하고 있어요. 하지만 엘리트계층이 부와 명예, 권력을 가진 것은 노력 외에도 상당 부분 운이 따랐기 때문입니다. 성공하는 데 필요한 똑똑한 머리, 좋은 부모와 환경, 집념과 인내심, 체력 등은 타고나는 것이지 자기가 노력한 게 아니잖아요. 이런 사실을 어린 나이 때부터 학생들에게 교육해서, 성공이 온전히 개인의 것이 아니라 사회적 재화라는 것을 알고 당연하게 사회와 나누도록 해야 합니다."

심승환 안양대 교양학부 교수는 '사회정의교육'이란 개념을 강조했다. 그의 논문 〈사회정의교육의 개념과 방향〉(2020)에 따르면 이는 사회정의를 이루는 과정이자 기반으로서 '경제적 차원에서 분배' '문화적 차원에서 인정' '정치적 차원에서 대표의 정의'를 조화롭게 추구하며, 사회의 불의와 불평등에 관한 비판의식과 합리적이고 자율적인 사고를 가르치는 것이다.

심 교수는 "사회정의를 실천하기 위해서는 구성원들 의식의 성숙이 필수적이므로 이를 교육을 통해 이뤄가자는 것"이라며 "현장에서 학생들이 경제·문화·정치 분야에서 정의를 실현하고자 하는 의식을 함양하고 이를 실천적으로 학습할 수 있도록 교육활동을 개발·실행해야 한다"고 주장했다. 그는 "시험용 정보들을 효과적으로 암기하는 교육을 지양하고, 교사와 학생이 평등하고 민주적인 의사소통과 공동 탐구를 통해 사회적 문제와 삶의 문제, 교과 문제의 원인과 실상, 대안을 비판적으로 질문하고 토론하는 교육을 해야 한다"고 말했다.

심 교수는 또 "지방대 차별과 소외 문제 역시 근본적으로 학벌에 따른 경제적 보상의 불평등, 명문대를 명품처럼 여기는 문화적 계층화, 학벌·학연의 정치 세력화 등 한국사회 정의의 문제와 복합적으로 연결돼 있다"고 지적했다. 이어 "이는 단순히 교육 내부에서 해결할 수 없는 구조적 문제이지만 그럼에도 포기하지 않고 사회정의교육을 통해 공동체성과 협력, 소외 주체에 대한 배려 등을 강조해나가면 큰 틀에서 학벌 문제를 극복하는 첫 단추가 될 수 있을 것"이라고 덧붙였다.

박만구 서울교대 수학교육과 교수는 논문 〈사회정의를 위한 수학교육 프로그램 개발〉(2018)에서 현장 적용 사례를 제시했다. 초등학교 6학년 학생을 대상으로 '정의롭게 리더를 선정하는 방법'이라는 주제로 수학교육을 수행한 사례다. 학교 회장을 뽑는 공정한 방법을 토의하고, 설문조사를 수행해 표와 그래프로 정리하는 방법 등으로 통계, 수와 연산과 같은 내용을 공부한 것이다. 그 결과 학생들은 수학에 관해 긍정적인 인식을 갖게 됐고, 수학이 단지 수를 사용하고 계산만 하는 교과가 아니라 사회정의와 세상을 이해하게 하는 공부라는 좀 더 넓은 관점을 갖게 된 것으로 나타났다.

장은주 영산대 성심교양대학 교수는 '민주시민교육'의 확대를 역설했다. 그의 논문 〈한국의 민주시민교육, 사회적 합의의 방향과 제도화의 과제〉(2019)에 따르면 민주시민교육은 '민주주의 사회의 주권자인 시민이 갖추어야 할 기본적인 역량, 곧 지식·기술·태도 및 가치의 함양에 대한 교육'으로 정의할 수 있다.

민주시민교육을 통해 학생들은 헌법과 기본권, 정당과 선거, 과세와 재정, 미디어의 작동 방식과 기능 등을 배우고, 정치적 의견을 명료하게 내세울 수 있는 능력, 이견을 가진 사람들과 소통하고 타협·조율할 수 있는 역량을 키운다. 또 인권, 존엄성, 상호존중, 정의감, 공정성 및 공동선, 민주적 애국심 등을 배운다. 이런 교육에서 앞서가는 프랑스의 중학생들은 시민교육 교과를 통해 왜 노동조합에 가입해야 하는지, 시민사회 단체와 어떻게 연대하는지, 어떤 방식으로 사용자와 단체교섭하는지 등을 배우는 것으로 알려졌다.

장 교수는 "민주시민교육은 민주공화국 시민이 권리를 행사하고 사회적 책임을 다하며, 민주주의 사회가 제공하는 삶의 가능성을 충분히 누리는 데 필요한 자질과 능력을 기르는 교육"이라고 설명했다. 그는 "건전하고 성숙한 민주주의 시민을 길러내기 위해 유럽 대부분 국가에서 민주시민교육을 필수화하고 있는 만큼, 우리나라도 민주시민교육을 제도화해 시민의 민주적인 자질과 역량을 강화해야 한다"고 말했다.

"우리 중등교육에서는 민주시민 교과를 만들어서 필수화해야 합니다. 지금 도덕 교과와 사회 교과가 있기는 하지만, 정체성이 불분명해 민주시민을 기르기 위한 교과라고 하기에는 불충분하다는 비판이 있습니다. 그래서 이 두 과목을 합쳐 민주시민교육에 초점을 맞추는 방식으로 재편하자는 합의가 모아지고 있죠. 또 대학교육에서도 민주시민교육 관점에서 교양교육을 재정립해야 합니다. 대학 학부 교육의 핵심 과제는 역량 있는 민주시민을 기르는 데 초점을 둬야 하고, 그러려면 지금보다 훨씬 더 인문적 교양교육을 강화해야 합니다. 이런 교육을 통해서 시민 권리를 다 행사하고 사회적 책임도 모두 질 줄 아는 인간을 길러내야 합니다."

민주시민교육과 관련해 21대 국회에 '민주시민교육지원 법안'(더불어민주당 남인순 의원)이 발의돼 있다. 이 법안은 민주시민교육을 할 수 있는 사회적 기반과 재정지원을 보장하자는 취지로, 행정안전부 장관 소속 민주시민교육위원회 구성, 민주시민교육 관련 업무를 지원하는 민주시민교육원 설립 등을 내용으로 하고 있다.

장 교수는 "우리나라 학벌 문제와 지방대 차별을 해소하려면 단순히 교육 차원의 변화뿐만 아니라 사회의 자원 분배구조, 노동에 대한 가치평가 체계 등 사회 전반의 변화가 있어야 한다"고 강조했다. 그는 "민주시민교육이 모든 문제를 직접 해결할 수 있는 열쇠라고 말하긴 어렵지만 우리 사회가 변화의 방향으로 나아가기 위해서 구성원들을 수준 높은 시민으로서 자질을 갖추도록 하는 데 중요하게 기여할 수 있을 것"이라고 말했다.

'승자독식' 대신
'연대와 공존'으로

〈단비뉴스〉의 '지방대 위기와 혁신' 기획 시리즈가 지난 2019년 2월 28일 〈대학 이름 밝히자 '핵인싸'가 '갑분싸'로〉란 제목의 첫 기사로 시작, 2021년 4월 4일 23편 〈'계층 대물림' '이기주의자 양산'은 그만〉을 끝으로 마무리됐다. 이 기획물은 2년여 연재 기간 동안 지방대 재학생·졸업생들의 생생한 목소리를 통해 '학벌사회 대한민국'의 차별과 소외 문제를 드러내고, 경쟁과 승자독식에 짓눌린 교육 현실을 고발했다. 동시에 다양한 전문가·시민의 의견을 통해 교육의 공공성을 높이기 위한 개혁 방안도 제시했다. 취재에 참여한 세명대 저널리즘연구소의 곽영신(38), 임형준(29) 연구원과 세명대 저널리즘스쿨대학원 단비뉴스의 박두호(29), 이나경(27) 기자가 충북 제천시 세명대 민송도서관 회의실에서 시리즈의 성과를 결산했다. 대학원을 졸업한 임지윤(28·한국금융신문), 장은미(33·뉴스민) 기자는 이메일로 의견을 보냈다.

곽영신(이하 영신): 지방대 시리즈를 마무리한 소감이 어떤가? 한국사회 학벌 문제와 지방대 차별·소외 문제에 관해 시각이 어떻게 달라졌는지.

이나경(이하 나경): 세명대 저널리즘스쿨대학원에 입학하기 전, 지방대 시리즈 첫 기사 〈대학 이름 밝히자 '핵인싸'가 '갑분싸'로〉를 읽고 강렬한 인상을 받았다. 열정 있고 활발하던 한 대학생이 모교(고등학교)에 찾아갔다가 후배들 앞에서 소속 대학(지방대) 이름을 말하니 분위기가 갑자기 썰렁해져 크게 위축됐다는 이야기였다. 실제로 내 주변에서 일어났을 법한 일이라 느꼈다. 이 기사로 인해 한국의 교육 문제에 더 관심을 갖게 됐다. 대학원에 입학해 지방대 시리즈 취재에 참여해보니, 학벌 문제는 교육뿐 아니라 사회·경제·역사적 문제가 복합적으로 얽힌 그물망 같은 사안이라는 것을 알게 됐다. 단순히 입시제도 하나 바뀐다고 해결되는 것이 아니라 노동시장 불평등, 지역불균형발전, 사회적 신뢰 부족과 복지 미비 등의 문제를 전반적으로 바꿔나가야 한다는 것을 깨달았다.

임지윤(이하 지윤): 나 역시 지방대 출신으로서 열등감이 마음 한구석에 자리해 있다. 남들보다 몇 배로 더 노력해야 사회에서 인정받을 수 있다는 압박감이 있다. 내 후배들은 이런 마음을 갖지 않기를 바라며 이번 시리즈에 참여했다. 기사를 쓴 후 '지방대 출신은 차별받아 마땅하다'는 독자 반응에 화가 나기도 했고, 지방대 출신 취재원들의 무기력한 모습에 슬픔을 느끼기도 했다. 특히 '우리나라 학벌 문제는 해묵은 이야기인데 또 들추어 무엇 하나'라는 한 지방대생의 한숨 섞인 질문이 뉴스를 판단하는 가치에 관해 돌아보게 했다. 변하지 않는 사회에 질문하기를 멈추면, 편견은 더 굳어질 것이다. 지방대 차별과 소외가 당연해지지 않도록, 계속 목소리를 내야 한다고 생각했다.

임형준(이하 형준): 독자 반응이 뜨거워 우리나라에서 교육 문제가 정말 중요한 쟁점이라는 것을 다시 한 번 느꼈다. 초반에 '지방대 혐오' 관련 기사는 네이버, 다음과 같은 포털에서 댓글이 1000개 넘게 달리고 사회 섹션에서 '가장 많이 본 기사' 1위에 꼽히기도 했다. '지방대는 멸시하는 게 정당하다' 식의 악플도 많았지만, 우리가 느낀 문제의식을 공유해준 이들도 많았다. 예를 들어 강준만 전북대 교수는 〈서울대 한 곳에 132개 대학 몫 지원금〉 기사를 한겨레 칼럼에 인용했다. 그는 "단비뉴스의 활약이 정말 대단하다"며 "교육 문제를 넘어서 대한민국이 작동하는 기본 방식의 위선과 기만을 우회적으로 폭로했다는 점에서 박수를 보내고 싶다"고 썼다.

장은미(이하 은미): 〈구직 청년에겐 서울 사는 것도 '스펙'〉 기사는 강준만 교수의 책 《부동산 약탈 국가》(2020)와 조귀동 조선비즈 기자의 《세습 중산층 사회》(2020)에 인용됐다. 사실 서울 중심 언론에서 지방대생의 시선을 다룬 기사는 찾아보기 어렵다. 단편적으로 지방대생의 현실이나 차별 문제를 보여주는 기사는 있었지만, 2년이라는 긴 시간 동안 지방대를 둘러싼 현상과 맥락을 세분화해서 다룬 시리즈 기사가 또 나올까 싶다. 그래서 이 작업이 더 의미가 크다고 생각한다.

지방대생 내면의 패배주의에 놀라기도

박두호(이하 두호): 정말 많은 지방대생의 목소리를 담으려고 노력했는데, 이들을 인터뷰하면서 놀란 점은 내면에 패배주의가 깔려 있다는 것이다. 지방대생 상당수는 소위 '스카이(서울·고려·연세)'라 불리는 대학에 정부의 지원과 혜택이 몰리는 것을 당연하게 생각하고 있었다. 인재를 키우려면 학업 성적이 뛰어난 학생들에게 지원을 몰아주는 것이 맞다고 여기고, 지방대생들에게 돌아갈 몫이 서울 상위권 대학교로 가는 데 대해 분노하지 않는 것이다. 지방대생들은 성취욕구가 적고 자신감도 부족했으며, 지방대 출신이 부닥치는 불합리한 현실도 그대로 받아들이는 경향이 있었다.

영신: 재능 있고 노력한 사람은 보상받는 게 당연하고, 그렇지 못한 사람은 차별·소외당하는 게 당연하다는 '능력주의'가 우리 사회에 깊이 자리 잡고 있기 때문이라 생각한다. 지방대 시리즈가 처음 시작된 2년 전만 해도 능력주의의 폐해와 한계를 지적하는 목소리는 크지 않았다. 그런데 이후 마이클 샌델의 《공정하다는 착각》이라는 책도 나오

고, 여러 서적·기사·방송 등을 통해 능력주의가 구조적으로 불합리한 측면이 있다는 지적이 많이 나오고 있다. 능력주의는 개인이 자신의 온전한 능력과 노력으로 성공에 이를 수 있다고 믿지만, 이는 세습·차별·행운 등의 우연적 요소를 고려하지 않는다는 점에서 허상에 불과하다. 보상의 차등을 강조한 나머지 승자와 패자의 불평등을 정당화, 극대화할 수 있다는 점도 큰 맹점이다. 지방대 차별과 소외는 이러한 능력주의가 우리 사회에서 가장 구체적으로 적용된 현상이라 할 수 있다.

형준: 나도 처음 능력주의에 관한 설명을 들었을 때는 잘 이해가 되지 않았다. '공부 잘해서 스카이를 가고, 많은 보상과 혜택을 받는 것이 왜 잘못된 거지?'라고 생각했다. 그런데 현장 취재를 하고 자료를 조사하면서 '능력주의라는 게 마냥 좋은 게 아니구나'라는 것을 깨달았다. 시험 성적이 잘 나왔다는 것은 순수한 노력뿐만 아니라 부모의 배경을 포함해 타고난 재능, 환경, 특정 능력을 우대하는 사회 분위기 등 여러 요소가 작용한 결과라 할 수 있다. 그러므로 단순히 능력에 따라 보상받는 게 공정하다는 생각도 너무 피상적으로 다가간 것이다. 부모의 경제력에 따라 출발점이 다 다르고, 설사 출발점이 비슷하다 해도 걸어가야 하는 사람과 차 타고 갈 수 있는 사람이 다르다. 사회가 이러한 격차를 보정하고 완화하는 노력을 기울이는 게 진짜

공정한 것이다. 지방대생을 향한 차별이 없어져야 하고 제 2, 제3의 기회가 계속 주어져야 하는 이유다.

나경: 미국 대학들은 '소수집단 우대 정책affirmative action'이라 고 해서 흑인, 히스패닉, 장애인 등 사회적 소수자 학생을 뽑기 위해 특정 몫을 할당한다. 우리나라도 대학입시와 공 공기관 취업 등에서 지역 인재 몫을 할당하는 정책을 더 적극적으로 확대할 필요가 있다. 할당량을 합리적 수준으 로 늘려서 기울어진 운동장을 바로잡는 것이 공정하다고 생각한다. 언론이 교육 문제를 다룰 때도 능력주의가 한 국사회의 지배 담론이 된 현실과 극심한 양극화 속에서 2030세대가 절차적 공정에만 주목하고 결과의 평등에 회 의적일 수밖에 없는 이유 등 구조적인 문제를 면밀히 살피 고 그 대안을 고민해야 한다.

지윤: 그런 면에서 최근 화두가 된 '공정'에 관한 논의는 '결과 적 정의'를 향해 이어져야 한다. 우리 사회에서 현재 이야 기되는 공정은 '기회의 균등' 또는 '절차적 공정' 차원에서 그치고 있는 것 같다. 그러나 그 정도 수준의 공정으로 끝 난다면 '개천에서 용 나는' 소수를 제외하고 계층 이동은 거의 없을 것이다. 그러므로 미국 철학자 존 롤스가 말한 정의에서 최소 수혜자에게 최대의 이익이 돌아가도록 하 는 '차등의 원칙'을 중요하게 바라봐야 한다. 약자를 배려

하는 '농어촌지역 특별전형'이나 '저소득층 취학 전 아동을 위한 보상교육' 등의 정책을 확대해야 한다.

'1등 몰아주기'에서 '하위권도 끌어안는 교육'으로

영신: 우리 교육 현장의 가장 큰 문제는 '1등 몰아주기'에 있다고 생각한다. 중·고등학교 때부터 선생님들이 전교 1등부터 몇 등까지 집중적으로 관심을 쏟아 수능과 내신점수, 상장, 동아리, 생활기록부 등 소위 '스펙' 관리를 해준다. 그렇게 관리받은 학생들이 또 서열 높은 학교에 진학한다. 이들 학교에 정부의 재정지원이 과도하게 몰리면서 이 학생들의 경쟁력은 더 향상된다. 나중에는 이들이 대기업, 공기업에 취업하거나 전문직으로 일하면서 소득도 더 많이 받는다. 사회적 제도가 소수 상위권 학생들이 더더욱 발전하고, 상대적으로 성적이 낮은 학생은 갈수록 소외·배제되는 구조로 짜여 있다. 자본주의 사회에서 더 열심히 노력하고 능력 있는 사람에게 보상을 주는 기본 원리는 불가피하지만, 문제는 계층 간 너무 과도한 격차가 벌어지도록 교육제도가 불공정하게 설계돼 있다는 점이다.

형준: 한국 교육은 생각하는 사람을 바보로 만드는 것 같다. 객관식 시험은 답과 답이 아닌 것으로 나뉘고 이를 판별하

는 기술이 중요하다. 그러므로 배움 속에서 비판적, 창조적으로 사고하면 오히려 손해를 볼 수밖에 없다. 그런 폐해 때문에 수능의 대안으로 한국형 바칼로레아(프랑스의 논술형 평가) 이야기가 나오기도 한다. 그러나 이런 평가제도가 도입돼도 승자독식의 원리가 변하지 않으면 논술 중심의 사교육이 판을 치게 될지도 모른다. 결국 어떤 입시제도를 채택해도 돈 있는 사람에게 유리하므로, 입시만 바꿔서 해결될 문제는 아니다. '하위권을 버리는 교육'에 관한 근본적인 반성과 변화가 필요하다.

은미: 〈스카이 '몰아주고' 하위권 '버리는' 학교〉 기사를 취재하며 기사에 인용된 이야기보다 더 심각한 사례도 많이 들었다. 그러나 취재원이 특정될 수 있어 결국 기사에 포함하지는 못했다. 공정을 배워야 할 교육 현장에서 상위권 학생에게 모든 기회를 몰아주는 불공정이 자행되고 있다는 현실에 마음이 아팠다. 소수를 위해 다수를 희생하는 현실에 '왜 모두가 손 놓고 있나' 하는 분노도 일었다. 아프리카에 '아이 하나를 키우는 데 온 마을이 필요하다'는 속담이 있는데, 우리는 '아이 하나를 키우기 위해 온 학교의 아이들이 희생되지 않나' 살펴야 한다. 진짜 공정을 배우는 것은 바로 교실에서 시작돼야 한다.

나경: 김누리 중앙대 교수 인터뷰 중 "한국 교육은 일제강점

기 때는 황국신민, 군부독재 때는 반공투사와 산업전사, 지금은 자유시장경제에 맞는 인적자원을 길러내는 것이 최고 목표"라는 말이 매우 인상 깊었다. 우리나라 학생들은 학창 시절에 대학입시라는 하나의 목표를 향해 달려가고, 성인이 될 때까지 스스로 책임 있는 선택을 하는 경험을 갖기 어렵다. 그래서 '어떻게 살아야 할지' 혼란을 겪는 사람이 되고 만다. 핀란드 등 유럽의 교육 선진국에서는 아이들이 어릴 때부터 인간과 사회에 관해 토론도 많이 하고 노동의 가치나 사회의 중요한 규범을 배운다. 대학을 안 가더라도 다른 길이 있다는 것을 제시해주고, 시민으로서 어떻게 비판적으로 사고해야 하는지 알려준다. 지방대 시리즈에서도 '민주시민교육' '사회정의교육' 등 경쟁보다 연대를 강조하는 교육 패러다임을 소개했다. 우리도 인생을 어떻게 살아야 할지 주체적으로 판단하고 공동체에 이바지하는 사람을 길러내는 교육이 필요하지 않을까.

'공영형 사립대' 등 대학 공공성 논의 이어가야

영신: 대학구조개혁 방안 이야기로 넘어가 보자. 지금 한국의 고등교육 시스템은 '능력주의'와 '공정'이라는 이름 아래 승리자로 판명된 서울 주요 대학과 재학생에게는 더 많은 기회와 자원을 집중해주고, 패배자로 판명된 지방대와 학

생에게는 턱없이 적은 몫을 나눠주는 구조다. 이러한 현실을 바꾸기 위해 지난 20여 년간 꾸준히 제기돼온 대표적 대학구조개혁 방안이 '공영형 사립대'와 '대학통합네트워크'다. 공영형 사립대는 이사진 절반 정도를 외부 공익 이사로 선임하는 등 대학 운영의 공공성을 높이고 국가 재정지원을 대폭 확대하는 모델이다. 대학통합네트워크는 지역거점국립대, 지역국립대, 공영형 사립대와 독립형 사립대가 참여하는 수평적 네트워크를 만들어 공동으로 입시·교육·학위 수여를 하자는 구상이다. 이들 정책의 공통점은 '각자도생'과 '승자독식'이 득세하는 고등교육 현장을 공공적 시스템으로 관리함으로써 연대와 협력, 격차 완화와 자원 분산을 도모한다는 점이다.

두호: 공영형 사립대 정책은 문재인 정부 출범 당시 국정과제로 편성됐는데, 기획재정부가 예산을 삭감해 제대로 시행되지 못했다. 이 정책은 결국 2021년 '사학혁신 지원사업'으로 이름이 바뀌고 5개 대학을 선정해 2년간 평균 20억 원씩 지원하는 내용으로 축소됐다. 기재부의 논리는 '대학끼리 경쟁해서 그 결과에 따라 재정을 지원해야 한다' '부실 대학에 지원하면 안 된다'로, 전형적인 능력주의 주장이다. 기울어진 운동장에서 인서울 대학과 지방대가 경쟁하면 당연히 전자가 유리할 수밖에 없다. 2021학년도 입시에서 지방대들이 대거 미충원 사태를 맞았는데, 이대로

가면 그 현상이 더 심해질 것이다.

나경: 대학이 공공적 가치를 제대로 실현하는 방법을 고민했을 때, 공영형 사립대와 대학통합네트워크는 의미 있는 대안이라고 생각한다. 공영형 사립대는 대학의 투명성과 민주성을 획기적으로 높일 수 있는 방안이라는 점에서 찬성한다. 얼마 전 졸업한 대학을 다녀왔는데 이사회·총장 밀실선거 문제로 교수·학생들이 플래카드와 대자보를 걸어뒀더라. 내가 학교를 다닐 때도 그랬는데 사립대 비리 문제는 참 오래도 지속된다 싶었다. 사학혁신 지원사업을 통해 대학재정과 거버넌스(지배구조)가 투명하게 바뀌고, 고등교육의 공공성이 전반적으로 강화되는 전기를 맞기 바란다. 대학통합네트워크도 대학 간 연합을 통해 고등교육을 상향 평준화하면 서열을 완화할 수 있고, 극심한 입시경쟁도 느슨하게 하는 효과도 생길 수 있다는 점에서 긍정적으로 생각한다.

영신: 대학 간 연대와 통합 움직임은 이미 조금씩 가시화하고 있다. 대표적으로 2021년부터 경남지역 거점국립대인 경상대와 중심대학인 창원대·경남대 등 17개 대학이 '경남공유대학University System of Gyeongnam, USG'을 구성했다. 이들 대학 학생들은 온라인 플랫폼에서 공통교양 과목을 이수하는 등 하나의 대학처럼 학점을 취득할 수 있게 됐다.

역량을 인증받은 학생은 지역 대기업과 공공기관에 취업도 연계된다. 대학 간 장벽을 허물고 교육 자원을 공유해 지역 인재를 키우고, 일자리 연계를 통해 지역에 정착시킨다는 방향이다. 여전히 정부가 소수 대학을 선별해 지원하는 프로그램이라는 한계가 있지만, 다른 지역과 대학에 어떻게 확대될지 지켜볼 만하다.

노동시장 개혁과 지역균형발전도 필수

형준: 교육 문제와 일자리 격차, 지역불균형발전 문제는 떼려야 뗄 수 없다. 우리가 서열 높은 대학에 가려는 이유도 결국에는 돈을 더 많이 주고 고용안정도 보장하는 대기업·공기업에 취업하기 위한 것이다. 우리나라에는 아직 화이트칼라와 블루칼라를 차별하는 분위기가 있고, 고졸과 대졸, 또 대학서열 간 임금 격차가 분명히 있다. 좋은 일자리와 문화 인프라가 서울에 집중돼 있으니 지역 인재들이 대거 서울로 빠져나가는 현상도 심각한 사회문제가 되고 있다. 교육 분야에서 다양한 혁신 방안이 추진돼도 노동·지역 불평등 문제를 해결하려는 노력이 함께 진행되지 않으면 소용이 없을 것이다.

나경: 물론 경쟁에 따른 성과와 보상을 부정할 수는 없다. 이

는 경제 발전의 원동력이 된다. 문제는 그것이 합리적 수준이 아니라는 데 있다. 동일노동을 해도 임금 격차가 큰 경우가 많다. 대학에서 강의하는 시간강사와 정규직 교수의 임금 격차가 10배 정도 차이 난다. 과연 두 집단이 학생들에게 제공하는 교육의 질이 그 정도 차이가 날까? 〈일자리 격차 줄어야 '학벌 집착'도 준다〉 기사에서 하청노동자, 비정규직 노동자들이 받는 차별과 설움에 관해 취재하면서도 큰 충격을 받았다. "우리는 늘 무겁고 힘들고 더럽고…… 그런 일들만 한다"는 말이 기억에 남는다. 노동시장에서 임금·고용·복지 등의 격차가 불합리하게 벌어지면, 생존을 위한 교육 투쟁이 치열할 수밖에 없다. 대기업-중소기업 간 불공정거래 해소, 동일노동-동일임금 원칙, 노동조합 활성화 등은 노동시장 불평등을 줄여 교육 경쟁 완화에도 영향을 줄 수 있다.

두호: 지역불균형 문제도 마찬가지다. 청년 일자리 절대다수가 수도권에 몰려 있다. 이 때문에 지역 청년들은 20대 초반에는 대학 때문에 수도권으로 가고, 20대 중후반~30대 초반에는 취업 때문에 수도권으로 간다. 〈서울과 겨룰 '메가시티'를 지역거점에〉를 취재하며 만난 한 대학생은 구미에서 태어나 대학교육까지 받았지만, 근처에 일자리가 없어 취업은 무조건 서울로 가야 한다고 말했다. 이 문제를 해결하려면 지역에서도 수준 높은 교육을 받고 좋은

일자리에 취직할 수 있어야 하며 의료, 문화, 보육, 교통 등 양호한 정주 여건도 보장돼야 한다. 그런 점에서 지방 거점 지역에 정치·경제·문화적 기능이 집적된 대도시를 조성하자는 '메가시티' 아이디어는 의미가 있다. 부산·울산·경남이 '동남권 메가시티'를 추진하고 있는데, 여러 곳에서 이런 변화가 일어나면 지역대학 역시 일정한 역할을 하게 되고, 인서울 대학 못지않은 경쟁력을 키울 수 있을 것이다.

지방대생에게 '공정'한 교육을

곽 영 신
세명대 저널리즘연구소 연구원

"우리가 살아가는 사회에서 경쟁의 공정한 조건, 소위 말하는 '기회의 평등'이 단 한 차례라도 존재했던 적이 있었는가?"

너무나 중요한 질문이 던져졌다. 2021년 7월 14일 대기업 하청업체, 쿠팡물류센터, 배달 플랫폼 등에서 일하는 청년 노동자 김태훈 등 7명은 직접고용을 요구하며 파업하고 있는 건강보험공단 고객센터 노동자들을 지지하는 공동선언문을 발표했다. 이들은 "절대다수의 청년들은 공무원이나 공기업 정규직 같은 안정된 일자리를 얻기 위해 성패가 불분명한 기약 없는 수험생활을 몇 년씩 할 만큼 경제적 여유가 없다"며 "그런 청년 노동자들에게 '너희는 경쟁의 과정을 거치지 않았으니 좋은 일자리를 가질 수 없다'고 얘기하는 것은 사회적 폭력에 불과하다"고 주장했다.

이들 청년 노동자의 목소리는 최근 한국사회에서 화두가 되고 있는 '공정'이 단순히 시험을 통해 능력을 평가하며 절차의 객관성·투명성을 확보하는 것보다 훨씬 복잡한 문제라는 사실을 잘 드러낸다. 이들이 지적하듯, 기회나 결과의 '불평등'은 경쟁의 출발선을 다르게 만들기 때문에 곧바로 '불공정'으로 이어질 수밖에 없기 때문이다. 공정은 사전적으로는 '공평하고 올바르다'라는 뜻이지만, 이처럼 사용하는 이가 서 있는 입장이나 추구하는 가치에 따라 다양한 의미를 지니고 있다.

공정의 다차원성, '형평'·'평등'·'필요'

'세 아이와 하나의 피리' 이야기는 공정의 복잡한 속성을 잘 드러낸다. 여기 피리 하나를 두고 다투는 세 아이가 있다. 한 아이는 "나만이 피리를 불 수 있다"며 피리를 가져야 한다고 주장한다. 다른 아이는 "나만 가난해서 장난감이 없다"면서 소유권을 주장한다. 또 다른 아이는 "내가 그 피리를 부지런히 만들었다"며 같은 주장을 한다. 이들의 말을 모두 귀담아들었을 때, 과연 누구에게 피리를 주는 게 옳을까? 각각의 주장은 성취의 추구, 빈곤의 퇴치, 노동 산물을 누릴 자격 등에 입각해 있으므로 어느 것 하나 쉽게 무시할 만한 것이 아니다. 평생 불평등과 정의 문제를 연구해온 경제학자이자

사상가 아마르티아 센이 《정의의 아이디어》(2019)에서 소개한 사례다.

공정은 이렇듯 다차원적 개념이다. 박효민 서울시립대 도시사회학과 교수·김석호 서울대 사회학과 교수가 여러 학자들의 공정 이론을 정리한 논문 〈공정성 이론의 다차원성〉(2015)에 따르면, 공정성 이론은 자원 배분의 기준·원칙에 주목하는 '분배공정성'과 공정한 의사결정 과정에 주목하는 '절차공정성'으로 구분된다. 여기서 분배공정성의 원칙은 다시 '형평', '평등', '필요' 원칙으로 나뉜다. 형평 원칙은 자원이 개인의 재능과 노력에 따라 성과에 기여한 비율에 비례해서 분배되면 공정하다고 보는 것이다. 평등 원칙은 사회 구성원 모두가 자원을 균등하게 분배받고 동등한 생활조건을 갖게 될 때, 필요 원칙은 개인의 필요에 초점을 맞추어 자원이 배분될 때 공정하다고 본다.

이때 형평 원칙은 개인의 성과가 중요한 경쟁 상황에서 강조되고, 여기선 생산성을 높이는 게 가장 중요한 목표가 된다. 평등 원칙은 집단 내 연대와 협력의식이 강한 상황에서 중시되고, 조화와 화합을 주요 목표로 삼는다. 필요 원칙은 집단 구성원 간 친밀감과 상호의존성이 높은 상황에서 중시되고, 주된 목표는 개인의 행복이다. 한편 절차공정성 이론에 따르면 구성원들이 공정하다고 느끼기 위해서는 분배를 결정하는 주체·체제가 정직하고 편향되어 있지 않다는 신뢰가 있어야 하고, 개인이 자기 이익을 보호할 수 있도록 분배 결정 과정에 참여해 의견을 낼 기회가 주어져야 한다.

이런 논의를 바탕으로 공정의 다차원성을 '교육'이라는 자원에 적용해보면, 자연스레 어렵고 복잡한 질문이 이어진다. 한 사회에서 한정돼 있는 양질의 교육 기회를 과연 누구에게 주는 게 옳을까? 능력·노력에 따라 특정 시험 성적이 가장 높은 사람에게 주는 것, 모든 사람에게 균등하게 나눠주는 것, 가난해서 제대로 교육받을 기회가 없는 사람이나 재능이 부족해 더 공부가 필요한 사람에게 보다 많은 교육자원을 주는 것 중에 무엇이 가장 공정할까?

공정은 평등과 정의, 자유라는 개념이 중첩돼 있으며, 상황과 맥락에 따라 다르게 해석, 적용될 수 있다. 그러므로 사회 구성원들은 하나의 공정성 원칙을 절대적으로 적용하기보다는 상대적이고 종합적으로 활용하는 게 바람직하다. 그러나 한국사회의 공정관은 '형평' 원칙에 치우쳐 있는 경향이 강해 보인다. 한국리서치의 〈한국사회 공정성 인식조사 보고서〉(2018)에 따르면, 시민 응답자 중 "능력이나 노력의 차이에 따른 보수의 차이가 클수록 좋다"는 의견이 66%에 달했다.

능력주의에 포섭된 일차원적 공정

이는 한국사회에서 공정 개념이 '능력주의meritocracy' 이데올로기에 깊이 포섭돼 있기 때문이다. 능력주의는 출신 배경이 아니라 재능과 노력, 곧 능력에 따라 경제적 자원과 사회적 지위가 차등적으로 분배되는 체제를 말한다. 능력주의라는 말은 1958년 영국 사회학자 마이클 영이 공상소설 《능력주의의 부상》에서 능력에 대한 과도한 강조가 오히려 극심한 불평등을 낳는 세태를 풍자하기 위해 사용한 용어이지만, 이후 영미권에서 세습 귀족주의에 대항하는 진보적 이념으로 평가되며 널리 퍼졌다.

물론 능력주의는 혈통·신분에 따라 자원을 배분했던 전근대성을 극복하고 경쟁과 효율을 촉진하는 효과가 있다. 그러나 그 자체로 심각한 맹점과 한계를 지니고 있다는 사실도 중요하게 다뤄져야 한다. 먼저 능력·노력 외에 많은 요소가 경쟁에 영향을 미치기 때문에 개인이 온전한 능력과 노력으로만 성공할 수 있다는 믿음은 허상에 불과하다는 비판이 있다. 미국 노스캐롤라이나대 사회학과 교수인 스티븐 맥나미와 로버트 밀러 주니어는 《능력주의는 허구다》(2015)에서 능력을 이겨버리는 비능력적 요인들로 "차별적 교육기회, 불평등한 사회적 자본과 문화적 자본, 특권의 상속과 부의 세습, 개인의 능력으로는 도저히 손쓸 방법이 없는 불가항력적인 요인들, 자영업자의 자수성가를 방해하는 대기업, 편견에 의한 차별 등"을 꼽았다.

설사 순수하게 능력과 노력으로 평가받는 이상적인 사회가 실현된다 해도, 능력주의는 '차등'을 강조하는 내재적 특성 때문에 결국 심화된 불평등과 불공정으로 나아갈 수밖에 없다는 문제도 있다. 승자들이 자원을 독식하거나 과잉 수령하고 이를 자녀에게 세습하면서, 다른 사람들의 소외와 배제를 정당화하기 때문이다. 대니얼 마코비츠 예일대 로스쿨 교수는 《엘리트 세습》(2020)에서 "엘리트 대학 졸업자들이 최고 직업을 독점하는 동시에 초고숙련 근로자에게 유리한 신기술을 고안해 최고 직업은 더 훌륭해지고 나머지 직업은 더 열악해진다"며 "능력주의는 교육과 직업 사이의 되먹임 고리를 만들어내고 그 고리 안에서 개별 분야의 불평등은 다른 분야의 불평등을 증폭한다"고 지적했다.

강준만 전북대 교수도 논문 〈왜 부모를 잘 둔 것도 능력이 되었나〉(2016)에서 능력주의의 단계는 귀족주의 반대말로서의 능력주의(1단계) → 교육과 시험 평가에 의한 능력주의(2단계) → '교육 세습'의 영향을 받는 능력주의(3단계) → '승자독식'을 정당화하는 능력주의(4단계)로 진행된다고 통찰했다. 이에 따라 능력주의는 결국 양극화와 세습이 심화해 "변형된 세습적 귀족주의"로 되돌아가고 마는데, 오늘날 한국사회도 이미 이 상태에 이르렀다는 게 그의 진단이다.

이 밖에도 능력주의는 다양한 능력 또는 노력의 형태를 정확히 측정하기 어렵다는 점, 능력을 자본 생산성과만 연결지어 도덕적·윤리적 기여는 무시한다는 점과 같은 한계도 갖고 있다. 이에 대해 마이클 샌델 하버드대 정치철학 교수는 《공정하다는 착각》에서 "돈을 잘 버는 일은 그 사람의 능력과도 무관하고 그가 한 기여의 가치와도 무관하다"고 일 갈했다.

이처럼 능력주의의 어두운 그늘을 제대로 인식하면, 단순히 능력주의 원칙만을 따라 자원을 배분하는 일은 공정하지도 정의롭지도 않다는 결론에 이르게 된다. 즉 능력주의보다 더 성숙한 형태의 다층적이고 복합적인 자원 배분 원리가 필요한 것이다.

지방대생 좌절시키는 교육 기회·과정 단계

위와 같은 공정의 다차원성, 능력주의의 허점을 염두에 두고 한국 교육 현장에서 지방대와 지방대생의 현실을 살펴보면, 이들이 얼마나 구조적으로 불공정한 취급을 받고 결과적으로 비합리적인 불평등에 처해 있는지 알 수 있다. 이를 교육의 '기회'와 '과정', '결과' 단계로 나누어 살펴보자.

먼저 교육 기회의 불공정으로는, 단연 부모의 사회경제적 배경 격차를 들 수 있다. 교육사회학에서 '최대한으로 유지되는 불평등' 가설에 따르면, 고등교육의 혜택은 상위계층에게 모두 돌아간 후에야 하위계층에게 허용된다. 즉 상위계층은 고교 교육이 보편화되면 대학교육으로 차별화하고, 대학교육이 보편화되면 대학원교육으로 차별화한다. 또 '효과적으로 유지되는 불평등' 가설에 따르면, 교육 기회가 팽

창할 때 상위계층은 각 교육 단계에서 하위계층과는 질적으로 다른 내용으로 기득권을 추구한다. 고교 교육이 보편화되면 과학고와 외국어고, 자사고 등으로, 대학교육이 확대되면 대학서열과 전공의 중요성 강화로 차별화를 시도하는 것이다.

이처럼 더 나은 교육을 향한 경쟁은 항상 상위계층에게 유리하게 설계되며, 하위계층은 이 구조적 불공정 속에서 상대적으로 선호가 낮은 교육 기회에 머물 수밖에 없다. 캔사스대 김창환 교수와 신희연 박사과정생의 논문 〈입시제도에서 나타나는 적응의 법칙과 엘리트 대학 진학의 공정성〉(2020)에 따르면, 부모의 소득·자산·교육 수준·직업 위계가 높아질수록 자녀가 상위권 대학에 진학할 확률이 커졌다. 또 입시전형을 어떻게 조정하든 모든 경우에서 상위계층이 압도적으로 유리한 것으로 드러났다. 역으로 말하면, 부모의 사회경제적 조건이 낮은 학생은 대학서열이 뒤처지는 대학에 갈 확률이 높은 것이다. 실제로 교육부 '학생부종합전형(학종) 실태조사'(2019)에 따르면, 서울대 등 주요 13개 대학 신입생 중 70%가 소득 상위 20% 고소득 계층이었다.

다음 교육 과정의 불공정으로, 정부의 대학별 재정지원 격차를 꼽을 수 있다. 세명대 저널리즘연구소가 대학알리미를 통해 지난 2007년부터 2018년까지 전국 4년제 일반대학 220여 곳의 정부·지자체 재정지원사업 수혜 실적을 분석한 결과, 서울대(9.3%), 연세대(4.9%), 고려대(3.7%) 등 세 대학이 전체 지원금의 17.9%를 가져간 것으로 나타났다. 전체 대학 재학생 수의 5% 정도(분교 포함)만을 차지하는 세 곳이 총사업비의 5분의 1 가까이를 가져간 것이다. 매년도 대학별 평균 재정지원비를 살펴봐도 서울대는 평균 3848억 원, 연세대는 2040억 원, 고려대는 1522억 원을 지원받아, 나머지 대학(평균 193억 원)과 극심한 격차를 보였다.

스카이 등 극소수 명문대들은 대한민국 정부 수립 이후부터 선택과 집중이라는 국가 전략에 따라 교육 자원을 독식해왔다. 현재 이들 대학에 대한 지원 집중 역시 나름대로는 경쟁 절차를 거친 것이지만, 그 승리는 교육·연구 인프라, 대학 평가 성적 등 이미 명문대에 유리한 기준을 적용한 덕분이다. 한국 교육에서 자원 배분 시스템은 전적으로 소수 상위권 대학이 과도하게 더 가져가고, 하위권 대학은 턱없이 적은 몫을 가져가는 방향으로 설계돼 있는 것이다. 이는 명백히 교육 과정의 불공정을 드러내는 '역진적 배분'이다. 이 때문에 명문대 재학생들은 풍부한 자원을 통해 우월한 교육조건에서 공부하며 높은 경쟁력을 기르는 동안, 지방대 학생들은 낮은 사회적 관심과 지원 속에 대학 생활 동안 '학습된 무기력' '적당한 도전' '낙담과 자괴감' 등의 모습을 보이게 된다.

비합리적인 노동 격차는 교육 결과의 불공정

끝으로 교육 결과의 불공정은 노동시장에서의 차별과 과도한 격차를 들 수 있다. 한국 노동시장에서 출신 대학의 서열과 평판은 '절대적 신호'로 작용해 채용 차별과 임금 및 고용 격차에 지대한 영향을 미친다. 김희삼 한국개발연구원 부연구위원이 논문 〈지방대 졸업자의 노동시장 성과와 지역별 교육 격차〉(2010)에서 대졸자직업이동경로조사(GOMS) 자료를 이용해 분석한 결과, 다른 조건이 유사한 상황에서도 지방대 졸업자들은 인서울 대학 졸업자에 비해 16% 정도 낮은 임금을 받는 것으로 나타났다. 또 지방대 출신은 소규모 업체나 전공과 맞지 않는 직장에 다닐 확률도 상대적으로 높았다.

여기서 주목할 점은 지방대와 인서울 출신의 임금 격차의 3분의 2는 수능 점수 차이로 설명할 수 있지만, 나머지는 설명하기 어렵다는 것이다. 즉, 백번 양보해 수능 점수 차이가 곧 생산성 차이라는 능력주의적 사고를 받아들인다고 해도, 그 안에서도 설명할 수 없는 비합리적인 격차가 존재하는 것이다. 상위권 대학 졸업자에게 주어지는 '임금 프리미엄'과 지방대 졸업자에게 주어지는 '비합리적 차별'은 명백한 구조적 불공정이다.

이런 불공정은 양극화한 한국 노동시장 전반에 도사리고 있다. 한국 노동시장이 '대기업(원청)-정규직-유노조'로 설명할 수 있는 1차 노동시장과 '중소기업(하청)-비정규직-무노조'인 2차 노동시장으로 나뉘고, 이들 사이의 임금·고용 안정성·복지 격차가 심각한 수준이라는 것은 잘 알려진 사실이다. 우리 사회 '교육 전쟁'도 대학서열을 높여 번듯한 일자리에 진입하고자 하는 욕망에 기인하는 바가 크다. 하지만 과연 이 격차는 합리적인 것일까?

부산대 경제학부 김기승 교수와 김명환 박사과정생이 논문 〈정규직과 비정규직의 임금분해분석을 통한 기업 규모별 임금체계 비교〉(2016)에서 경제활동인구조사를 활용해 고용형태에 따른 임금분해분석을 한 결과, 2013년 기준 대기업 정규직과 비정규직 임금 격차 중 인적자본 또는 생산성에 의한 격차는 53%, 이것으로 설명될 수 없는 격차는 47%를 차지하는 것으로 나타났다. 여기서 '설명될 수 없는' 격차는 비정규직이 차별을 받는 것이라고 해석할 수도 있고, 정규직이 자기 생산성에 비해 더 높은 임금을 받고 있다는 의미가 될 수도 있다. 어느 쪽이든 둘 사이의 격차는 비합리적이며 불공정하다. 그 뒤엔 대기업의 독과점, 불법파견, 단가 후려치기, 구조적 착취와 차별이 버무려진 불공정 행위가 근본 원인으로 숨어 있다.

덧붙이자면, 지방대생은 교육 영역뿐만 아니라 지역불균형발전으로 인한 거대한 불공정과도 맞닥뜨린다. 단비뉴스 〈청년 채용공고 80% 수도권 집중〉 기사가 보도한 것처럼, 취업포털사이트에서 신입급 직원을 뽑는 채용공고의 80%

가 서울 등 수도권에 쏠려 있고, 고소득·고학력·고숙련 비중이 높은 좋은 일자리도 대다수가 수도권에 있다. 또 〈구직 청년에겐 서울 사는 것도 '스펙'〉 기사에 따르면, 취업 카페에서 스터디를 모집하는 글도 87%가 수도권을 대상으로 하고 있고, 인턴 공고도 76.5%가 수도권에 있었다. 취업할 수 있는 기회와 취업을 준비할 수 있는 기회도 모두 불공정하게 분포돼 있는 것이다.

교육 기회와 자원 배분의 다원화 필요

이처럼 한국 대학생의 60%(인천·경기 포함 70%)가 넘는 지방대생은 교육의 기회·과정·결과 모든 영역에서 다차원적이고 구조적인 불공정에 처해 있다. 그러므로 출신 학교에 따른 차별은 단순히 능력·노력의 차이로 인해 발생하는 불평등이 아니라, 승자에게 몰아주고 패자는 소외·배제시키는 자원 배분 시스템으로 인한 비합리적 불공정이다. 한국의 교육 기회·과정·결과는 모두 공정하지 않으므로, 학벌에 따른 과도한 차등과 격차, 지방대에 대한 차별과 소외도 결코 당연하지 않다.

이러한 불공정과 지방대 차별·소외 문제를 해소하기 위해서는 그동안 우리를 지배해왔던 '능력주의' '승자독식'의 교육 자원 배분 메커니즘을 근본적으로 변화시켜야 한다.

교육 기회 단계에서 출발선 차이로 인한 불공정을 최소화할 수 있도록 사회적 약자에 대한 더 많은 관심과 지원, 기회 할당을 적극 추진해야 한다. 교육 과정 단계에서 심한 차등 지원으로 불평등을 심화하는 교육여건의 격차가 일어나지 않도록 형평과 평등, 필요의 원칙을 종합적으로 적용한 자원 배분이 이뤄져야 한다. 교육 결과 단계에서도 차별과 착취, 불공정 관행을 없애 누구에게나 합당한 몫이 주어질 수 있도록 제도를 개선해야 한다. 그럼으로써 그동안 공정한 대우를 받지 못했던 지방대와 지방대생들은 이제라도 공정한 지원과 보상을 받을 수 있어야 한다. 절대다수 평범한 수준의 학생과 하위권 학생들도 상위권 못지않은 지원을 받고 제2, 제3의 기회를 얻을 수 있는 교육 시스템으로 바뀌어야 하는 것이다.

특히 정부의 대학재정지원은 획일적 평가를 통한 소수 대학 집중 지원이 아니라 각 대학의 특성과 필요를 고려해 균등하게 배분하고, 그 규모 또한 확대해야 한다. 문재인 정부는 지난 2019년부터 '대학혁신지원사업'을 통해 소수 대학에 차등적으로 나눠준 재정지원을 재구조화해 다수 대학에 고루 나눠주는 정책을 펼치고 있으며, 2021년엔 143개 대학에 총 6951억 원의 사업비를 지원했다. 또 2018년부터 '국립대학육성사업'을 통해 39개 국립대에 연 1500억 원의 재정을 지원하고 있다. 이는 물론 의미 있는 변화지만 이 정도로는 한계가 있다. 방향은 맞을지 몰라도 각 대학이 재정을 집행할 수 있는 내용이 제한적이고 전체 대학의 교육여건을 개선하기에는 지원 규모도 적기 때문이다. 이에 따라 한국 대학교육협의회는 2022년 지속될 대학혁신지원사업의 규모를 2조 원 수준으로 확대해줄 것을 정부에 요청하고 있다.

한국사회의 획일화된 대학서열, 자원의 수도권 집중이라는 '병목' 문제를 해소해 기회를 다원화하는 일도 필요하다. 조지프 피시킨 텍사스대 로스쿨 교수는 저서 《병목사회》(2016)에서 "병목이란 사람들이 건너편에 펼쳐진 광범위한 기회에 도달하기 위해 통과해야만 하는 비좁은 지점을 가리킨다"며 "왜 우리 사회가 특정한 고생을 겪거나 정해진 나이에 특정한 시험을 통과하는 사람들만 일정한 경로를 좇도록 허용하는지 그 이유를 물어보아야 한다"고 지적했다. 그러면서 그는 제한된 기회에 몰두하는 좁은 병목을 좇는 대신 인생 모든 단계에서 좋은 삶을 위한 새로운 경로가 많아지는 '기회구조의 다원화'가 필요하다고 주장한다.

대학개혁에서 기회의 다원화를 실현할 수 있는 대표적인 아이디어로는 대학 공공성 제고와 연대·협력을 통해 각 지역에 다양하고 수준 높은 교육 기회를 만들고자 하는 '공영형 사립대'와 '대학통합네트워크' 정책 등을 들 수 있다. 공영형 사립대는 문재인 정부 출범 당시 국정과제로 편성됐지만 기획재정부 예산 삭감으로 시행되지 못하고, 2021년 '사학혁신 지원사업'으로 이름이 바뀐 채 5개 대학에 2년간 20억 원씩 지원하는 내용으로 축소됐다. 이 사업은 참여 대학에 회계 투명성, 법인 운영의 책무성과 공공성, 교직원 인사의 민주성, 법인·대학의 자체 혁신 과제를 제시하고, 사학혁신 우수 사례를 다른 대학에 제도화하기 위해 추진된다. 그러므로 이 기회를 적극 활용해 사립대의 재정과 거버넌스를 투명하게 바꾸고, 고등교육의 공공성을 전반적으로 강화할 필요가 있다. 이로써 사립대에 대한 신뢰가 높아지면 국가 재정 투입 확대의 정당성을 마련하고 공영형 사립대를 본격 추진할 동력을 얻을 수 있다.

중장기 과제였던 대학 네트워크 관련 정책 역시 공동입시·공동학위라는 본래 특색을 살리지 못한 채, 일부 지역과 전공에 국한해 대학 간 교육 자원을 공유하는 '지자체-대학 협력 기반 지역혁신사업(지역혁신 플랫폼 사업)' '디지털 신기술 인재 양성 혁신공유대학' 등의 사업이 추진되고 있다. 그러므로 보다 실질적인 대학 네트워크 구축을 통해 대학 서열화 완화와 경쟁력 강화를 도모할 수 있도록 구체적인 로드맵을 구상할 필요가 있다.

'전쟁터' 아닌, 공정하고 정의로운 교육 시스템으로

물론 위와 같은 혁신을 실현하기 위해서는 국가 교육재정의 증액이 필요하며, 이를 위해 고등교육재정교부금을 신설하는 등의 방법을 진지하게 모색해야 한다. 이는 지난한 사회적 합의가 필요한 일이지만, 한국 교육의 구조적 부조리를 극복하고 공공성 높은 고등교육을 시행하기 위해서 좀더 적극적인 논의가 시작돼야 한다. 지방대의 뼈를 깎는 노력도 필요하다. 시민들이 지방대를 신뢰하고 공적 지원에 동의할 수 있도록, 국립대 수준의 '재정위원회'를 설립하거나 이사회를 개방하는 등 그동안 사학이 극도로 거부했던 변화도 받아들여야만 한다. 또 지역 산업과 연계한 교육과정 및 기술 개발, 기초학문 교육과 연구 강화, 지역사회 맞춤형 평생교육 개선 등 사회와 지역에 기여할 수 있는 교육개혁 또한 실천해야 한다.

최근 한국사회에서, 특히 청년층에서 왜 공정이 화두가 되고 있을까? '헬조선' 'N포세대' '금수저·흙수저'라는 말이 드러내듯 한국사회에 세습과 경쟁으로 인한 불평등이 심해지는데, 교육·일자리·주거 등 주요 민생 분야의 자원 배분 시스템이 도무지 달라지는 게 없기 때문이다. '결과가 정의롭고 평등할 수 없다면, 과정만이라도 공정했으면 좋겠다'는 것이다. 처참한 전쟁터 한가운데 놓인 병사들 중 상위 10% 정도만 선발해 집에서 편안하고 안정된 생활을 할 수 있게 해준다면, 가장 중요한 것이 바로 특정 능력에 따른 선발 기준과 그 절차의 객관성·투명성이 될 수밖에 없을 것이다. 여기서 개인의 존엄성이나 개성, 배경 등을 모두 고려하는 것은 지나치게 한가한 일일 뿐이다.

그러나 이런 정도의 공정을 우리가 과연 진정한 공정이라

할 수 있을까? 공정이 거기에서 그친다면 오히려 거대한 불공정과 불의에 복무하고 마는 것은 아닐까? 개인이 전쟁터를 벗어나는 가장 확실하고 근본적인 방법은 바로 전쟁을 끝내는 것뿐이다. 그러므로 우리가 바꿔야 할 것은 '게임의 규칙'이 아니라 '게임' 그 자체이다. 즉 전쟁 같은 학력·학벌, 일자리 경쟁을 그대로 두고 입시제도 같은 것을 이리저리 바꾸는 게 아니라, 현실 그 너머의 교육 시스템을 상상하고 바꿔나가야 하는 것이다. 이는 공정과 평등, 정의의 가치를 총체적으로 고려해 교육 기회와 자원 배분 원리를 다원화하고 누구도 소외받거나 차별받지 않는 교육 시스템을 만듦으로써 실현할 수 있다. 지방대생뿐 아니라 그 누구라도 공정한 교육을 받을 권리와 자격이 있다.

출처 및 저자 소개

	본문	출처(〈단비뉴스〉 기사)	필자
1	'지잡대' 혐오사회	• 대학 이름 밝히자 '핵인싸'가 '갑분싸'로 • 우리 학교가 '시궁창' '백수 저장소'라니 • 과잉 능력주의가 낳은 '차별 피라미드'	곽영신 장은미 임지윤 임형준 곽영신 장은미 임지윤 임형준 곽영신 장은미 임지윤 임형준
2	불공정한 취업전쟁	• 청년 채용공고 80% 수도권 집중 • 지역 공무원 되려고 서울로 '학원 유학' • 구직 청년에겐 서울 사는 것도 '스펙' • 공기업·은행도 은밀히 '학교 줄 세우기' • '그 학별로는 어렵지' 프로젝트 배제도	곽영신 임지윤 장은미 신수용 장은미 임형준 박선영 곽영신 장은미 임형준 박선영 곽영신 장은미 임형준 박선영 곽영신 곽영신 임지윤 임형준 권영지
3	지방대 출신은 2등 시민	• 서울 친구의 '일상'이 지방 청년에겐 '꿈' • '실패해서 온 곳' 열등감, '편입 탈출' 행렬 • "서울대, 고려대, 의전원이 아니라서"	장은미 박선영 권영지 곽영신 임형준 임지윤 곽영신 임형준 임지윤
4	'들러리' 입시교육	• 스카이 '몰아주고' 하위권 '버리는' 학교 • 정시·수시 조정해봐야 '그들만의 전쟁' • 전문가도 못 푸는 '킬러 문항' '	장은미 박선영 권영지 곽영신 임형준 임지윤 강찬구 곽영신 장은미 박선영 강찬구
5	'승자독식' 교육재정	• 서울대 한 곳에 132개 대학 묶 지원금	곽영신 장은미 임형준 임지윤
6	'서열 타파' 대학개혁	• 지원·감독 늘려 사학 공공성 제고 • 전남·부산에서 서울대 학점 딸 수 있게 • "지방대 먼저 학비 없애 대학서열 완화"	곽영신 임지윤 이나경 박두호 강찬구 곽영신 이나경 박두호 임형준 임지윤 임형준 곽영신
7	다른 사회, 다른 교육	• 일자리 격차 줄어야 '학별 집착'도 준다 • 서울과 겨룰 '메가시티'를 지역 거점에 • 한국 대학생 80% "고교는 사활 건 전쟁"	이나경 곽영신 임형준 박두호 곽영신 곽영신 임형준 박두호 이나경
8	'공정'한 대학으로	• '각자도생' 대신 '공적지원·투명경영'을 • '계층 대물림' '이기주의자 양산'은 그만	곽영신 박두호 임형준 이나경 곽영신 이나경 박두호 임형준
9	취재팀 결산 좌담	• '승자독식' 대신 '연대와 공존'으로 가자	박두호 이나경 곽영신

곽영신	세명대 저널리즘스쿨대학원 3기, 세명대 저널리즘연구소 연구원, 기획취재팀장
임형준	세명대 저널리즘스쿨대학원 10기, 세명대 저널리즘연구소 연구원
박선영	세명대 저널리즘스쿨대학원 11기
장은미	세명대 저널리즘스쿨대학원 11기, 뉴스민 기자
임지윤	세명대 저널리즘스쿨대학원 11.5기, 한국금융신문 기자
권영지	세명대 저널리즘스쿨대학원 12기
신수용	세명대 저널리즘스쿨대학원 12기
강찬구	세명대 저널리즘스쿨대학원 12.5기, 경남도민일보 기자
박두호	세명대 저널리즘스쿨대학원 12.5기
이나경	세명대 저널리즘스쿨대학원 12.5기

参고문헌

논문

강준만, 〈왜 부모를 잘 둔 것도 능력이 되었나?: '능력주의 커뮤니케이션'의 심리적 기제〉, 《사회과학연구》 55(2), 2016.

김기승·김명환, 〈정규직과 비정규직의 임금분해 분석을 통한 기업 규모별 임금체계 비교〉, 《산업관계연구》 26(2), 2016.

김명연, 〈공영형 사립대학 육성·확대 정책의 의의〉, 《경희법학》 55(1), 2020.

김세직·류근관·손석준, 〈학생 잠재력인가? 부모 경제력인가?〉, 《경제논집》 54(2), 2015.

김왕배, 〈한국의 교육열〉, 《지식의 지평》 17(1), 2014.

김종영, 〈세계적 대학체제로서의 대학통합네트워크〉, 《경제와사회》 122, 2019.

김창환·신희연, 〈입시제도에서 나타나는 적응의 법칙과 엘리트 대학 진학의 공정성〉, 《한국사회학》 54(3), 2020.

김형준, 〈과잉 교육 경쟁의 역설〉, 서강대학교 대학원 박사학위 논문, 2017.

김희삼, 〈지방대학 졸업자의 노동시장 성과와 지역별 교육 격차〉, 《KDI Journal of Economic Policy》 32(2), 2010.

문영만, 〈대기업과 중소기업 임금 격차 및 결정요인〉, 《노동경제논집》 42(1), 2019.

문영만, 〈원 하청기업의 임금 격차 및 해소 방안에 관한 연구: 공급 측 요인과 수요 측 요인의 종합적 접근〉,《지역사회연구》27(2), 2019.

박만구, 〈사회정의를 위한 수학교육 프로그램 개발〉,《한국초등수학교육학회지》22(1), 2018.

박재연, 〈한국어 줄임말 비어의 어휘론과 화용론〉,《한국어의미학》56, 2017.

박효민·김석호, 〈공정성 이론의 다차원성〉,《사회와이론》27, 2015.

변기용·이석열·변수연·송경오·서경화, 〈지방대학의 관점에서 본 현행 대학재정 지원사업의 문제점과 개선 방안〉,《교육행정학연구》35(3), 2017.

서민철, 〈소득세 자료를 활용한 우리나라의 지역별 소득 격차의 추이〉,《한국지역지리학회지》25(3), 2019.

심승환, 〈사회정의교육의 개념과 방향〉,《학습자중심교과교육연구》20(6), 2020.

안선회, 〈입시제도 개혁 문제와 국립대통합네트워크안〉,《대학: 담론과 쟁점》2, 2016.

안준기, 〈대학 과잉 교육에 따른 노동시장 양극화에 관한 연구〉,《한국경제연구원 정책연구》15(3), 2015.

양민옥·김혜선·이지하, 〈지방대학교 대학생으로 살아가기〉,《청소년학연구》22(1), 2015.

이삼호, 〈등록금 수준과 저소득층 학생 비중: 국가장학금 자료를 이용한 분석〉,《한국경제연구》37(1), 2019.

이재열, 〈사회의 질, 경쟁, 그리고 행복〉,《아시아리뷰》4(2), 2015.

장근호, 〈우리나라 고용구조의 특징과 과제〉,《경제분석》25(1), 2019.

장은주, 〈한국의 민주시민교육: 사회적 합의의 방향과 제도화의 과제〉,《시민과세계》34, 2019.

최성수·이수빈, 〈한국에서 교육 기회는 점점 더 불평등해져왔는가?〉,《한국사회학》52(4), 2018.

단행본

김도균,《한국사회에서 정의란 무엇인가》, 아카넷, 2020.

김동훈,《한국의 학벌, 또 하나의 카스트인가》, 책세상, 2003.

김상봉,《학벌사회》, 한길사, 2004.

김용·김민희·반상진·송경오·이차영·정바울,《대학 평가의 정치학》, 학이시습,

2018.

다니엘 마코비츠, 《엘리트 세습》, 서정아 옮김, 세종, 2020.

마강래, 《지방도시 살생부》, 개마고원, 2017.

마이클 샌델, 《공정하다는 착각》, 함규진 옮김, 와이즈베리, 2020.

박권일·김학준·허윤·위근우·이준일, 《#혐오_주의》, 알마, 2016.

박남기, 《실력의 배신》, 쌤앤파커스, 2018.

스티븐 맥나미·로버트 밀러 주니어, 《능력주의는 허구다》, 김현정 옮김, 사이, 2015.

오찬호, 《우리는 차별에 찬성합니다》, 개마고원, 2013.

윤지관, 《위기의 대학을 넘어서》, 소명출판, 2019.

이경숙, 《시험국민의 탄생》, 푸른역사, 2018.

이혜정, 《서울대에서는 누가 A+를 받는가》, 교보문고, 2014.

이혜정, 《대한민국의 시험》, 다산4.0, 2017.

장은주,. 《시민교육이 희망이다》, 피어나, 2017.

정진상, 《국립대 통합네트워크》, 책세상, 2004.

조지프 피시킨, 《병목사회》, 유강은 옮김, 문예출판사, 2016.

최종렬, 《복학왕의 사회학》, 오월의봄, 2018.

파울 페르하에허, 《우리는 어떻게 괴물이 되어가는가》, 장혜경 옮김, 반비, 2015.

홍성수, 《말이 칼이 될 때》, 어크로스, 2018.

황갑진, 《사회 불평등과 교육》, 경상대학교출판부, 2018.

보고서 및 기관 자료

고동현, 〈사회의 질과 국민통합〉, 국민통합 이슈모니터링 7호. 국민대통합위원회, 2015.

고용노동부, 〈2019년 고용형태별 근로 실태조사〉, 2020.

공제욱 외, 〈상지대학교 공영형 사립대학 도입 실증연구〉, 상지대학교, 2020.

교육부, 〈OECD 교육지표 2019〉, 2019.

교육부, 〈학생부종합전형 실태조사〉, 2019.

김순남 외, 〈대학입시 정책의 국제 비교연구: 고교 내신 산출 및 대입 반영 방법을 중심으로〉, 현안보고 OR 2014-10, 한국교육개발원, 2014.

김영철·김희삼, 〈노동시장 신호와 선별에 기반한 입시체제의 분석과 평가〉, 연구보고서 2012-12, 한국개발연구원, 2012.

김준영, 〈비수도권 청년 인구의 유출과 수도권 집중: 최근의 변화〉, 《고용동향 브리프》 2019년 봄호, 한국고용정보원, 2019.

김지하 외, 〈고등교육 재정 배분 및 운영의 합리성 제고 방안〉, 연구보고 RR 2019-14, 한국교육개발원, 2019.

김희삼, 《사회자본에 대한 교육의 역할과 정책 방향》, 한국개발연구원, 2017.

김희삼, 〈저신뢰 각자도생 사회의 치유를 위한 교육의 방향〉, 《KDI FOCUS 제91호》, 한국개발연구원, 2018.

대학교육연구소, 〈대학 위기 극복을 위한 지방대학 육성 방안〉, 정책연구보고 서 2020-01, 대학교육연구소, 2020.

문화체육관광부, 〈2019 한국인의 의식 · 가치관 조사〉, 2019.

박거용·박경미, 〈대학재정지원 평가와 발전 과제〉, 《2017년 국정감사 정책자 료집》 4, 대학교육연구소, 2017.

박성호 외, 〈지방대학의 교육 실태 및 성과 분석〉, 연구보고 RR 2014-27. 한 국교육개발원, 2014.

박태선·이미영·한우석, 〈지역 간 문화 격차 해소 방안 연구〉, 국토연 2014-12. 국토연구원, 2014.

백다미, 〈계층 상승 사다리에 대한 국민 인식 설문조사〉, 현대경제연구원, 2017.

서영인 외, 〈고등교육 정부 재정 확보 방안 연구〉, 연구보고 RR 2019-17. 한국 교육개발원, 2019.

서예원 외, 〈한국의 시험문화와 학습자에 대한 영향〉, 현안보고 OR 2017-01. 한국교육개발원, 2017.

서울시교육청, 〈서울시교육청 교육개혁 제안〉, 2017.

선재원 외, 〈평택대 공영형 사립대학 도입 실증연구〉, 평택대학교, 2020.

안현효 외, 〈공영형 사립대학 도입 필요성 연구〉, 교육부/한국사학진흥재단, 2019.

엄창환 외, 〈청년 인구 이동 문제 진단을 위한 청년 현실에 기초한 지역 격차 분 석 연구〉, 2018서울시청년허브기획연구결과보고, 전국청년정책네트워 크, 2018.

연덕원, 〈국가장학금 도입 8년, 등록금과 고등교육 재정〉, 《노수석 열사 23주 기 추모토론회 자료집》, 대학교육연구소, 2019.

오호영, 〈청년층 취업난의 원인과 정책 과제〉, 《2015 서울 희망일자리 포럼 자 료집》, 2015.

이상호, 〈지역의 일자리 질과 사회적 경제적 불평등〉, 《고용동향 브리프》 2019년 봄호, 한국고용정보원, 2019.

이현주 외, 〈한국의 사회적 불안과 사회보장의 과제: 사회적 불안에 대한 질적 연구〉, 연구보고서 2019-31, 한국보건사회연구원, 2019.

임재홍 외, 〈공영형 사립대학 운영 방안〉, 정책 2017-위탁-2. 한국방송통신대학교, 2018.

임희성, 〈정부 대학재정지원 분석〉, 현안보고 통권 22호, 대학교육연구소, 2021.

전라남도, 〈전남 청년 종합실태조사〉, 2018.

조성재 외, 〈소득 불평등과 임금 격차 해소를 위한 전방위적 제도 개선 방안〉, 한국노동연구원, 2018.

조성철 외, 〈산업단지 정주환경 분석 및 제도 개선 방안 연구〉, 수시 18-19. 국토연구원, 2019.

조성철 외, 〈청년친화형 산업공간 육성 전략 연구〉, 기본 19-25. 국토연구원, 2019.

지병근 외, 〈조선대 공영형 사립대학 도입 실증연구〉. 조선대학교, 2020.

최기성, 〈경상권과 전라권 대학 졸업자의 취업 및 일자리 특성 분석〉, 《고용동향 브리프》 2018년 11월호, 한국고용정보원, 2018.

통계청, 〈2018 임금근로일자리 소득(보수) 결과〉, 2020.

통계청, 〈최근 20년간 수도권 인구 이동과 향후 인구 전망〉, 2020.

한국리서치, 〈한국사회 공정성 인식조사 보고서〉, 한국리서치, 2018.

한국언론진흥재단·로이터저널리즘연구소, 〈디지털뉴스 리포트 2018 한국〉, 2018.

한국행정연구원, 〈2017 사회통합 실태조사〉, 2017.

한국행정연구원, 〈2019 사회통합 실태조사〉, 2020.

어느 대학 출신이세요?

초판 1쇄 펴낸날 2021년 8월 30일
초판 3쇄 펴낸날 2023년 4월 10일
엮은이 제정임·곽영신
펴낸이 박재영
편집 이정신·임세현·한의영
마케팅 신연경
디자인 조하늘
제작 제이오
펴낸곳 도서출판 오월의봄
주소 경기도 파주시 회동길 363-15 201호
등록 제406-2010-000111호
전화 070-7704-5018
팩스 0505-300-0518
이메일 maybook05@naver.com
트위터 @oohbom
블로그 blog.naver.com/maybook05
페이스북 facebook.com/maybook05
인스타그램 instagram.com/maybooks_05

ISBN 979-11-90422-84-0 03300

만든 사람들
책임편집 박재영
디자인 조하늘